Cahier 2.2

Partie 2 de 2

Contenu

JUMP Math
One Yonge Street, Suite 1014
Toronto, Ontario M5E 1E5
Canada
www.jumpmath.org

Auteures : Dr. Francisco Kibedi, Dr. Anna Klebanov
Éditeurs : Megan Burns, Liane Tsui, Natalie Francis, Lindsay Karpenko, Daniel Polowin, Jackie Dulson, Janice Dyer, Dawn Hunter, Michelle MacAleese, Louise MacKenzie, Leanne Rancourt
Traducteur : Sirois Translation Services
Mise en page et illustrations : Linh Lam, Fely Guinasao-Fernandes, Sawyer Paul
Conception de la couverture : Blakeley Words+Pictures
Photographie de couverture : © adriennexplores/Shutterstock

ISBN 978-1-77395-207-9

Première impression juillet 2022

Imprimé et relié au Canada

Un petit message aux éducateurs, aux parents et à tous ceux qui croient que la numératie est aussi importante que la littératie pour une société pleinement fonctionnelle

Bienvenue à JUMP Math

Entrer dans le monde de JUMP Math, c'est croire que chaque enfant a la capacité d'être complètement numérique et d'aimer les mathématiques. Le fondateur et mathématicien John Mighton a utilisé cette prémisse pour développer sa méthode d'enseignement innovante. Les ressources qui en résultent isolent et décrivent les concepts de manière si claire et incrémentielle que tout le monde peut les comprendre.

JUMP Math est composé de guides de l'enseignant (qui sont le cœur de notre programme), de leçons interactives sur tableau blanc, des cahiers pour les élèves, de matériel d'évaluation, de programmes de sensibilisation et de formation des enseignants. Tout ceci est présenté sur le site web de JUMP Math : **www.jumpmath.org**.

Les guides de l'enseignant sont disponibles sur le site Web pour une utilisation gratuite. Lisez l'introduction des guides de l'enseignant avant de commencer à utiliser ces ressources. Cela vous permettra de comprendre à la fois la philosophie et la méthodologie de JUMP Math. Les cahiers sont conçus pour être utilisés par les élèves, avec les conseils d'un adulte. Chaque élève aura des besoins uniques et il est important de lui fournir le soutien et les encouragements appropriés pendant qu'il travaille sur le matériel.

Essayez, autant que possible, de laisser les élèves découvrir par eux-mêmes les concepts. Les découvertes mathématiques peuvent se faire par petites étapes progressives. La découverte d'une nouvelle étape est comme démêler les pièces d'un casse-tête. C'est passionnant et gratifiant.

Les élèves devront répondre aux questions marquées d'un ▢ dans un carnet. Les carnets de papier quadrillé doivent toujours être à portée de main pour répondre aux questions supplémentaires ou lorsqu'un espace de calcul supplémentaire est nécessaire.

Contenu

PARTIE 1

Unité 1 : Logique numérale : Chiffres de 0 à 10

Unité 2 : Logique numérale : Chiffres de 0 à 20

Unité 3 : Les régularités et l'algèbre : Répétition de régularités

Unité 4 : Mesures : Unités de longueur non-conventionnelles

Unité 5 : Géométrie : Formes bidimensionnelles

Unité 6 : Probabilité et traitement de données : Triage et graphiques

Unité 7 : Logique numérale : Addition et soustraction des nombres jusqu'à 100

Unité 8 : Géométrie : Symétrie

Unité 9 : Logique numérale : Équations et résolutions de problèmes

Unité 10 : Logique numérale : Utilisation du chiffre 10 pour additionner et soustraire

Unité 11 : Mesures : Longueur et masse supplémentaires

PARTIE 2

Unité 12 : Logique numérale : Comptage par bonds et estimation

Unité 13 : Logique numérale : Stratégies d'addition

Unité 14 : Logique numérale : Stratégies de soustraction

Unité 15 : Les régularités et l'algèbre : Régularités croissantes et décroissantes

Unité 16 : Géométrie : Formes à trois dimensions

Unité 17 : Logique numérale : Argent

Unité 18 : Logique numérale : Fractions, multiplication et division

Unité 19 : Mesures : L'heure

Unité 20 : Probabilité et traitement de données : Probabilités

Unité 21 : Mesures : Aires, calendriers, température et capacité

Comptage par bonds de 2

Compte par 2 et colorie les nombres que tu dis.

☐ Commence à **2** et colorie les nombres en **bleu**.

☐ Commence à **1** et colorie les nombres en **rouge**.

1	2	3	4	5	6	7	8	9	10
11	12	13	14	15	16	17	18	19	20
21	22	23	24	25	26	27	28	29	30
31	32	33	34	35	36	37	38	39	40

Les nombres bleus ont un chiffre des unités de ___, ___, ___, ___ ou ___.

Les nombres rouges ont un chiffre des unités de ___, ___, ___, ___ ou ___.

☑ Compte par 2.

2 __4__ __6__ __8__ __10__ __12__ __14__

42 __44__ __46__ __48__ __50__ __52__ __54__

86 __88__ __90__ __92__ __94__ __96__ __98__

1 __3__ __5__ __7__ __9__ __11__ __13__

61 __63__ __65__ __67__ __69__ __71__ __73__

☑ Compte à rebours par 2.

86 __84__ __82__ __80__ __[illegible]__ __76__ __74__

Comptage par bonds de 5 et de 10

☐ Commence par **5** et compte par 5. Colorie les nombres que tu dis.

1	2	3	4	5	6	7	8	9	10
11	12	13	14	15	16	17	18	19	20
21	22	23	24	25	26	27	28	29	30

Les nombres colorés ont un chiffre des unités de ______ ou ______.

☐ Compte par 5.

0 *5* ______ ______ ______ ______ ______

60 *65* ______ ______ ______ ______ ______

70 ______ ______ ______ ______ *95* ______

☐ Compte à rebours par 5.

30 *25* ______ ______ ______ ______ ______

80 ______ ______ ______ ______ *55* ______

100 ______ ______ *85* ______ ______ ______

☐ Compte par 2 puis par 1 pour voir combien.

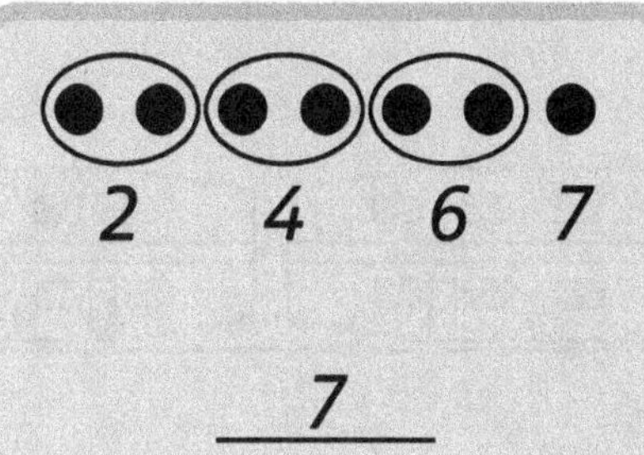

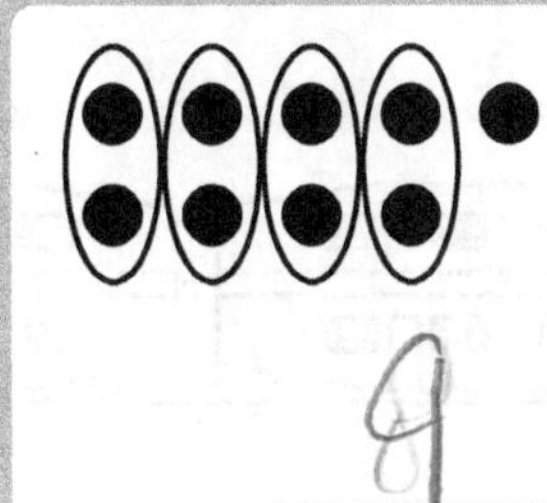

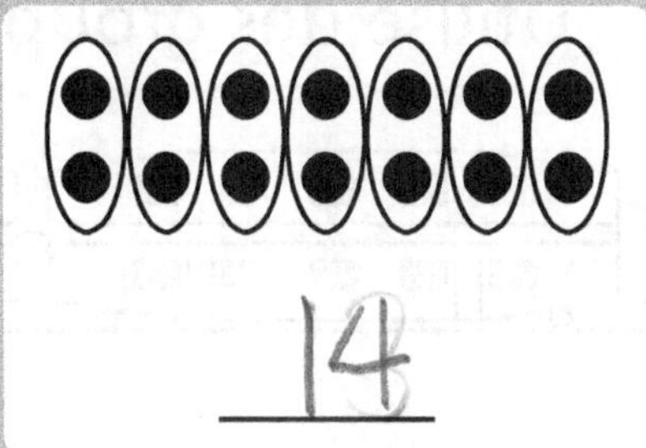

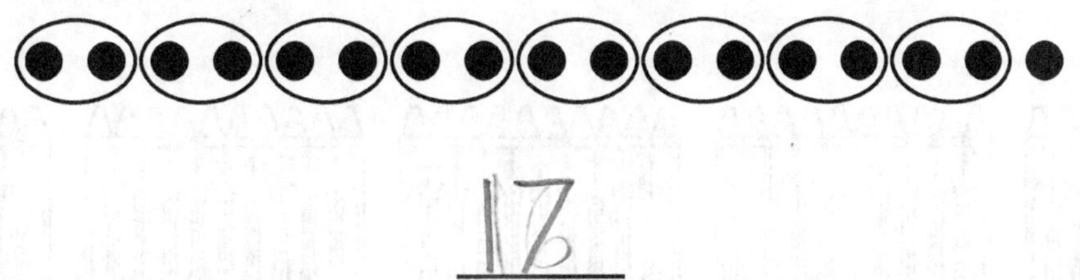

☐ Compte par 5 puis par 1 pour voir combien.

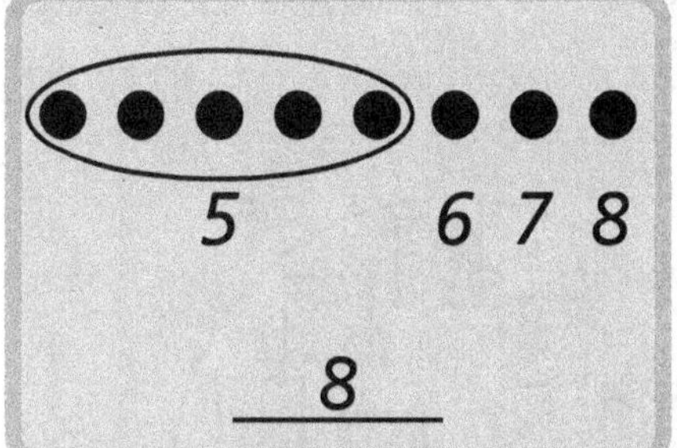

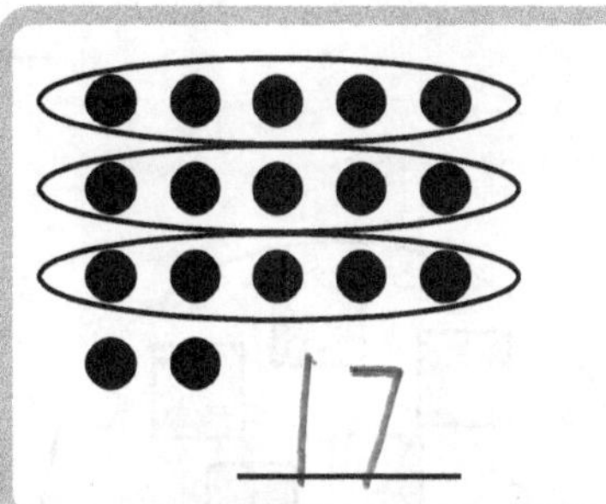

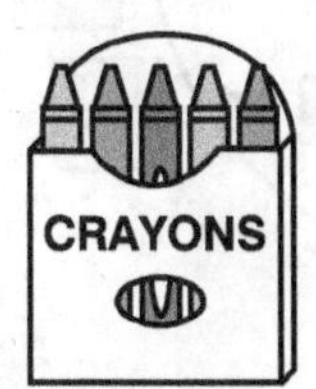

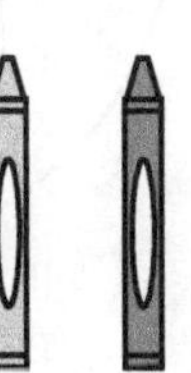

Il y a ______ lettres dans l'alphabet.

☐ Compte combien.
Utilise des groupes de 10.

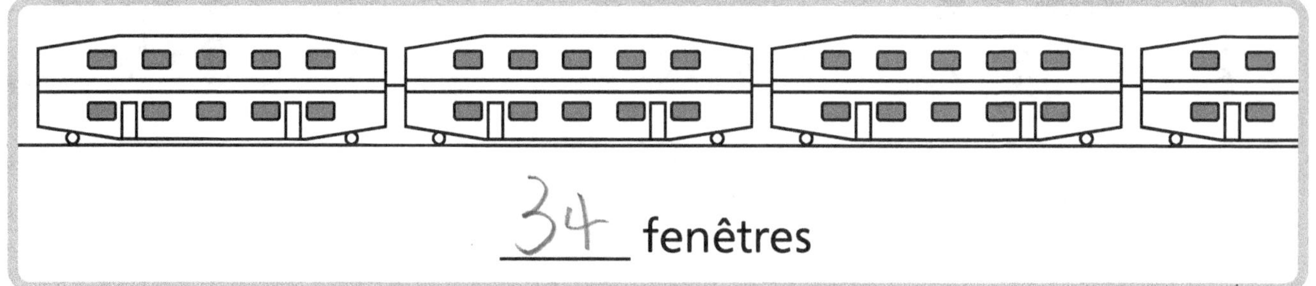

34 fenêtres

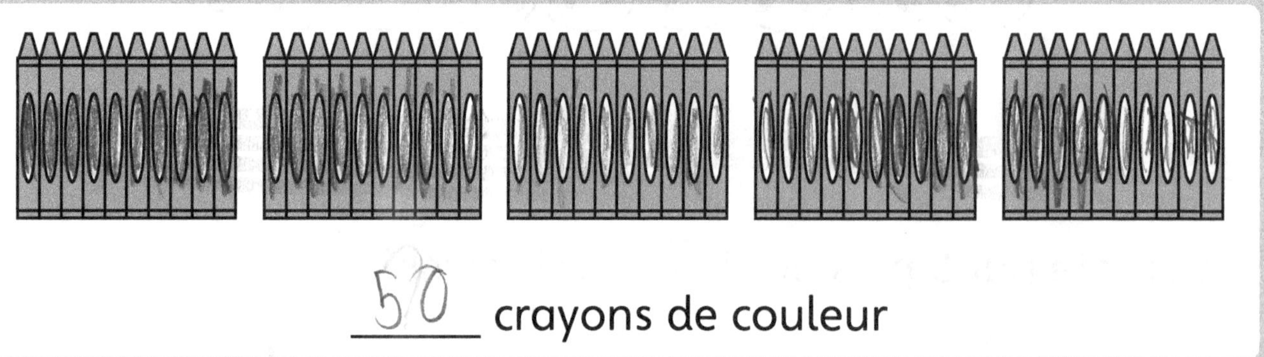

50 crayons de couleur

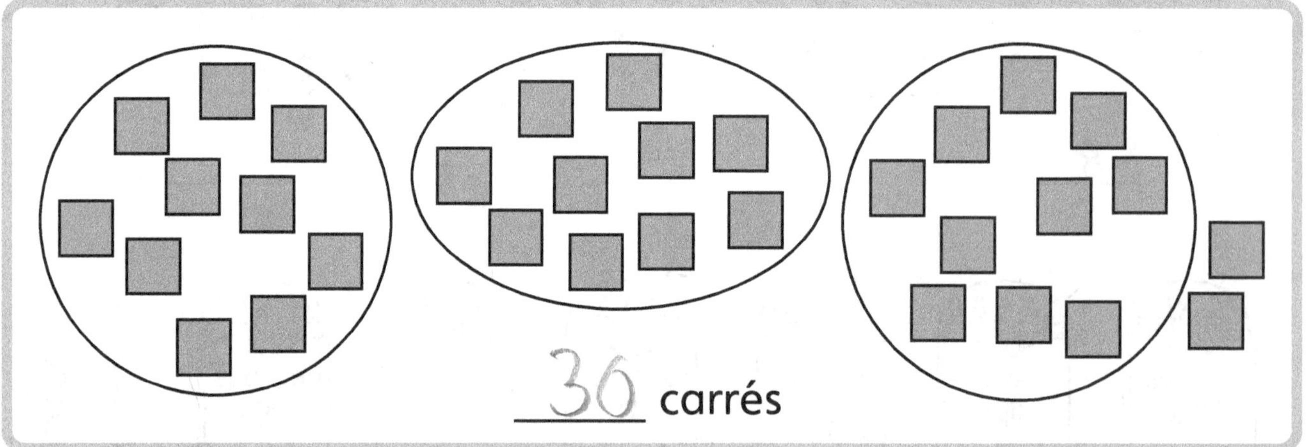

36 carrés

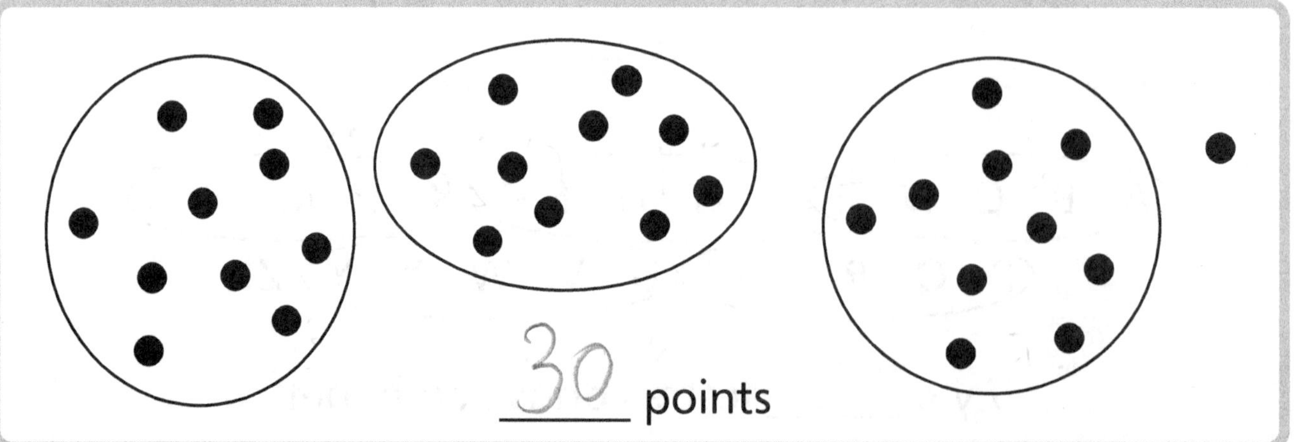

30 points

Compte par 10 et colorie les nombres que tu dis.

☐ Commence à **10** et colorie les nombres en **rouge**.

☐ Commence à **7** et colorie les nombres en **bleu**.

1	2	3	4	5	6	7	8	9	10
11	12	13	14	15	16	17	18	19	20
21	22	23	24	25	26	27	28	29	30
31	32	33	34	35	36	37	38	39	40

Les nombres rouges ont un chiffre des unités de _____.

Les nombres bleus ont un chiffre des unités de _____.

☐ Compte par 10.

20 _____ _____ 50 _____ _____ _____

40 _____ _____ _____ _____ 90 _____

37 _____ _____ _____ 77 _____ _____

22 _____ _____ _____ _____ _____ _____

15 _____ _____ _____ _____ _____ _____

Si tu peux compter à rebours à partir de 10 par 1,

10 9 8 7 …

alors tu peux compter à rebours à partir de 100 par 10

100 90 80 70 …

et à partir de 93 par 10

93 83 73 63 …

☐ Compte à rebours par 10.

100	90	80	70	60	50
53	63	73	83	93	103
80	90	100	200	300	400
76	86	96	106	206	306
65	75	85	95	105	205
92	82	72	62	52	42

Plus près

☐ Écris **0** ou **10**.

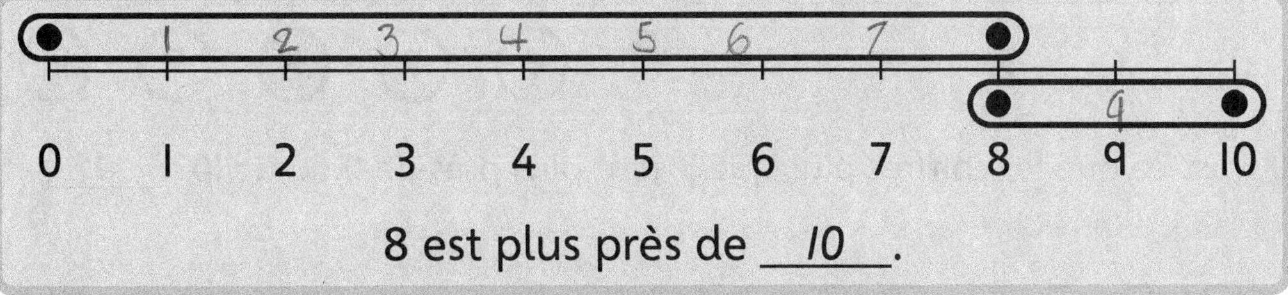

8 est plus près de <u>10</u>.

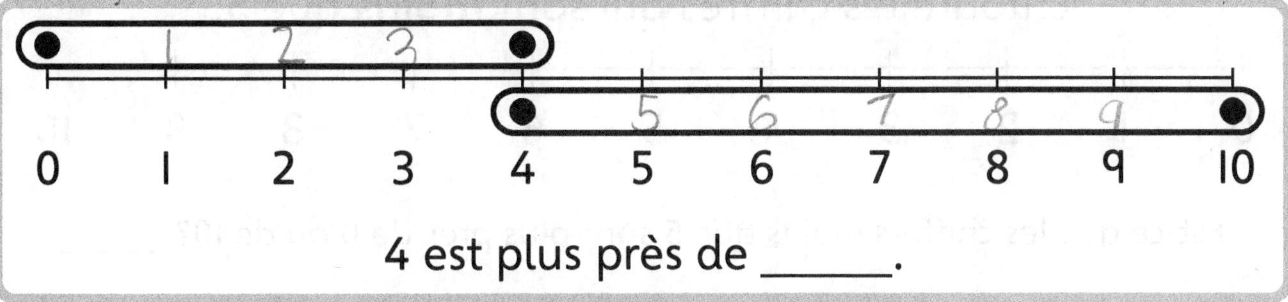

4 est plus près de _____.

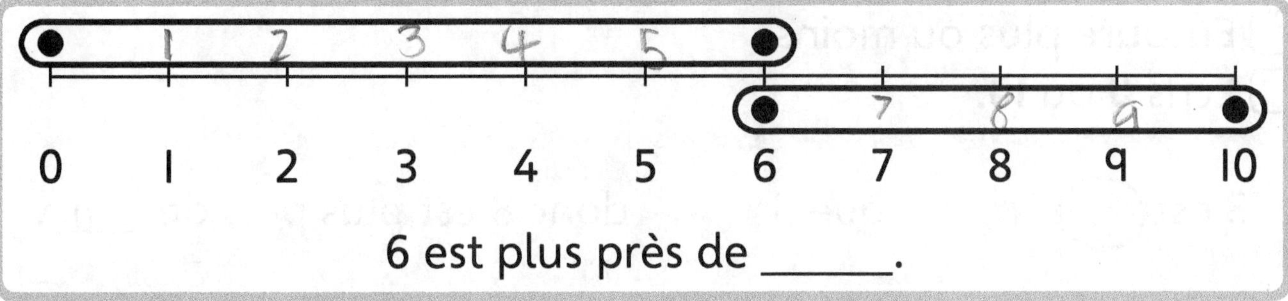

6 est plus près de _____.

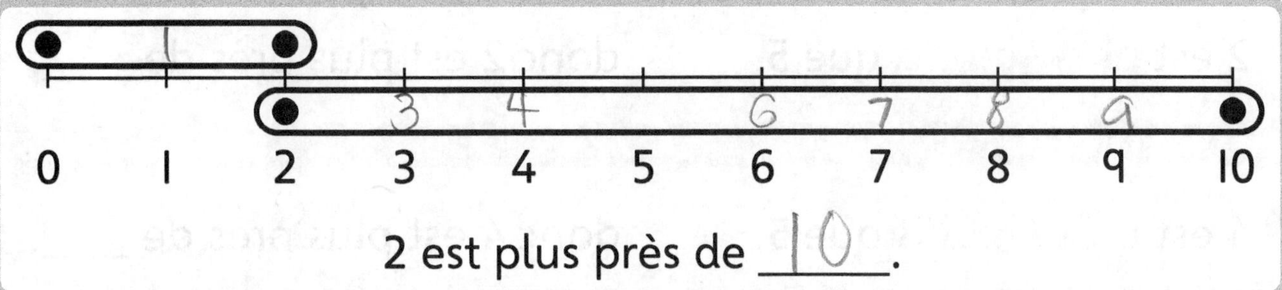

2 est plus près de _____.

☐ **Bonus :** Montre le chiffre qui est également proche de 0 et de 10.

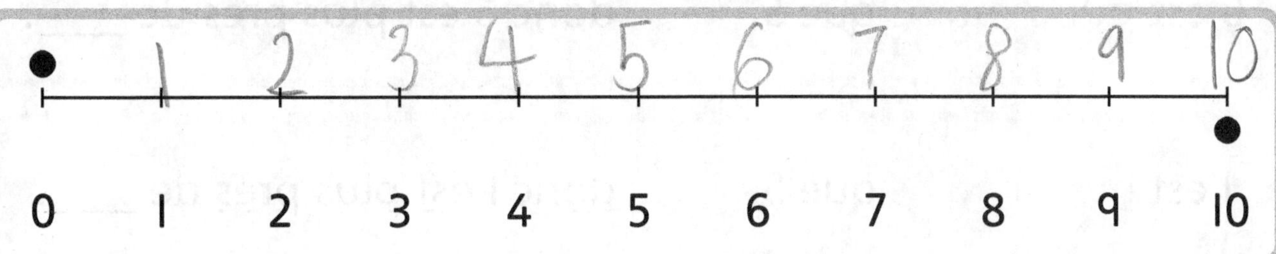

Entoure les chiffres qui sont **plus** que 5.

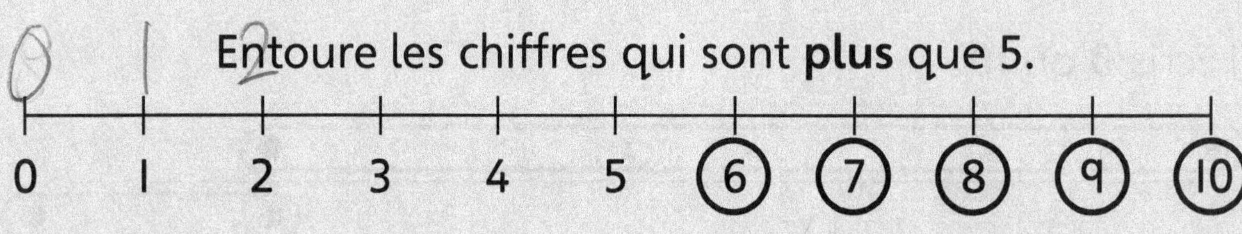

Est-ce que les chiffres plus que 5 sont plus près de 0 ou de 10? _____

Entoure les chiffres qui sont **moins** que 5.

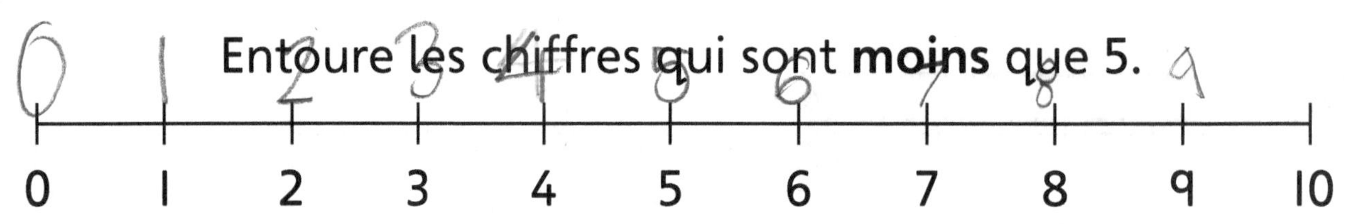

Est-ce que les chiffres moins que 5 sont plus près de 0 ou de 10? _____

- ☐ Entoure plus ou moins.
- ☐ Écris **0** ou **10**.

8 est plus / moins que 5, donc 8 est plus près de _____.

2 est plus / moins que 5, donc 2 est plus près de _____.

4 est plus / moins que 5, donc 4 est plus près de _____.

6 est plus / moins que 5, donc 6 est plus près de _____.

1 est plus / moins que 5, donc 1 est plus près de _____.

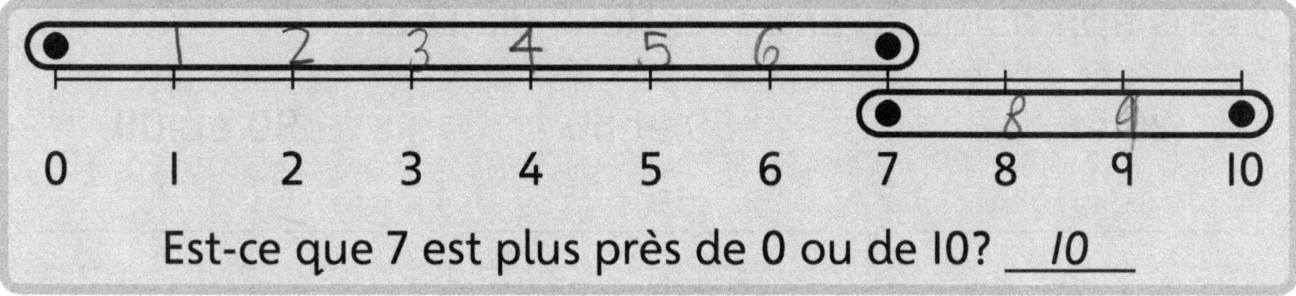

Est-ce que 7 est plus près de 0 ou de 10? ______

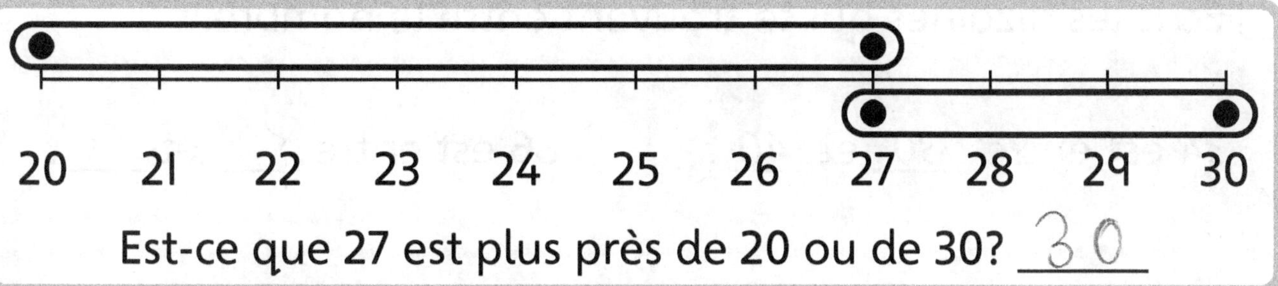

Est-ce que 27 est plus près de 20 ou de 30? ______

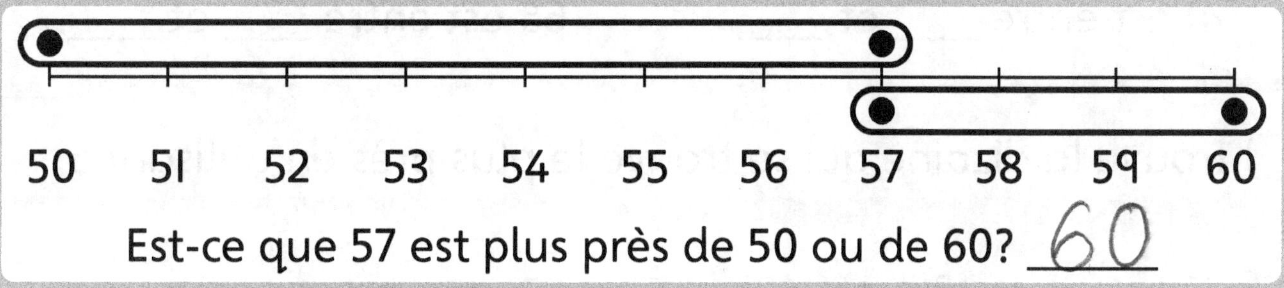

Est-ce que 57 est plus près de 50 ou de 60? ______

☐ Entoure le bon nombre.

Est-ce que 87 est plus près de 80 ou de 90?

Est-ce que 97 est plus près de 90 ou de 100?

Est-ce que 3 est plus près de 0 ou de 10?

Est-ce que 13 est plus près de 10 ou de 20?

Est-ce que 73 est plus près de 70 ou de 80?

Est-ce que 9 est plus près de 0 ou de 10?

Est-ce que 29 est plus près de 20 ou de 30?

Est-ce que 99 est plus près de 90 ou de 100?

Est-ce que 46 est plus près de 40 ou de 50?

Est-ce que 24 est plus près de 20 ou de 30?

Est-ce que 52 est plus près de 50 ou de 60?

Est-ce que 38 est plus près de 30 ou de 40?

☐ Écris trois nombres entre les deux dizaines.

20 et 30	50 et 60	90 et 100
4	70	200

☐ Écris les dizaines qui se trouvent entre le nombre.

34 est entre 30 et 40.

86 est entre 80 et 90.

41 est entre 40 et 50.

65 est entre 60 et 70.

☐ Trouve la dizaine qui se trouve le plus près en utilisant 5.

37 est entre 30 et 40.
7 est plus / moins que 5.
37 est plus près de 40.

62 est entre 60 et 70.
2 est plus / moins que 5.
62 est plus près de 70.

26 est entre 20 et 30.
6 est plus / moins que 5.
26 est plus près de 36.

84 est entre 80 et 90.
4 est plus / moins que 5.
84 est plus près de 90.

53 est plus près de 50.

79 est plus près de 70.

Estimation des nombres

10 points sont entourés.

- ☐ Estime quelle dizaine est la plus près.
- ☐ Groupe par 10 pour vérifier.

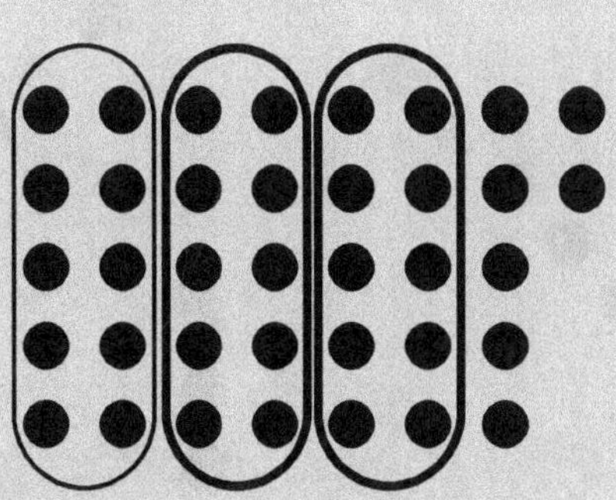

Estime : 30

Vérifie : 37

Dizaine près : 40

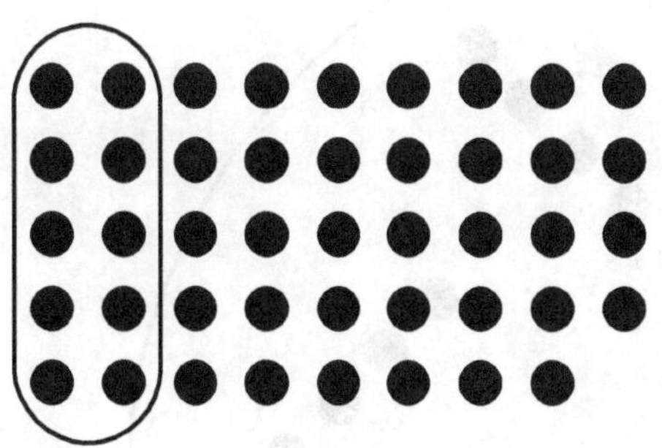

Estime : 40

Vérifie : 47

Dizaine près : 50

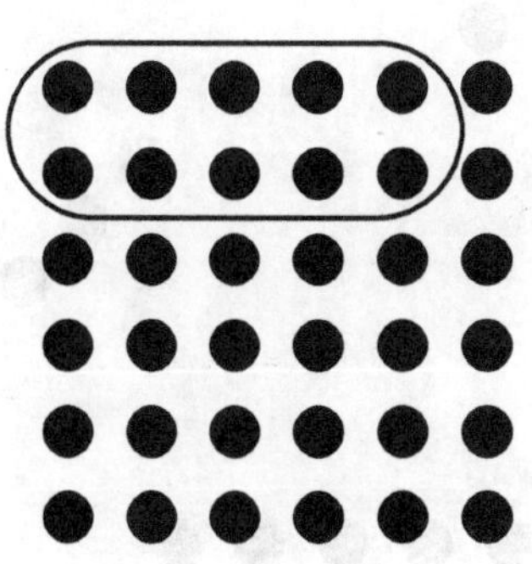

Estime : 30

Vérifie : 37

Dizaine près : 40

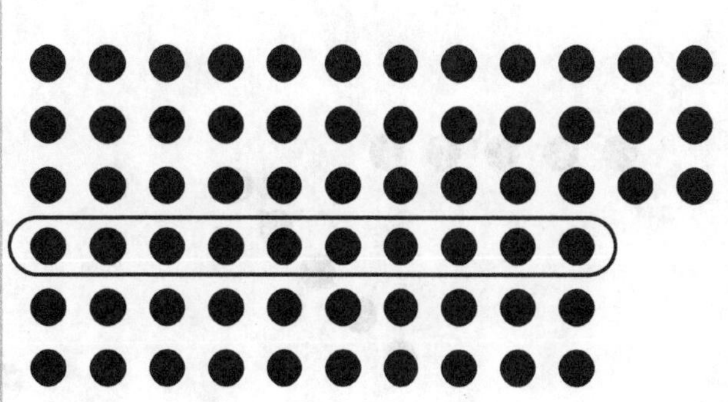

Estime : 60

Vérifie : 67

Dizaine près : 70

10 points sont entourés.

☐ Estime quelle dizaine est la plus près. ______

☐ Entoure 2 groupes de 10 de plus. Estime encore. ______

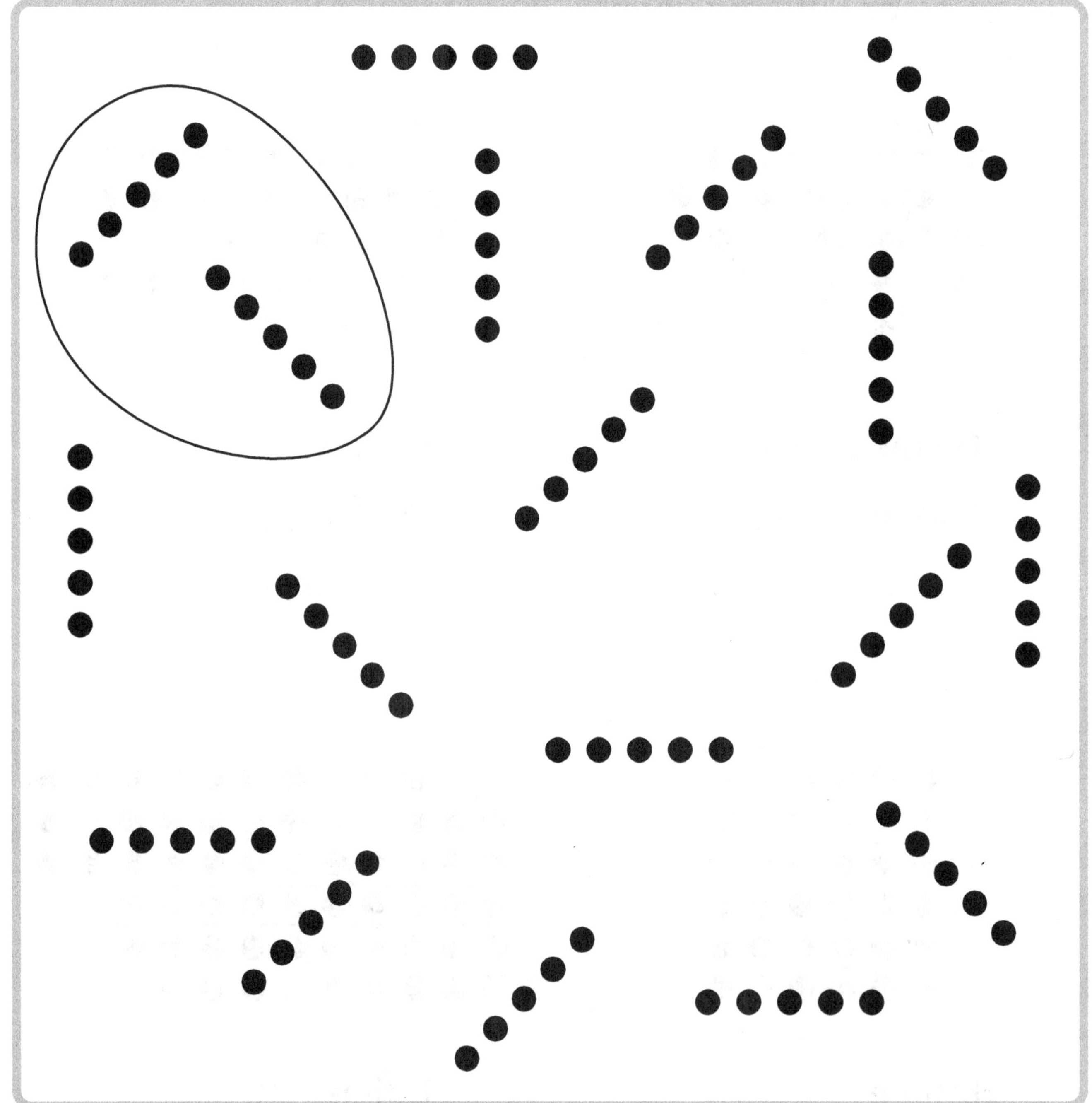

☐ Groupe par 10 pour compter. ______

Est-ce qu'entourer plus de groupes a améliorer ton estimation? oui / non

☐ Explique pourquoi.

Estimation à l'aide de références

☐ Estime.

☐ Fais des groupes de 5 ou de 10 pour vérifier.

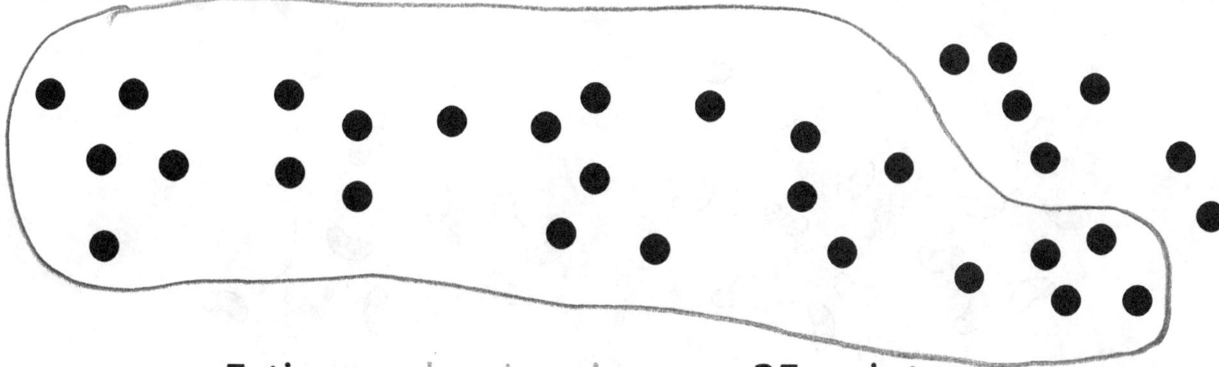

Estime : plus / moins que 25 points

Vérifie : plus / moins que 25 points

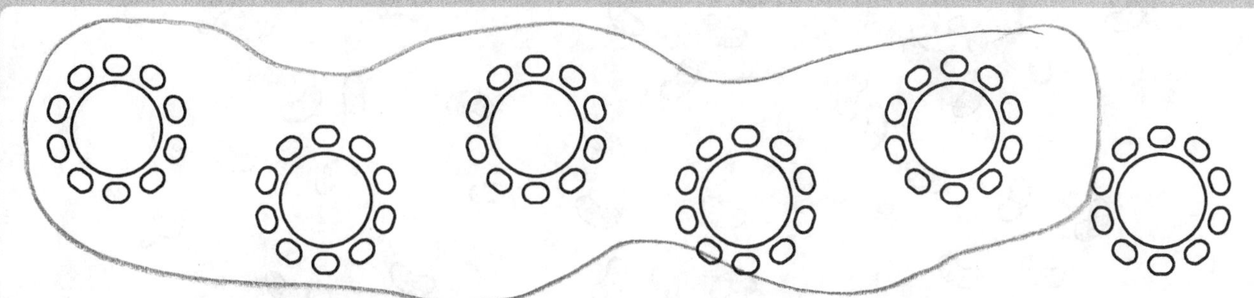

Estime : plus / moins que 50 sièges

Vérifie : plus / moins que 50 sièges

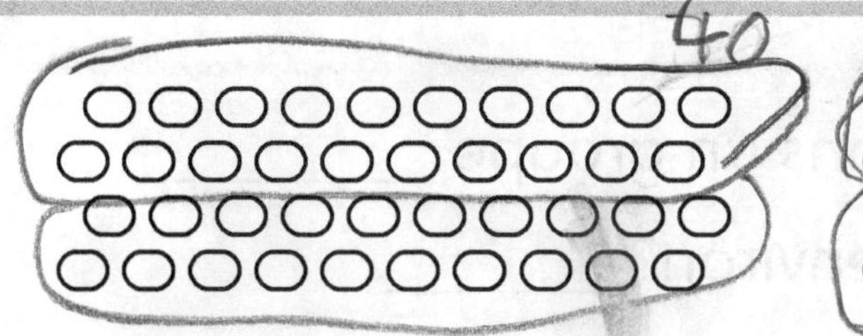

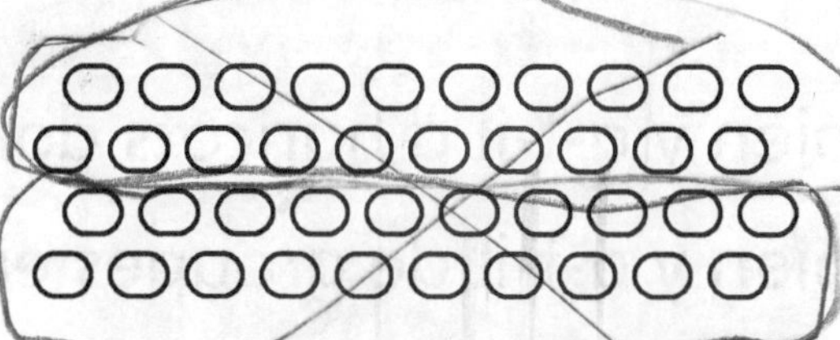

Estime : plus / moins que 100 sièges 80

Vérifie : plus / moins que 100 sièges

- [ ] Utilise ton poignet pour couvrir quelques haricots.
- [ ] Entoure le groupe que tu as couvert.
- [ ] Remplis les espaces vides.

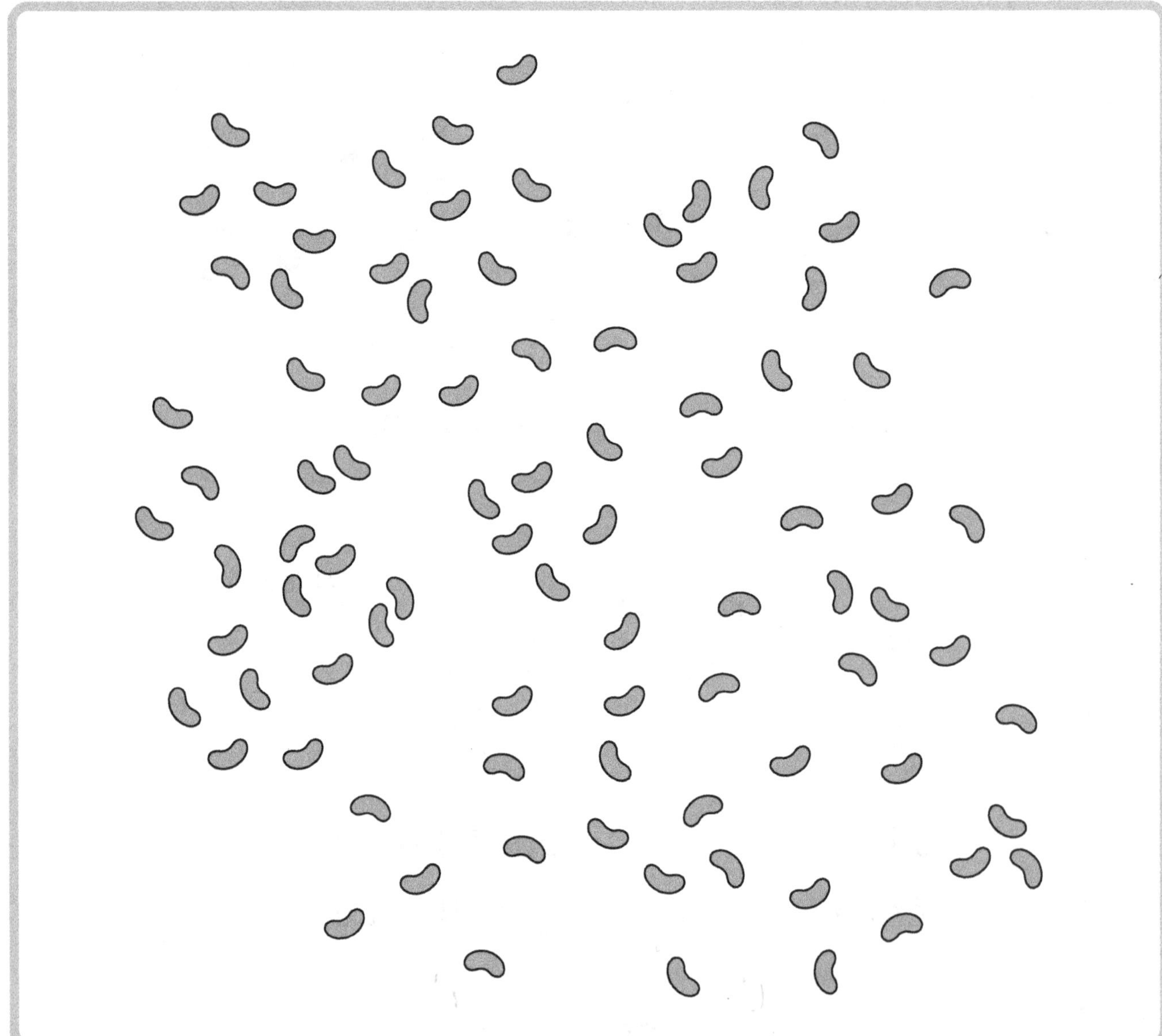

Combien y a-t-il d'haricots dans un groupe? ?

Combien y a-t-il de groupes environ? ?

Combien y a-t-il d'haricots en tout? ?

Estime : ________

Compte : ________

Nombres pairs et impairs

Le nombre d'étoiles est **pair** si tu peux les mettre en paires.
Le nombre de d'étoiles est **impair** si tu n'y arrive pas.

- [ ] Compte les étoiles
- [ ] Entoure les paires.
- [ ] Écris **pair** ou **impair**.

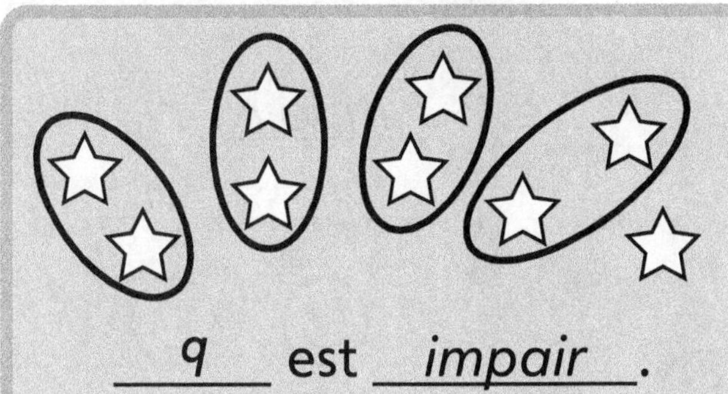
9 est *impair*.

11 est impair.

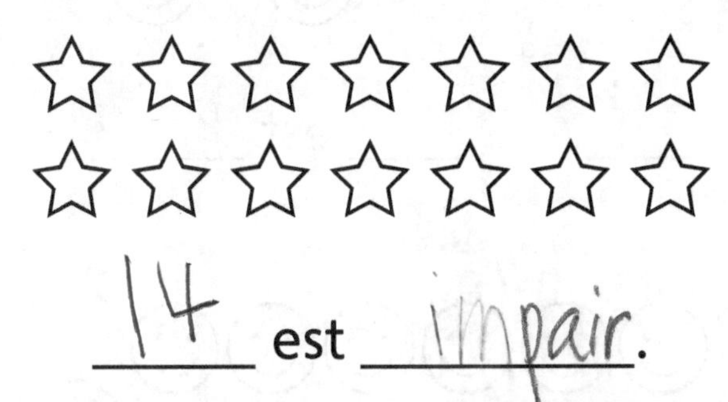
14 est impair.

15 est impair.

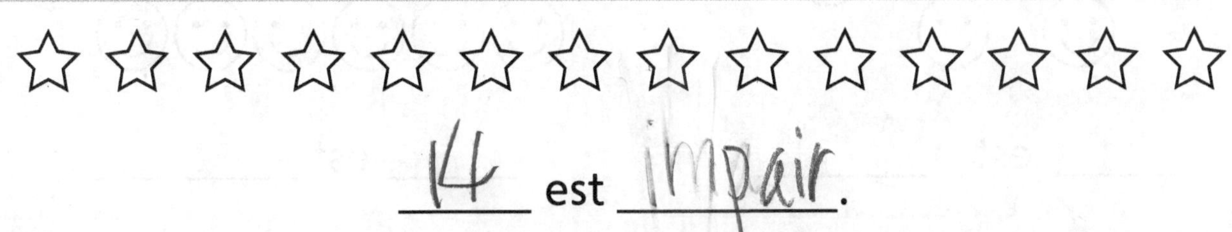
14 est impair.

17 est impair.

☐ Écris **pair** si tu peux créer 2 équipes égales.
Écris **impair** si tu n'y arrive pas.

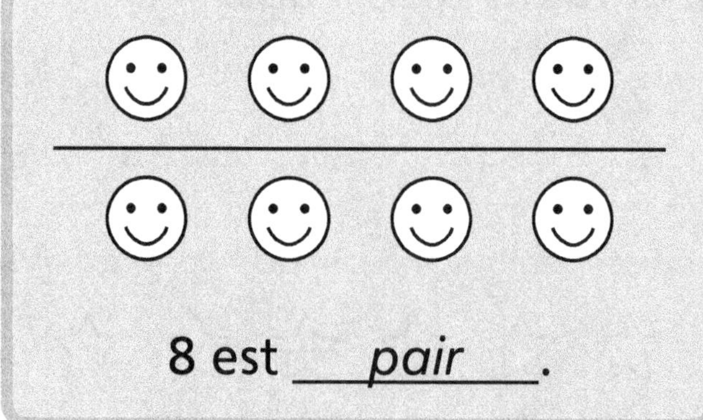

8 est *pair*.

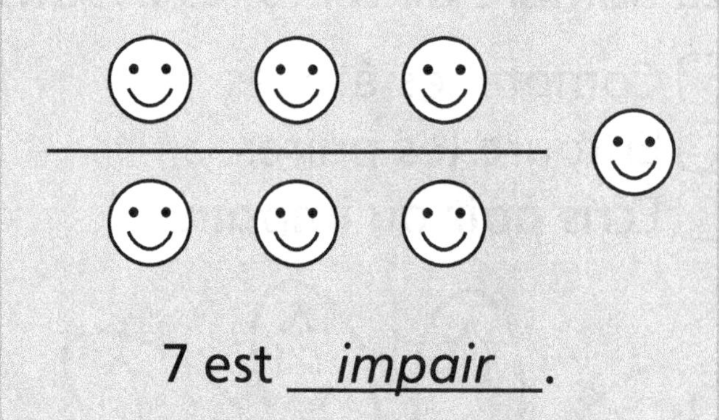

7 est *impair*.

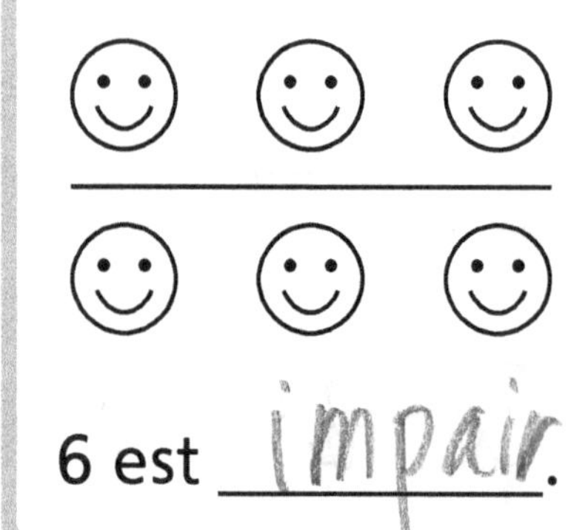

6 est impair.

3 est impair.

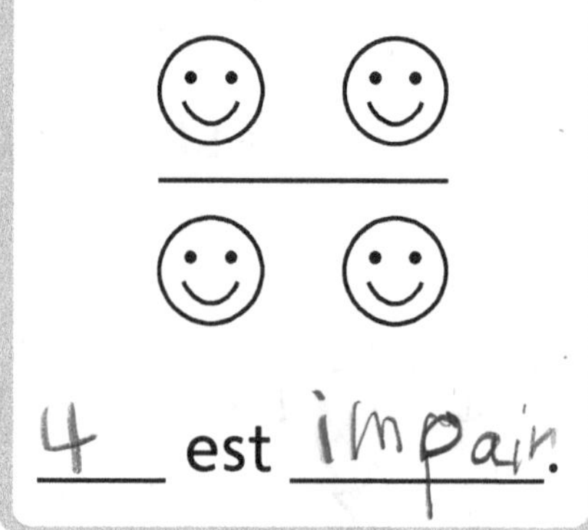

4 est impair.

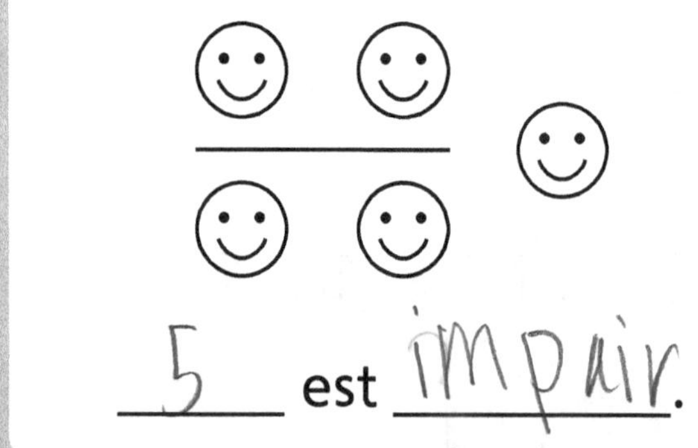

5 est impair.

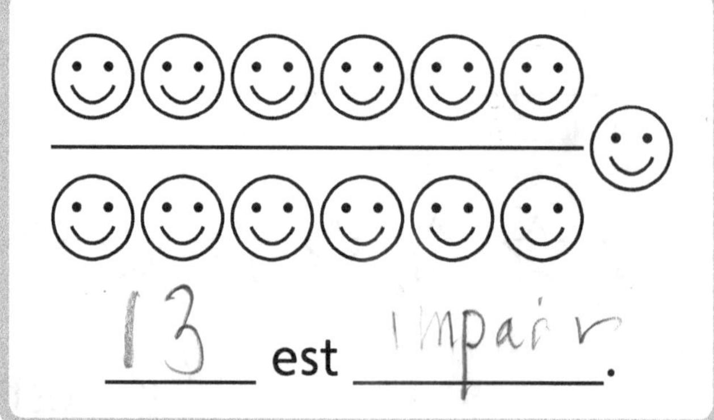

13 est impair.

12 est pair.

11 est pair.

Régularités pairs et impairs

☐ Mets les objets en paires.
☐ Écris **pair** ou **impair**.

1 est impair.

2 est pair.

3 est Pair.

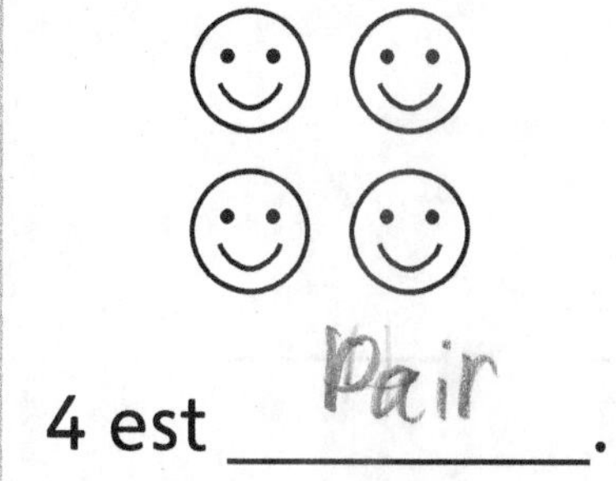

4 est Pair.

5 est imPair.

6 est imPair.

7 est impair.

8 est pair.

9 est Pair.

☐ Écris un **I** pour impair et un **P** pour pair.
☐ Prolonge les deux régularités.

1	2	3	4	5	6	7	8	9	10
I	*P*	P	I	I	I	I	P	P	P
11	12	13	14	15	16	17	18	19	20
I	P	P	I	I	I	I	P	P	P

☐ Assombris les nombres pairs.
☐ Entoure les nombres impairs.

1	2	3	4	5	6	7	8	9	10
11	12	13	14	15	16	17	18	19	20

☐ Écris les **chiffres des unités** des nombres **ombragés**.
☐ Prolonge la régularité.

___ ___ ___ ___ ___

___ ___ ___ ___ ___

___ ___ ___ ___ ___

☐ Écris les **chiffres des unités** des nombres **entourés**.
☐ Prolonge la régularité.

___ ___ ___ ___ ___

___ ___ ___ ___ ___

___ ___ ___ ___ ___

Les nombres pairs ont ____, ____, ____, ____ ou ____ en chiffres des unités.

Les nombres impairs ont ____, ____, ____, ____ ou ____ en chiffre des unités.

Les nombres pairs ont 0, 2, 4, 6 ou 8 en chiffres des unités.
Les nombres impairs ont 1, 3, 5, 7 ou 9 en chiffres des unités.

☐ Entoure les nombres pairs.
☐ Souligne les nombres impairs.

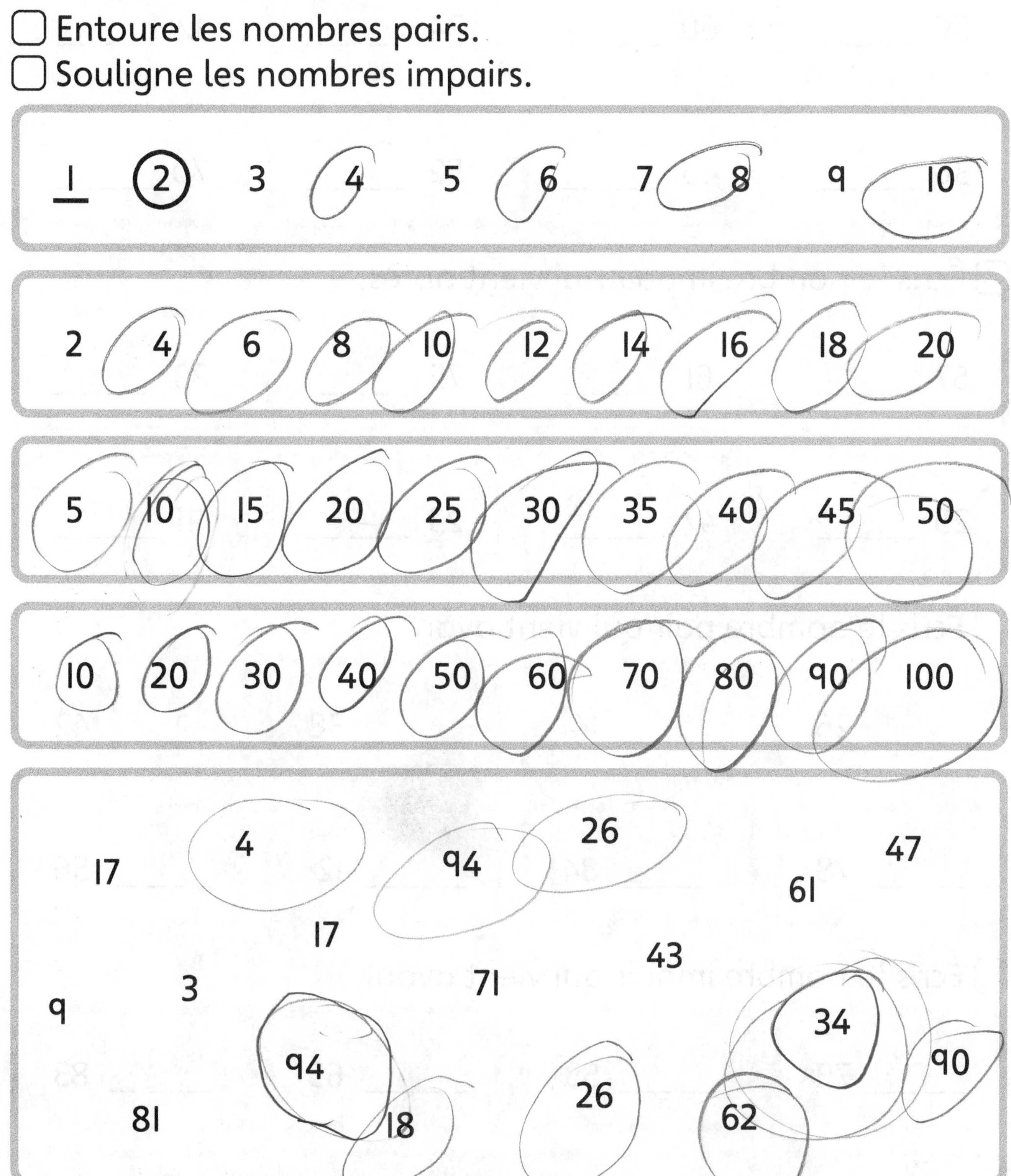

☐ **Bonus :** Décris toutes les régularités que tu voies.

☐ Écris le nombre pair qui vient après.

56 57	60 61	74 75	12 13
36 37	46 47	52 53	70 71

☐ Écris le nombre impair qui vient après.

57 58	61 62	75 76	33 34
25 26	47 48	23 24	91 92

☐ Écris le nombre pair qui vient avant.

25 26	13 14	37 38	42 42
77 78	83 84	11 12	57 56

☐ Écris le nombre impair qui vient avant.

78 79	54 53	64 65	82 83
54 55	84 85	98 99	46 47

Régularités dans les additions

☐ Sépare.

☐ Écris le nombre de différentes façons.

●|● ● ● ● ●
● ●|● ● ● ●
● ● ●|● ● ●

6 = 1 + 5
6 = 2 + 4
6 = 3 + 3

10 = 1 + 9
10 = 2 + 8
10 = 3 + 7
10 = 4 + 6
10 = 5 + 5

7 = 1 + 6
7 = 2 + 5
7 = 3 + 4

8 = 1 + 7
8 = 2 + 6
8 = 3 + 5
8 = 4 + 4

☐ Écris 9 de différentes façons.

9 = 1 + 8

9 = 2 + 7

9 = 3 + 6

9 = 4 + 5

Addition des dizaines et unités

☐ Écris le nombre comme somme de 10 et de 1.

32 = *10 + 10 + 10 + 1 + 1*	13 = ______
41 = ______	22 = ______

☐ On peut écrire 24 = 20 + 4. Écris le nombre d'une autre façon.

35 = *30 + 5*	47 = ______	63 = ______
81 = ______	56 = ______	92 = ______

☐ Additionne.

40 + 5 = *45*	6 + 20 = ______	70 + 1 = ______
8 + 60 = ______	70 + 7 = ______	4 + 50 = ______
30 + 8 = ______	9 + 10 = ______	6 + 80 = ______
7 + 90 = ______	9 + 70 = ______	90 + 9 = ______

☐ Additionne.

5 + 2 = I + I + I + I + I + I + I = ___

50 + 20 = 10 + 10 + 10 + 10 + 10 + 10 + 10 = ___

4 + 4 = I + I + I + I + I + I + I + I = ___

40 + 40 = 10 + 10 + 10 + 10 + 10 + 10 + 10 + 10 = ___

2 + 3 = I + I + I + I + I = ___

20 + 30 = 10 + 10 + 10 + 10 + 10 = ___

2 + 6 = ___

20 + 60 = ___

4 + I = ___

40 + 10 = ___

5 + 4 = ___

50 + 40 = ___

I + 5 = ___

10 + 50 = ___

3 + 3 = ___

30 + 30 = ___

3 + 4 = ___

30 + 40 = ___

I + 3 + 2 = ___

10 + 30 + 20 = ___

2 + 3 + 2 + I = ___

20 + 30 + 20 + 10 = ___

Additionner de deux façons

☐ Déplace la ligne d'un point vers la droite.
☐ Écris la nouvelle phrase d'addition.

● ●|● ● ● ● 2 + 4 = 6 ● ● ●|● ● ● *3 + 3 = 6*	●|● ● ● ● 1 + 4 = 5 ● ● ● ● ● 5
● ● ●|● ● 3 + 2 = 5 ● ● ● ● ● 5	● ● ● ●|● ● 4 + 2 = 6 ● ● ● ● ● ● 6
● ●|● ● 2 + 2 = 4 ● ● ● ● 4	●|● ● 1 + 2 = 3 ● ● ● 3
|● ● ● ● 0 + 4 = 4 ● ● ● ● 4	● ● ●|● 3 + 1 = 4 ● ● ● ● 4

Comment change le premier chiffre? *Il augmente de 1.*

Comment change le deuxième chiffre? ____________

Qu'est-ce qui se passe avec le total? ____________

☐ Pourquoi cela se produit-il?

☐ Additionne et soustrais 1 pour créer une nouvelle phrase numérique.

2 + 5 = 7
+1 (2 → 3), −1 (5 → 4)
[3] + [4] = [7]

3 + 8 = 11
+1, −1
[ ] + [ ] = [ ]

6 + 3 = 9
+1, ___
[ ] + [ ] = [ ]

8 + 3 = 11
___, −1
[ ] + [ ] = [ ]

9 + 6 = 15
+1, ___
[ ] + [ ] = [ ]

5 + 2 = 7
___, −1
[ ] + [ ] = [ ]

7 + 11 = 18
___, −1
[ ] + [ ] = [ ]

11 + 7 = 18
+1, ___
[ ] + [ ] = [ ]

☐ Termine la phrase d'addition.

6 + 11 = 7 + ___

8 + 4 = 9 + ___

☐ Dessine un modèle.

☐ Déplace la ligne d'un point vers la gauche. ←

☐ Écris la nouvelle phrase d'addition.

● ●|● ● ● ● $2 + 4 = 6$ ●|● ● ● ● ● *1 + 5 = 6*	● ●|● ● ● $2 + 3 = 5$ 1+2=3
$4 + 1 = 5$ 3+0=3	$4 + 2 = 6$ 3+1=4
$2 + 2 = 4$ 1+1 2	$1 + 2 = 3$ 0+1=1
$2 + 1 = 3$ 1+0=1	$4 + 0 = 4$ 3+0=3

Comme change le premier chiffre? ____________________

Commen change le deuxième chiffre? ____________________

Qu'est-ce qui se passe avec le total? ____________________

☐ Pourquoi cela se produit-il?

☐ Change les deux nombres de façons inversées.

☐ Complète les deux phrases d'addition.

$13 + 4 = 17$; -3, $+3$; $10 + 7 = 17$

$8 + 7 = 15$; $+2$, -2 ; $\square + \square = \square$

$7 + 8 = \square$; $+3$, ___ ; $\square + \square = \square$

$11 + 7 = \square$; -1, ___ ; $\square + \square = \square$

$12 + 6 = \square$; -2, ___ ; $\square + \square = \square$

$5 + 13 = \square$; ___, -3 ; $\square + \square = \square$

$11 + 7 = \square$; ___, $+3$; $\square + \square = \square$

$9 + 8 = \square$; $+1$, ___ ; $\square + \square = \square$

Pour chaque question, est-ce que le total a changé? ______

Utilisation du chiffre 10 pour additionner

☐ Utilise le groupe de 10 pour t'aider à additionner.

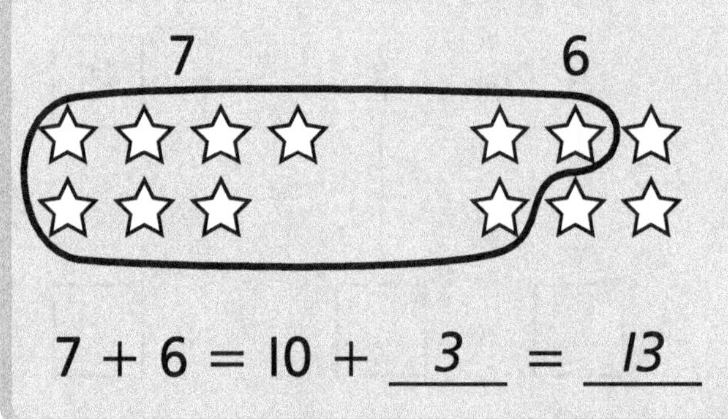

7 + 6 = 10 + <u>3</u> = <u>13</u>

8 6

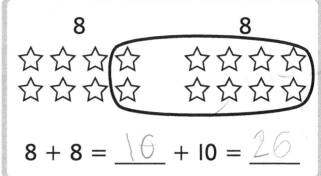

8 + 6 = 10 + ___ = ___

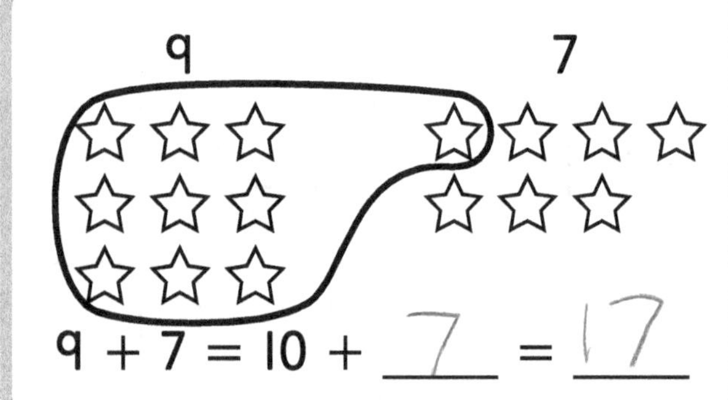

9 + 7 = 10 + ___ = ___

8 8

8 + 8 = ___ + 10 = ___

7 5

7 + 5 = 10 + ___ = ___

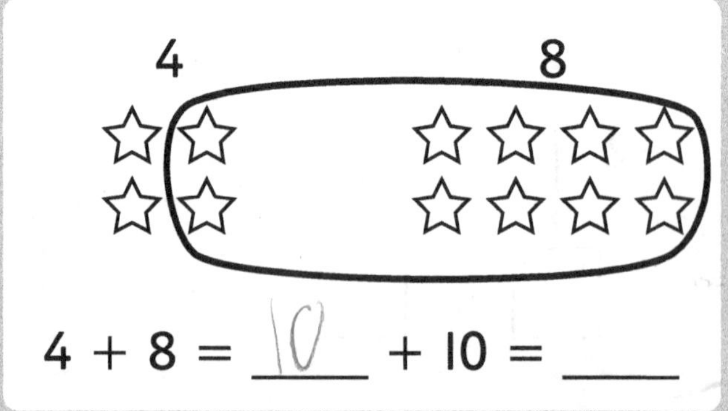

4 + 8 = ___ + 10 = ___

☐ Sara groupe les 10 de deux façons. A-t-elle obtenu la même réponse?

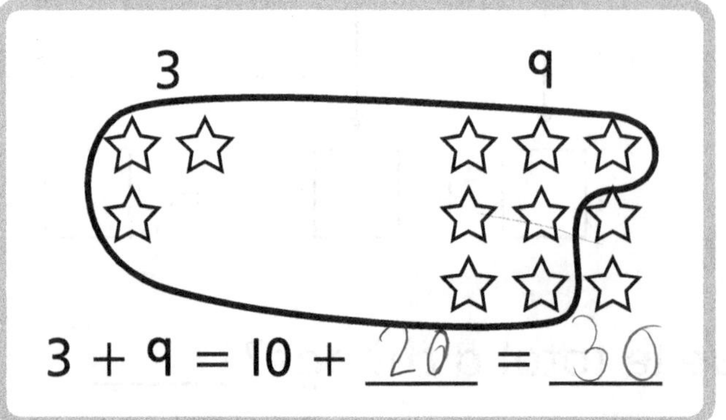

3 + 9 = 10 + ___ = ___

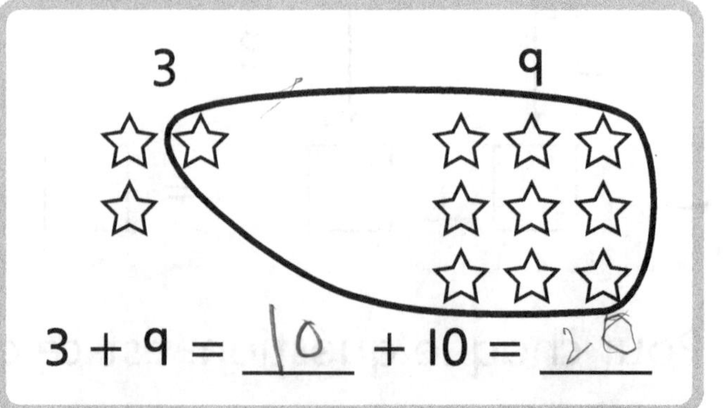

3 + 9 = ___ + 10 = ___

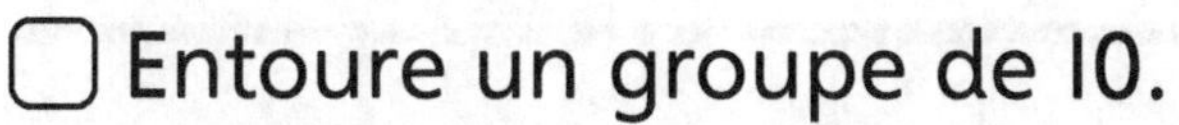
☐ Entoure un groupe de 10.

☐ Utilise 10 pour additionner.

4 7

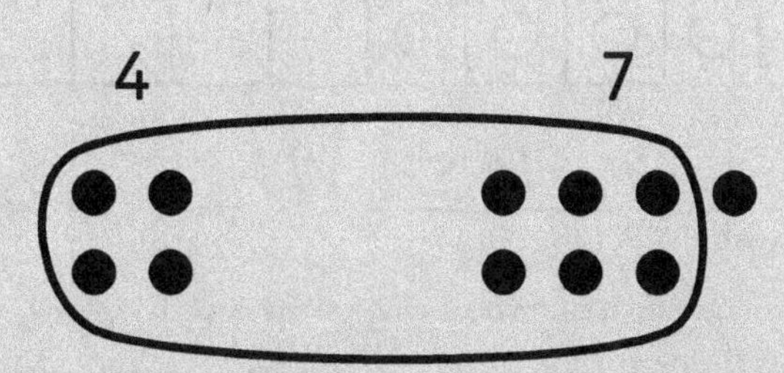

4 + 7 = 10 + __1__ = __11__

8 6

8 + 6 = 10 + __7__ = __17__

9 4

9 + 4 = 10 + __30__ = __40__

9 2

9 + 2 = 10 + __1__ = __11__

7 7

7 + 7 = 10 + __40__ = __50__

Fais le tien.

Utilisation du chiffre 10 le plus près pour additionner

☐ Utilise 10 pour additionner

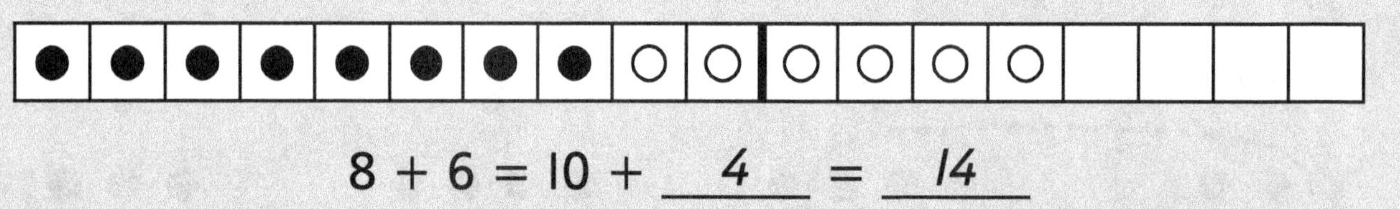

8 + 6 = 10 + __4__ = __14__

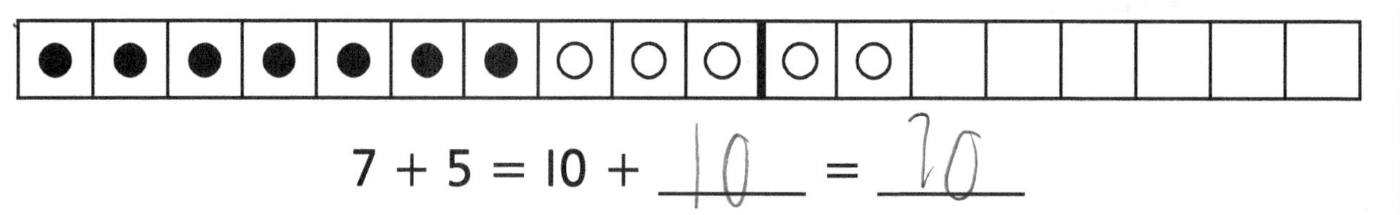

7 + 5 = 10 + ______ = ______

7 + 9 = 10 + ______ = ______

☐ Dessine des cercles, puis additionne.

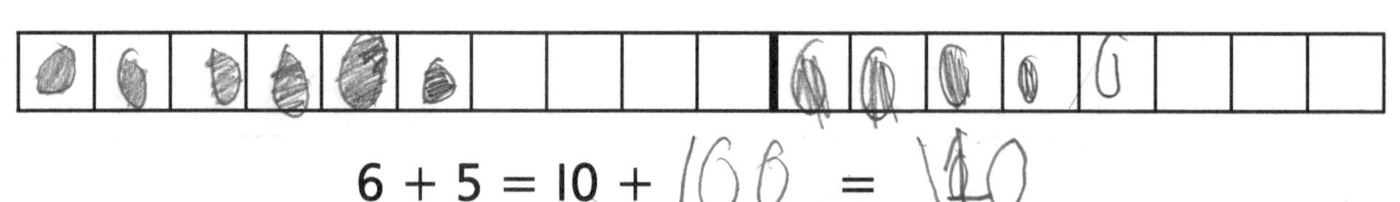

6 + 5 = 10 + ______ = ______

9 + 5 = 10 + ______ = ______

Est-ce que le fait d'utiliser un 10 rend l'addition plus facile? ______

☐ Explique.

☐ Quelles deux réponses sont pareilles? Pourquoi cela se produit-il?

☐ Comment obtenir 10 avec le premier chiffre?
Soustrais ce montant du deuxième chiffre.

☐ Complète les phrases d'addition.

$8 + 5 = 13$

+2 ; −2

$10 + 3 = 13$

---

8 + 7 = ____

____ ; ____

____ + ____ = ____

---

9 + 6 = ____

____ ; ____

____ + ____ = ____

---

9 + 8 = ____

____ ; ____

____ + ____ = ____

---

8 + 9 = ____

____ ; ____

____ + ____ = ____

---

9 + 7 = ____

____ ; ____

____ + ____ = ____

---

9 + 5 = 10 + ____ = ____

8 + 4 = 10 + ____ = ____

9 + 4 = ____ + ____ = ____

8 + 6 = ____ + ____ = ____

- [ ] Ajoute 1 à l'un des nombres.
- [ ] Soustrais 1 de l'autre nombre.
- [ ] Complète la nouvelle phrase d'addition.

32 + 9 41
= 31 + 10 = 41

19 + 8
= 19 + 8 = 12

7 + 29
= 7 + 29 = 38

27 + 19
= 27 + 19 = 46

19 + 16
= 19 + 16 = 36

29 + 6
= 29 + 6 = 23

18 + 9
= 18 + 9 = 9

9 + 36
= 9 + 36 = 27

9 + 47
= 9 + 47 = 37

38 + 19
= 38 + 19 = 19

- [ ] Sam doit résoudre 27 + 29. Il dit que 26 + 30 a la même réponse. Explique pourquoi c'est correct.
- [ ] Quel problème est plus facile, 27 + 29 ou 26 + 30? Explique.

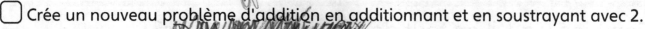

☐ Crée un nouveau problème d'addition en additionnant et en soustrayant avec 2.

☐ Résous le nouveau problème d'addition.

18 + 15
= 20 + ___ = ___

14 + 28
= ___ + 30 = ___

37 + 48
= ___ + 50 = ___

68 + 24
= 70 + ___ = ___

42 + 54
= 40 + ___ = ___

72 + 17
= 70 + ___ = ___

56 + 32
= ___ + ___ = ___

28 + 45
= ___ + ___ = ___

22 + 35
= ___ + ___ = ___

43 + 48
= ___ + ___ = ___

Utilisation des dizaines et des unités pour additionner

Combien y a-t-il en tout de dizaines et d'unités?

☐ Additionne.

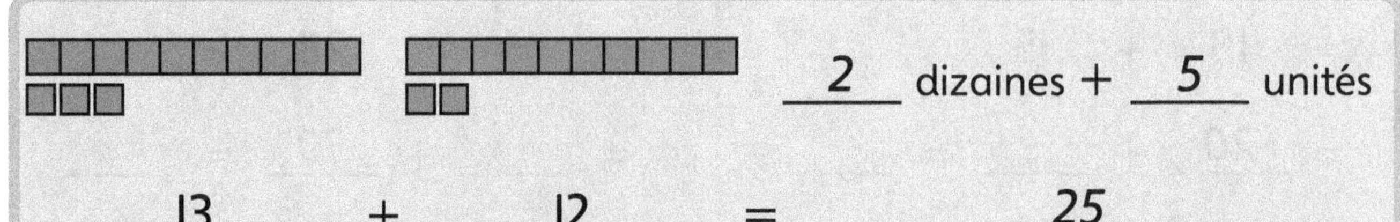

_2_ dizaines + _5_ unités

13 + 12 = _25_

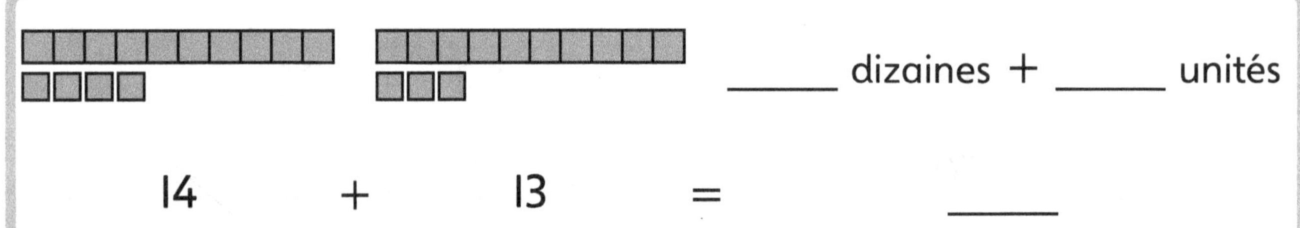

____ dizaines + ____ unités

14 + 13 = ____

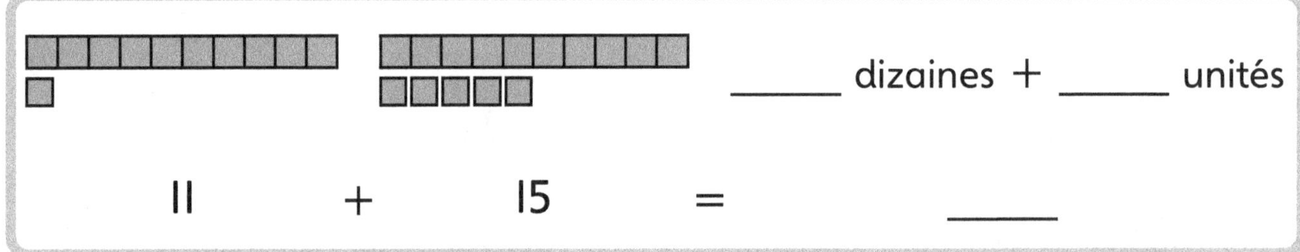

____ dizaines + ____ unités

11 + 15 = ____

☐ Maintenant, dessine les blocs et additionne.

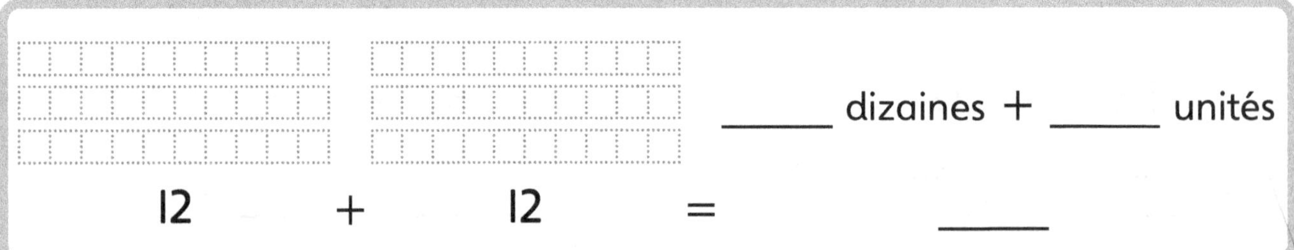

____ dizaines + ____ unités

12 + 12 = ____

☐ Crée ton problème d'addition.

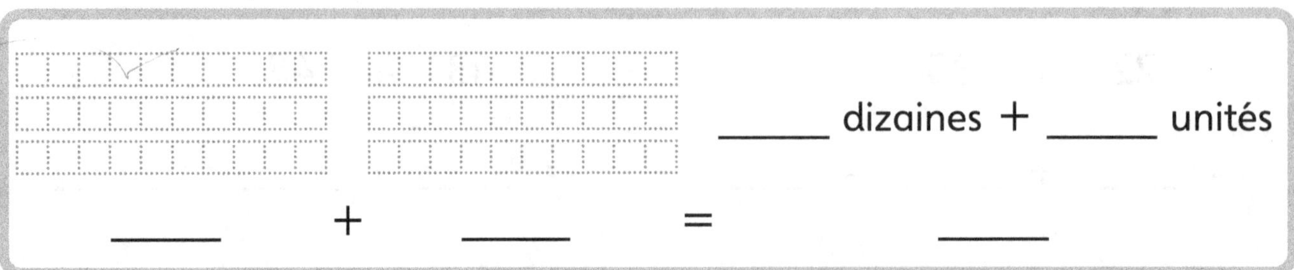

____ dizaines + ____ unités

____ + ____ = ____

☐ Additionne en séparant les dizaines et les unités.

23	=	20	+	3	
+ 34	=	30	+	4	
57	←	50	+	7	

34	=	30	+	4	
+ 15	=	10	+	5	
□	←	40	+	9	

27	=	20	+	□
+ 22	=	20	+	□
□	←	40	+	□

35	=	□	+	□
+ 42	=	□	+	□
□	←	□	+	□

15	=	□	+	□
+ 23	=	□	+	□
□	←	□	+	□

26	=	□	+	□
+ 13	=	□	+	□
□	←	□	+	□

34	=	□	+	□
+ 54	=	□	+	□
□	←	□	+	□

26	=	□	+	□
+ 33	=	□	+	□
□	←	□	+	□

22	=	□	+	□
14		□	+	□
+ 21	=	□	+	□
□	←	□	+	□

11	=	□	+	□
22		□	+	□
+ 33	=	□	+	□
□	←	□	+	□

Additionne en utilisant le tableau des dizaines (D) et des unités (U).

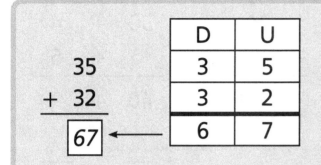

35
\+ 32
67

D	U
3	5
3	2
6	7

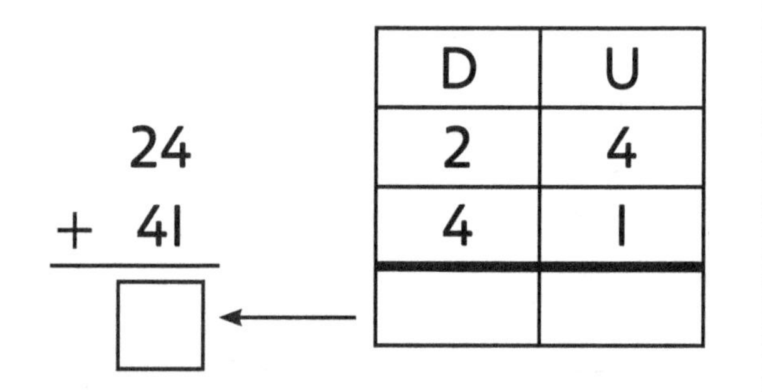

24
\+ 41

D	U
2	4
4	1

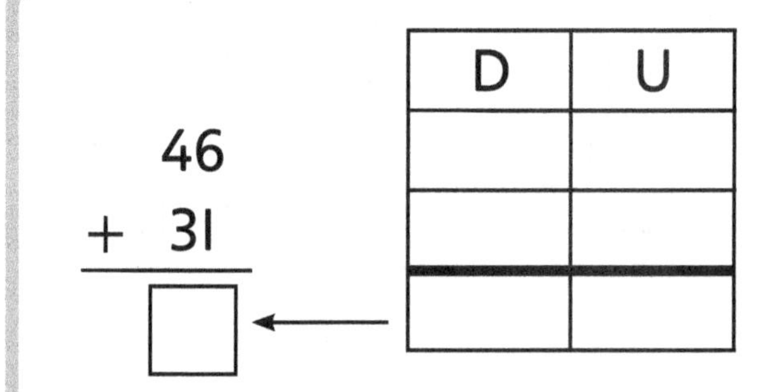

46
\+ 31

D	U

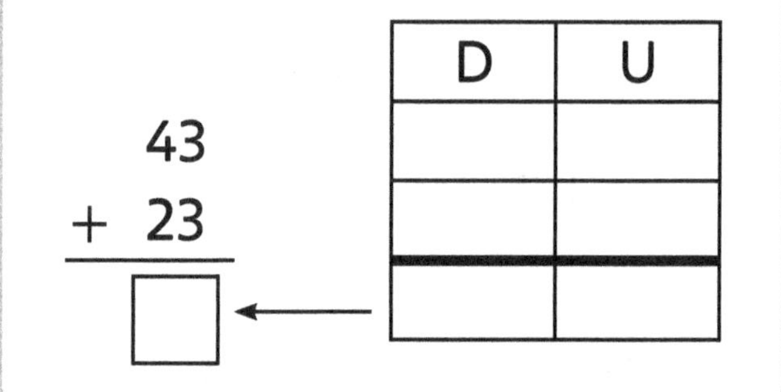

43
\+ 23

D	U

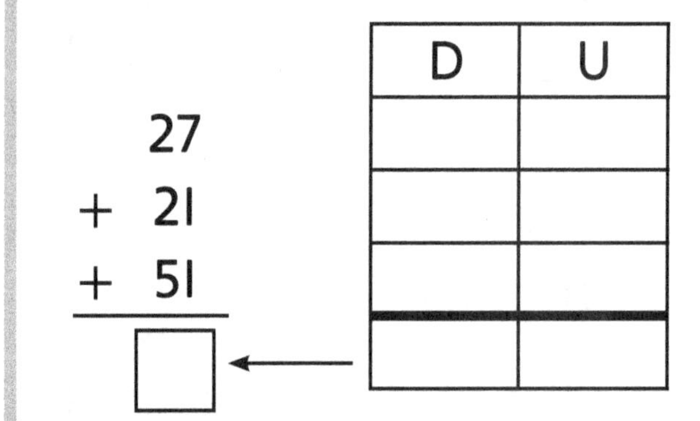

27
\+ 21
\+ 51

D	U

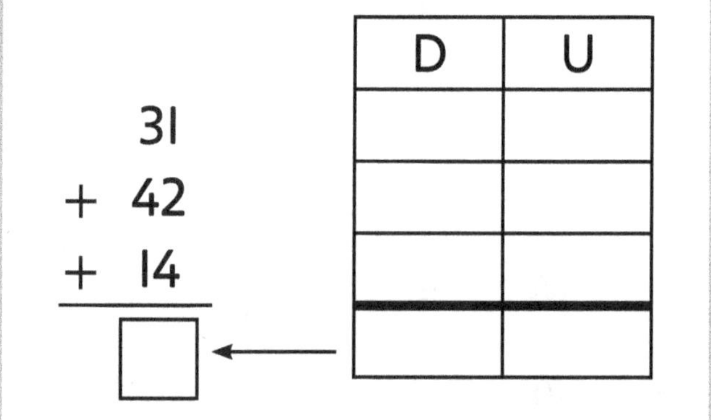

31
\+ 42
\+ 14

D	U

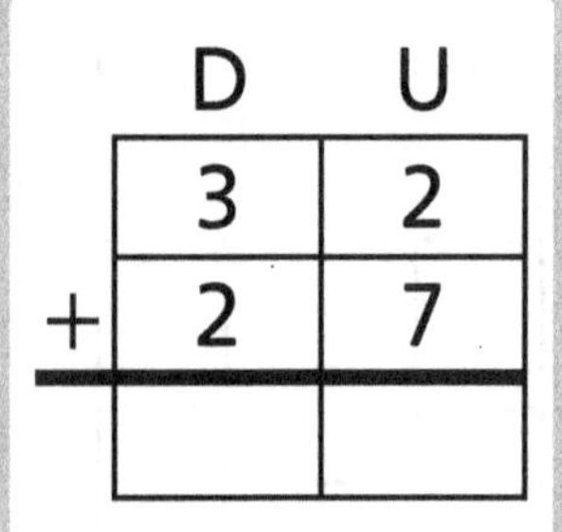

	D	U
	3	2
+	2	7

	D	U
	4	8
+	3	1

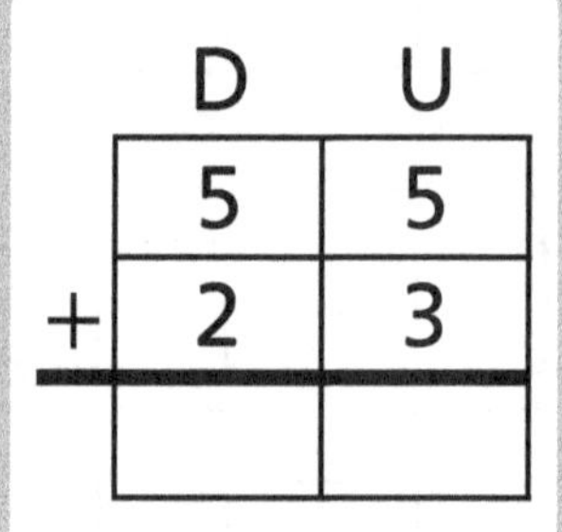

	D	U
	5	5
+	2	3

	D	U
	2	2
+	1	3

37	63	25	31	54	23
+ 22	+ 16	+ 34	+ 62	+ 34	+ 43

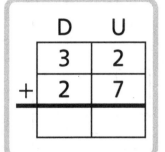

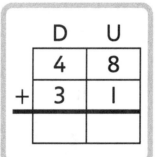

Écrire un nombre de plusieurs façons.

☐ Écris 53 de plusieurs façons.

1	2	3	4	5	6	7	8	9	10
11	12	13	14	15	16	17	18	19	20
21	22	23	24	25	26	27	28	29	30
31	32	33	34	35	36	37	38	39	40
41	42	43	44	45	46	47	48	49	50
51	52	53	54	55	56	57	58	59	60

_5_ dizaines + _3_ unités

1	2	3	4	5	6	7	8	9	10
11	12	13	14	15	16	17	18	19	20
21	22	23	24	25	26	27	28	29	30
31	32	33	34	35	36	37	38	39	40
41	42	43	44	45	46	47	48	49	50
51	52	53	54	55	56	57	58	59	60

_____ dizaines + _____ unités

1	2	3	4	5	6	7	8	9	10
11	12	13	14	15	16	17	18	19	20
21	22	23	24	25	26	27	28	29	30
31	32	33	34	35	36	37	38	39	40
41	42	43	44	45	46	47	48	49	50
51	52	53	54	55	56	57	58	59	60

_____ dizaines + _____ unités

☐ Écris le nombre de différentes façons.

24

dizaines	unités
2	4
1	14
0	24

27

dizaines	unités

26

dizaines	unités

37

dizaines	unités

38

dizaines	unités

31

dizaines	unités

50

dizaines	unités

56

dizaines	unités

52

dizaines	unités

Regrouper

- [ ] Regroupe 10 blocs d'unité ensemble.
- [ ] Additionne.

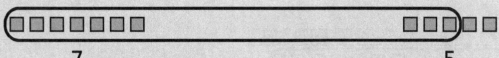

7 5

7 + 5 = 10 + 2 = 12

6 8

6 + 8 = 10 + ______ = ______

5 8

5 + 8 = 10 + ______ = ______

8 4

8 + 4 = 10 + ______ = ______

7 7

7 + 7 = 10 + ______ = ______

☐ Regroupe 10 blocs d'unité ensemble.
Combien de dizaines et combien d'unités?

☐ Additionne.

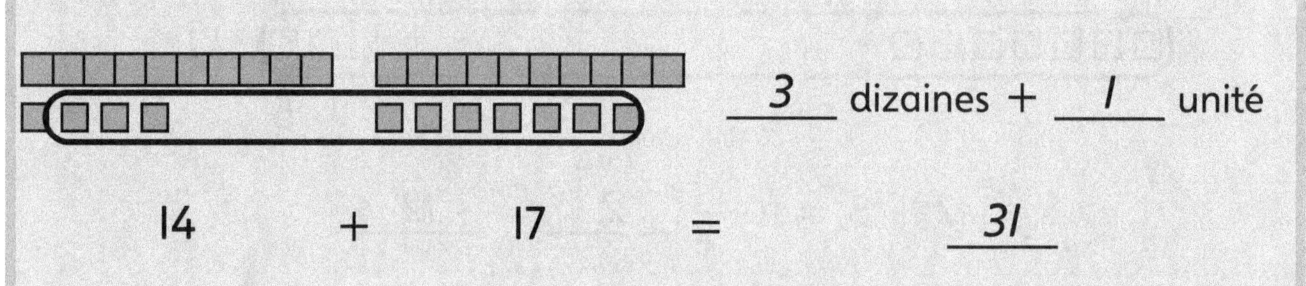

3 dizaines + 1 unité

14 + 17 = 31

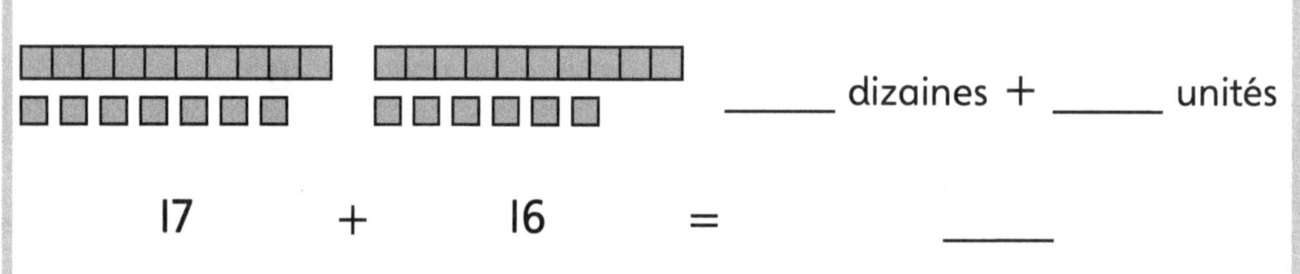

_____ dizaines + _____ unités

17 + 16 = _____

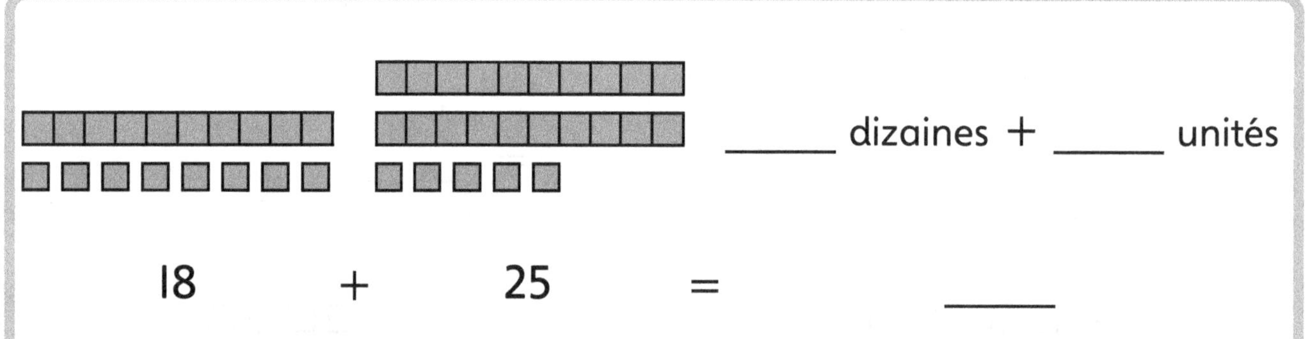

_____ dizaines + _____ unités

18 + 25 = _____

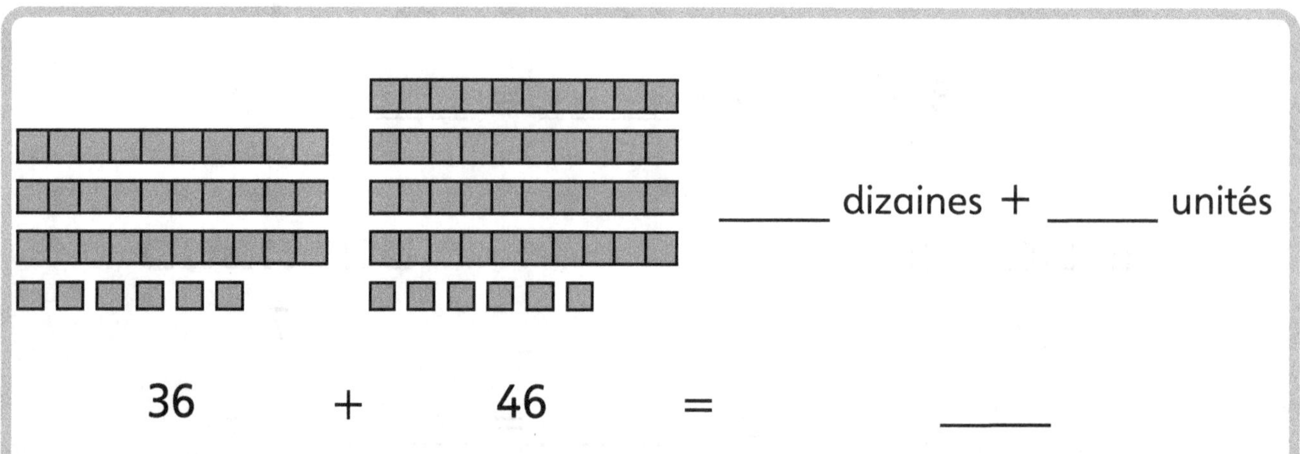

_____ dizaines + _____ unités

36 + 46 = _____

☐ Échange les groupes de 10 unités pour des dizaines.

☐ Regroupe-les dans la rangée suivante.

dizaines	unités
4	27
6	7

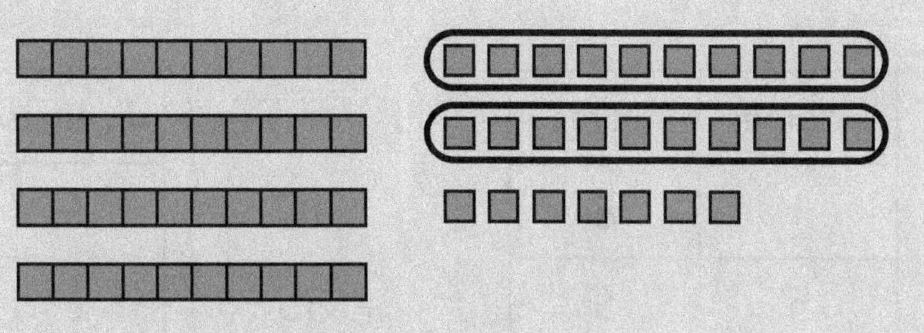

dizaines	unités
3	12

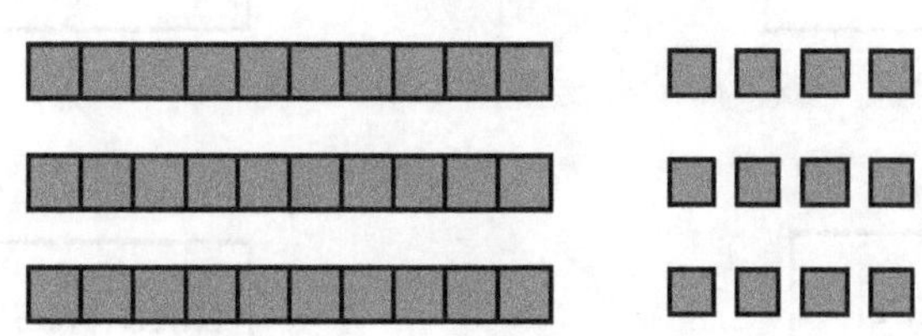

dizaines	unités
5	21

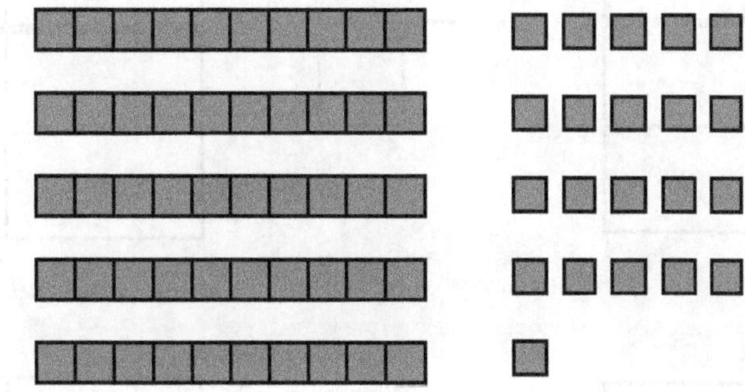

dizaines	unités
3	15

dizaines	unités
6	19

dizaines	unités
4	28

- [ ] Additionne les dizaines et les unités.
- [ ] Regroupe-les dans la rangée suivante.
- [ ] Écris la réponse.

dizaines	unités
1	6
5	5
6	*11*
7	*1*

16 + 55 = *71*

dizaines	unités
1	2
2	9

12 + 29 = ☐

dizaines	unités
2	5
3	8

25 + 38 = ☐

dizaines	unités
5	7
2	6

57 + 26 = ☐

dizaines	unités
2	8
2	6

28 + 26 = ☐

dizaines	unités
2	3
5	2
1	6

23 + 52 + 16 = ☐

L'algorithme conventionnel pour additionner

- ☐ Additionne les unités.
- ☐ Écris les chiffres des dizaines dans la colonne des dizaines.
- ☐ Écris les chiffres des unités dans la colonnes d'unités.

5 + 9 = 1 4

	D	U
	1	
	1	5
+	2	9
		4

3 + 8 = 1 1

	D	U
	2	3
+	3	8

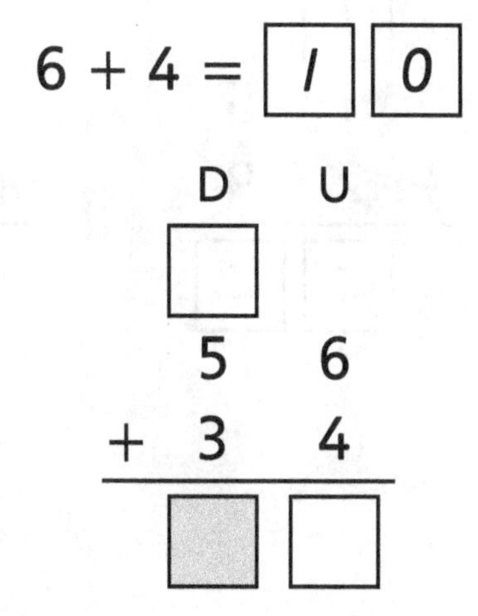

7 + 5 =

	D	U
	3	7
+	2	5

6 + 9 =

	D	U
	1	6
+	4	9

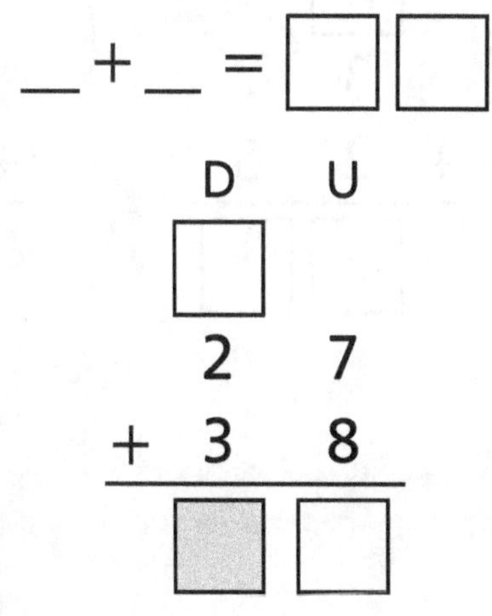

	1	4
+	3	8

	4	7
+	2	3

	1	5
+	3	5

☐ Additione les unités d'abord.

☐ Ensuite, additionne les dizaines pour trouver le total.

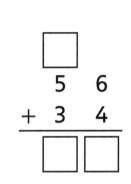

[1] 15 + 29 [4][4]	[ ] 23 + 38 [ ][ ]	[ ] 56 + 34 [ ][ ]	[ ] 29 + 11 [ ][ ]
[ ] 37 + 25 [ ][ ]	[ ] 16 + 49 [ ][ ]	[ ] 27 + 38 [ ][ ]	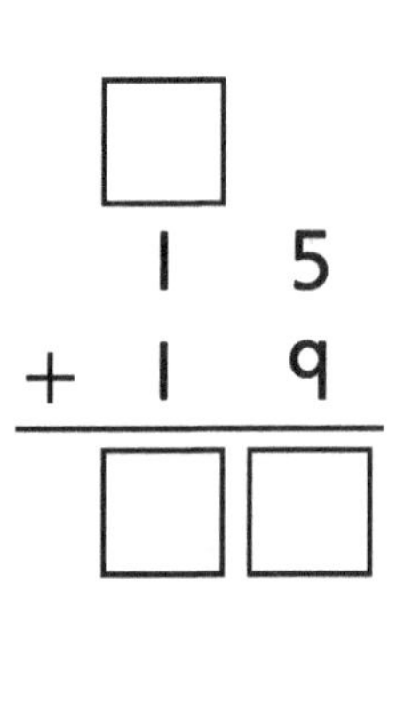 [ ] 15 + 19 [ ][ ]
[ ] 14 + 38 [ ][ ]	[ ] 47 + 23 [ ][ ]	[ ] 15 + 35 [ ][ ]	[ ] 28 + 38 [ ][ ]

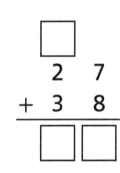

☐ Additionne. Regroupe quand tu dois le faire.

$$\begin{array}{r} \boxed{1} \\ 19 \\ +\ 26 \\ \hline \boxed{4}\boxed{5} \end{array} \quad \begin{array}{r} \boxed{\ } \\ 25 \\ +\ 33 \\ \hline \boxed{5}\boxed{8} \end{array} \quad \begin{array}{r} \boxed{\ } \\ 37 \\ +\ 25 \\ \hline \boxed{\ }\boxed{\ } \end{array} \quad \begin{array}{r} \boxed{\ } \\ 23 \\ +\ 46 \\ \hline \boxed{\ }\boxed{\ } \end{array}$$

$$\begin{array}{r} \boxed{\ } \\ 29 \\ +\ \ 4 \\ \hline \boxed{\ }\boxed{\ } \end{array} \quad \begin{array}{r} \boxed{\ } \\ 13 \\ +\ 22 \\ \hline \boxed{\ }\boxed{\ } \end{array} \quad \begin{array}{r} \boxed{\ } \\ 47 \\ +\ \ 3 \\ \hline \boxed{\ }\boxed{\ } \end{array} \quad \begin{array}{r} \boxed{\ } \\ 86 \\ +\ \ 1 \\ \hline \boxed{\ }\boxed{\ } \end{array}$$

Liz a ajouté les dizaines avant les unités.

☐ Encercle les erreurs de ses réponses.

$$\begin{array}{r} \boxed{\ } \\ 11 \\ +\ 58 \\ \hline \boxed{6}\boxed{9} \end{array} \quad \begin{array}{r} \boxed{1} \\ 17 \\ +\ 27 \\ \hline \boxed{3}\boxed{4} \end{array} \quad \begin{array}{r} \boxed{1} \\ 26 \\ +\ 26 \\ \hline \boxed{4}\boxed{2} \end{array} \quad \begin{array}{r} \boxed{\ } \\ 43 \\ +\ 25 \\ \hline \boxed{6}\boxed{8} \end{array}$$

☐ Additionne.

29 + 14   37 + 46   48 + 23   55 + 39

Les doubles

☐ Dessine le même nombre de points de l'autre côté.
☐ Écris une phrase double.

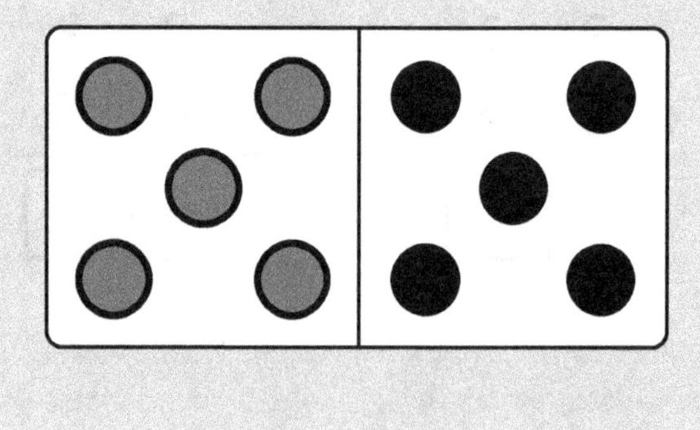

_10_ est le double de _5_

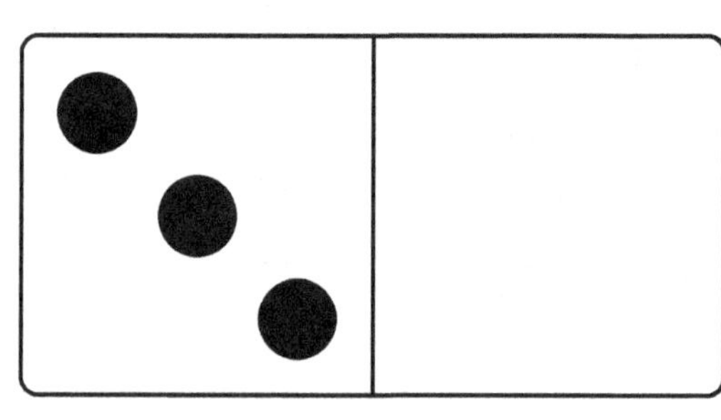

____ est le double de ____

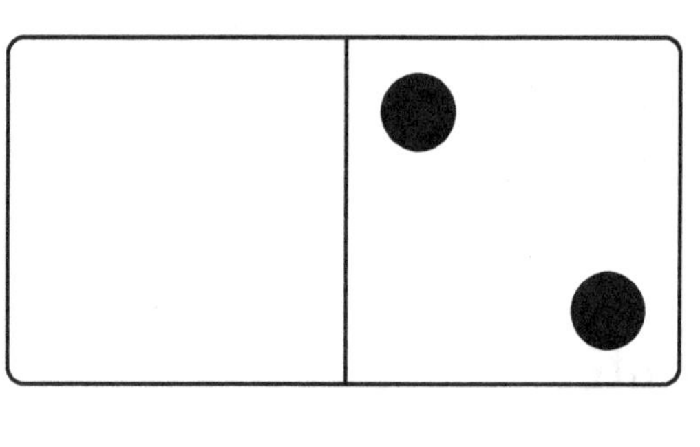

____ est le double de ____

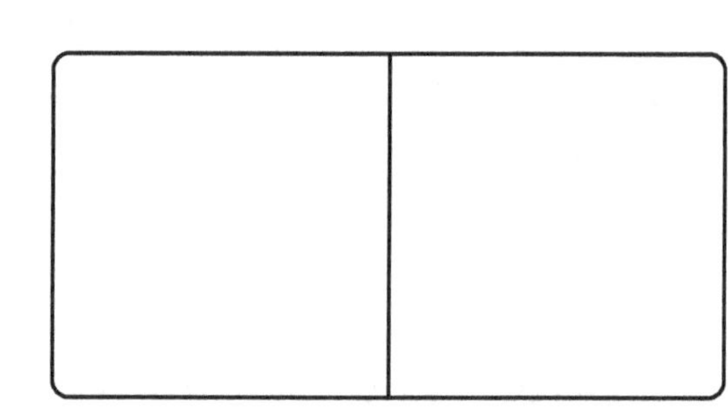

____ est le double de _0_

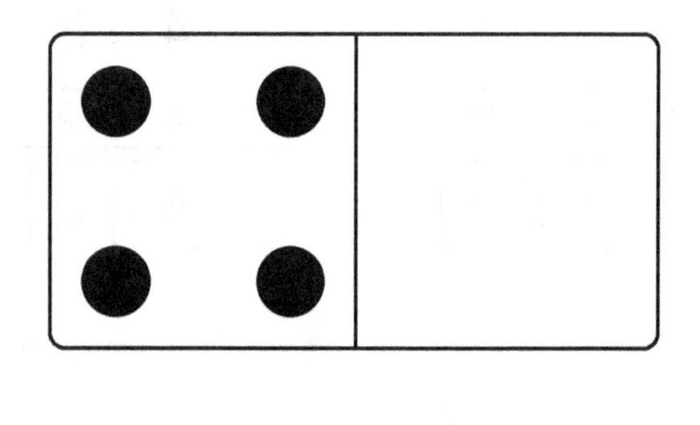

____

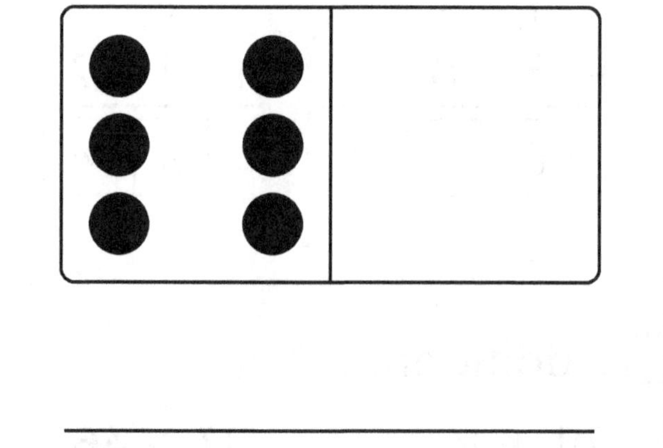

____

☐ Écris une phrase d'addition pour le double.

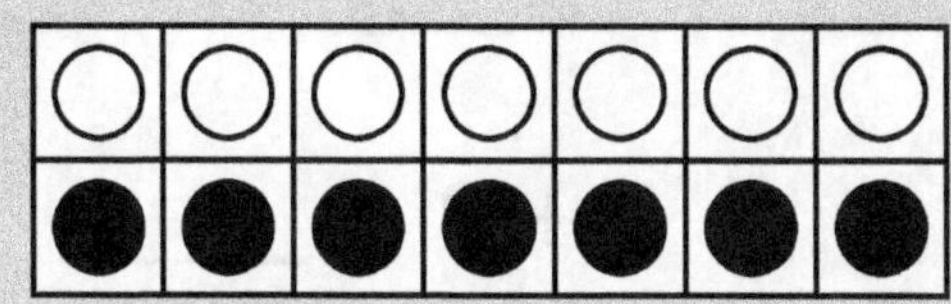

7 + 7 = 14

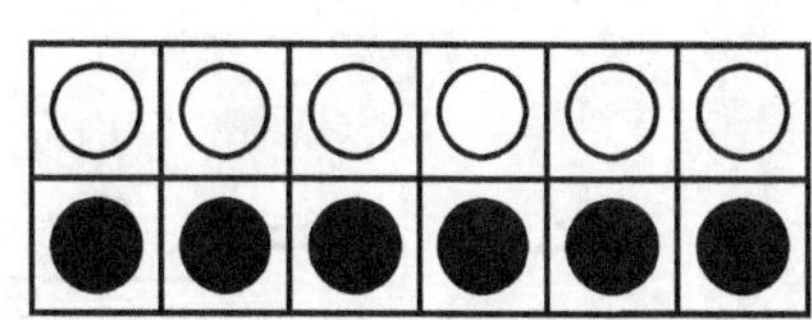

_____ + _____ = _____

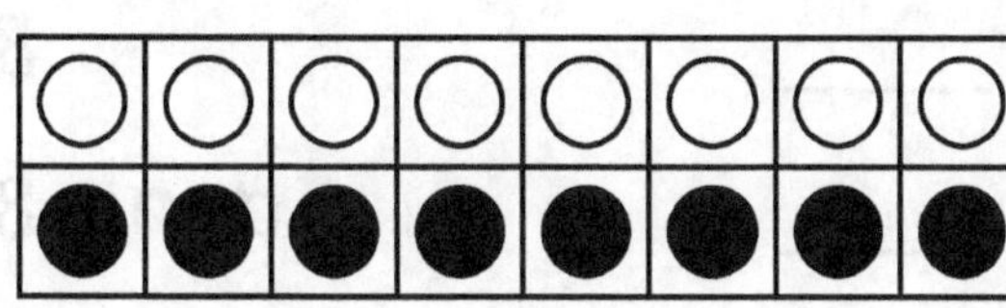

_____ + _____ = _____

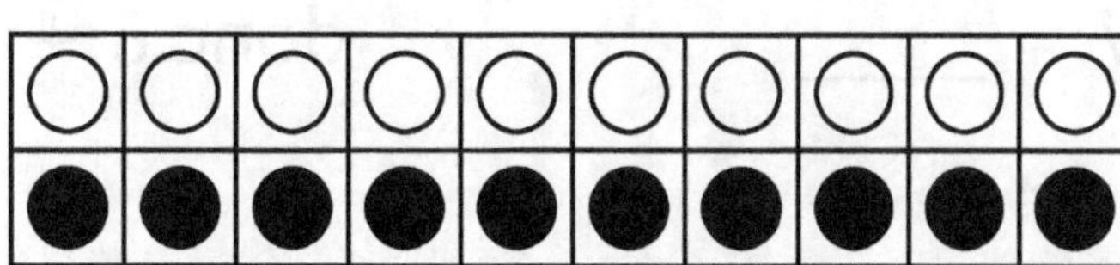

_____ + _____ = _____

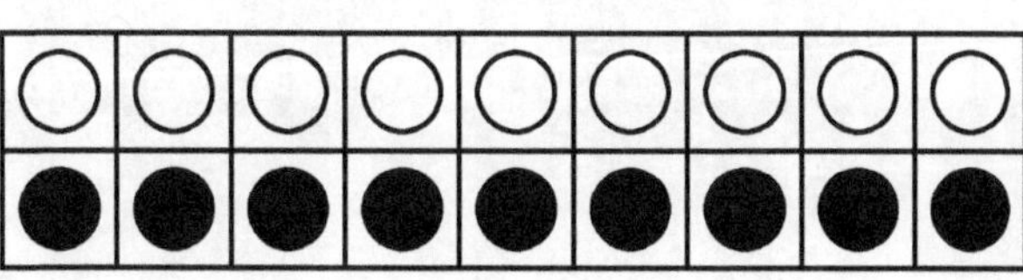

_____ + _____ = _____

_____ + _____ = 2

_____ + _____ = 8

Utilisation de doubles pour additionner

☐ Double, puis ajoute 1.

$4 + 4 =$ 8
donc $4 + 5 =$ 9

$3 + 3 =$ ____
donc $4 + 3 =$ ____

$7 + 7 =$ ____
donc $8 + 7 =$ ____

$8 + 8 =$ ____
donc $8 + 9 =$ ____

$6 + 6 =$ ____
donc $6 + 7 =$ ____

$5 + 5 =$ ____
donc $6 + 5 =$ ____

____ + ____ = ____
donc $7 + 8 =$ ____

____ + ____ = ____
donc $5 + 4 =$ ____

____ + ____ = ____
donc $5 + 6 =$ ____

____ + ____ = ____
donc $10 + 9 =$ ____

Bonus

☐ Trouve $30 + 31$.

☐ Double, puis soustrais 1.

7 + 7 = 14
donc 7 + 6 = 13

9 + 9 = ____
donc 8 + 9 = ____

6 + 6 = ____
donc 6 + 5 = ____

8 + 8 = ____
donc 7 + 8 = ____

8 + 8 = ____
donc 8 + 7 = ____

5 + 5 = ____
donc 4 + 5 = ____

____ + ____ = ____
donc 9 + 10 = ____

____ + ____ = ____
donc 9 + 8 = ____

____ + ____ = ____
donc 3 + 4 = ____

____ + ____ = ____
donc 7 + 8 = ____

Bonus

☐ Trouve 40 + 39.

☐ Écris combien **de plus** ou **de moins**.
☐ Trouve le double.
☐ Additionne.

4 + 5 est *1 de plus que* 4 + 4

4 + 4 = 8 donc 4 + 5 = 9

---

8 + 9 est ______________________ 9 + 9

9 + 9 = _____ donc 8 + 9 = _____

---

8 + 7 est ______________________ 8 + 8

8 + 8 = _____ donc 8 + 7 = _____

---

6 + 7 est ______________________ 6 + 6

6 + 6 = _____ donc 6 + 7 = _____

---

9 + 10 est ______________________ 10 + 10

10 + 10 = _____ donc 9 + 10 = _____

---

7 + 6 est ______________________________

______________________ donc 7 + 6 = _____

☐ Quelles deux questions ont la même réponse?
Pourquoi cela se produit-il?

Stratégies de soustraction

☐ Compte à rebours pour soustraire.

6 − 1 = _____

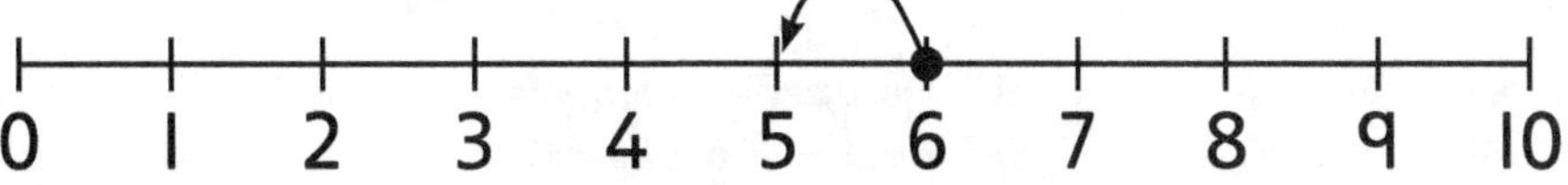

7 − 2 = _____

0 1 2 3 4 5 6 7 8 9 10

8 − 3 = _____

0 1 2 3 4 5 6 7 8 9 10

☐ Compte pour soustraire.

8 − 5 = _____

0 1 2 3 4 5 6 7 8 9 10

9 − 6 = _____

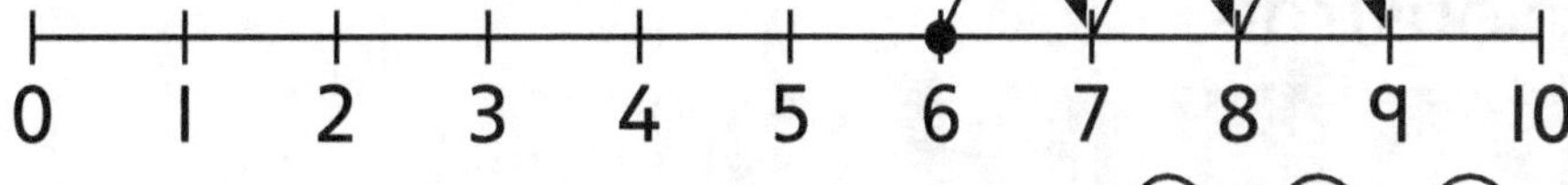

10 − 7 = _____

0 1 2 3 4 5 6 7 8 9 10

☐ Enlève les cercles colorés pour soustraire.

10 − 2 = _____

11 − 3 = _____

12 − 4 = _____

☐ Écris 4 phrases de soustraction de plus avec la même réponse.

_____________________ 10 − 6 = 4 _____________________

_____________________ _____________________

☐ Entoure le problème le plus facile à résoudre.

17 − 9	18 − 10	19 − 11	20 − 12
11 − 8	12 − 9	13 − 10	14 − 11
18 − 13	17 − 12	16 − 11	15 − 10

Explique tes choix. ______________________________

____

☐ Crée un problème plus facile avec la même réponse.
☐ Soustrais.

13 − 8 = [*15*] − 10 = *5*

13 − 9 = [ ] − 10 = ____

16 − 9 = [ ] − 10 = ____

14 − 8 = [ ] − 10 = ____

17 − 8 = [ ] − 10 = ____

15 − 9 = [ ] − 10 = ____

12 − 9 = [ ] − 10 = ____

Bonus

24 − 18 = [ ] − 20 = ____

☐ Soustrais.

13 − 3 = ____

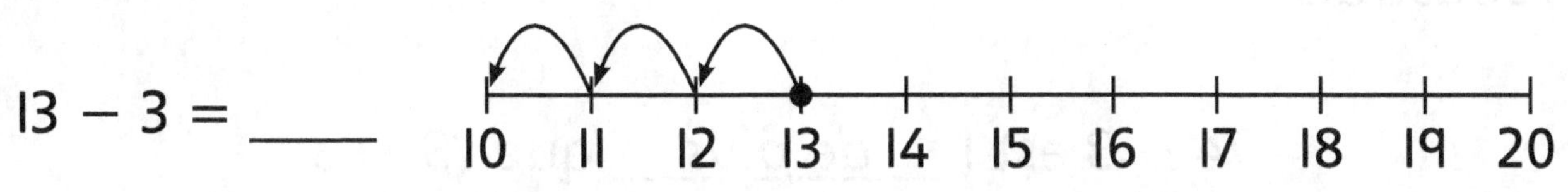

23 − 3 = ____

20 21 22 23 24 25 26 27 28 29 30

33 − 3 = ____

30 31 32 33 34 35 36 37 38 39 40

43 − 3 = ____

73 − 3 = ____

63 − 3 = ____

82 − 2 = ____

67 − 7 = ____

54 − 4 = ____

91 − 1 = ____

85 − 5 = ____

76 − 6 = ____

89 − 9 = ____

50 − 0 = ____

28 − 8 = ____

74 − 4 = ____

68 − 8 = ____

41 − 1 = ____

☐ Écris **de plus** ou **de moins**.
☐ Soustrais.

74 − 3 est 1 *de plus* que 73 − 3

73 − 3 = *70* donc 74 − 3 = *71*

84 − 5 est 1 *de moins* que 85 − 5

85 − 5 = _____ donc 84 − 5 = _____

75 − 6 est 1 __________ que 76 − 6

76 − 6 = _____ donc 75 − 6 = _____

57 − 6 est 1 __________ que 56 − 6

56 − 6 = _____ donc 57 − 6 = _____

48 − 9 est 1 __________ que 49 − 9

49 − 9 = _____ donc 48 − 9 = _____

☐ Résous 78 − 9 de deux façons.
☐ **Bonus** : Résous 78 − 9 avec une troisième façon.

Stratégies d'addition supplémentaires

☐ Compte pour soustraire.

36 37 38 39 40

36 + ___4___ = 40 donc 40 − 36 = ___4___

7 + _____ = 10 donc 10 − 7 = _____

17 + _____ = 20 donc 20 − 17 = _____

27 + _____ = 30 donc 30 − 27 = _____

10 − 8 = _____	10 − 5 = _____	10 − 9 = _____
20 − 18 = _____	20 − 15 = _____	40 − 39 = _____
30 − 28 = _____	30 − 25 = _____	90 − 89 = _____

4 5 6 7 40 50 60 70

7 − 4 = 3 donc 70 − 40 = 3 dizaines = 30

8 − 3 = ___5___ donc 80 − 30 = ___50___

10 − 5 = _____ donc 100 − 50 = _____

80 − 50 = _____	70 − 30 = _____	90 − 40 = _____

Soustrais en additionnant

Qu'est-ce 80 − 56?

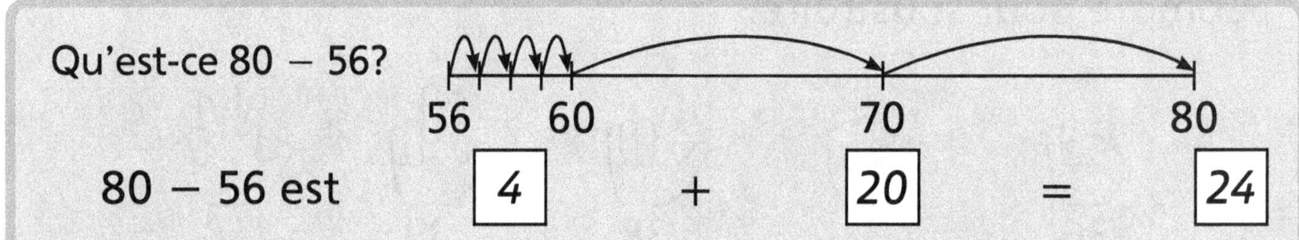

80 − 56 est 4 + 20 = 24

Qu'est-ce 90 − 72?

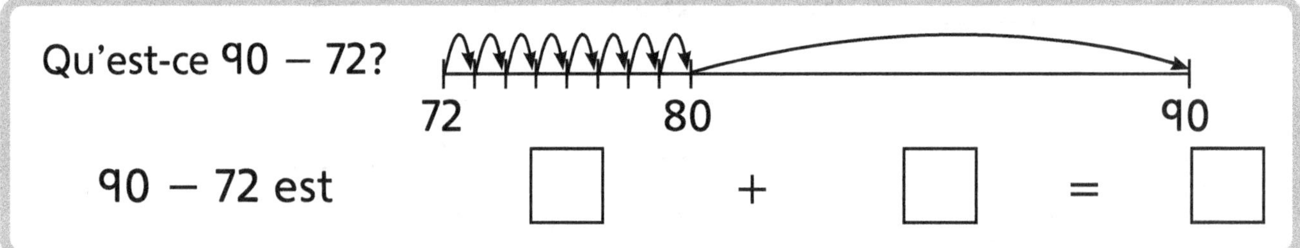

90 − 72 est ☐ + ☐ = ☐

Qu'est-ce 83 − 40?

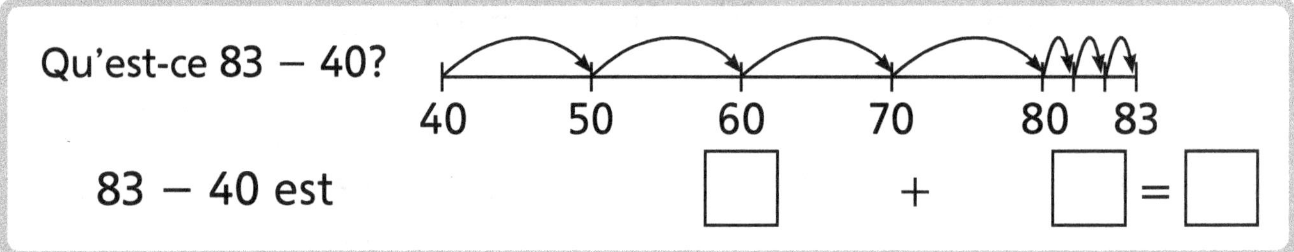

83 − 40 est ☐ + ☐ = ☐

Qu'est-ce 90 − 57?

57 60 90

90 − 57 est ☐ + ☐ = ☐

Qu'est-ce 75 − 40?

40 70 75

75 − 40 est ☐ + ☐ = ☐

Qu'est-ce 30 − 3?

3 10 30

30 − 3 est ☐ + ☐ = ☐

Qu'est-ce 64 − 20?

20 60 64

64 − 20 est ☐ + ☐ = ☐

Qu'est-ce 77 − 40?

40 70 77

77 − 40 est ☐ + ☐ = ☐

Qu'est-ce 80 − 16?

16 20 80

80 − 16 est ☐ + ☐ = ☐

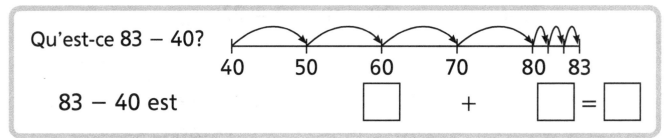

☐ Soustrais en utilisant des dizaines et en additionnant.

$15 - 7 = \boxed{8}$

7 ‿ 10 ‿ 15

$\boxed{3} + \boxed{5} = \boxed{8}$

$25 - 17 = \square$

17 ‿ 20 ‿ 25

$\square + \square = \square$

$35 - 27 = \square$

27 ‿ 30 ‿ 35

$\square + \square = \square$

$42 - 36 = \square$

36 ‿ 40 ‿ 42

$\square + \square = \square$

$83 - 56 = \boxed{27}$

56 ‿ 60 ‿ 80 ‿ 83

$\boxed{4} + \boxed{20} + \boxed{3} = \boxed{27}$

$92 - 49 = \square$

49 ‿ 50 ‿ 90 ‿ 92

$\square + \square + \square = \square$

$78 - 29 = \square$

29 ‿ 30 ‿ 70 ‿ 78

$\square + \square + \square = \square$

$95 - 57 = \square$

57 ‿ 60 ‿ 90 ‿ 95

$\square + \square + \square = \square$

Utiliser les dizaines et les unités pour soustraire

☐ Utilise des blocs d'unité et de dizaine pour soustraire.
☐ Colorie les blocs pour montrer le deuxième nombre. Quel nombre montrent les blocs **blancs**?

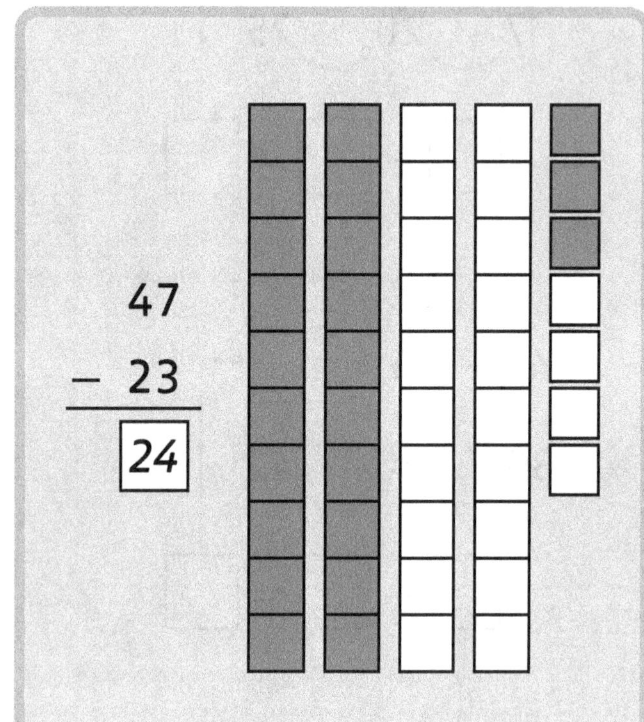

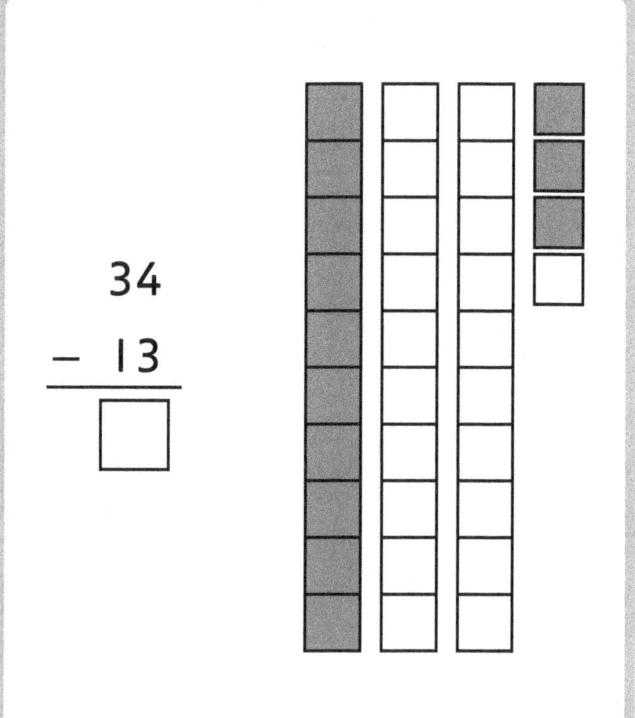

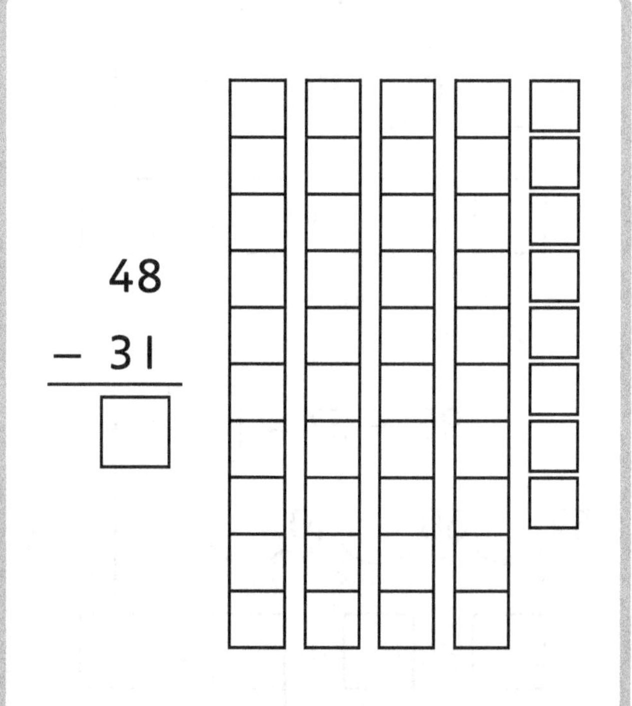

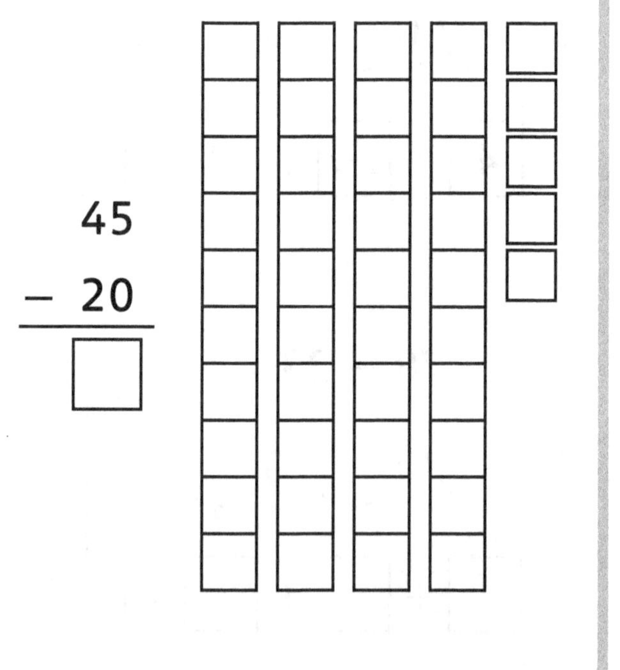

- [ ] Barre le bon nombre de 10 et de 1.
- [ ] Soustrais.

$$\begin{array}{r} 87 \\ -\ 63 \\ \hline \boxed{24} \end{array}$$

~~10~~ + ~~10~~ + ~~10~~ + ~~10~~ + ~~10~~ + ~~10~~ + 10 + 10
+ ~~1~~ + ~~1~~ + ~~1~~ + 1 + 1 + 1 + 1) 87

Barre 6 dizaines et 3 unités. Combien en reste-t-il?

$$\begin{array}{r} 96 \\ -\ 34 \\ \hline \square \end{array}$$

10 + 10 + 10 + 10 + 10 + 10 + 10 + 10 + 10
+ 1 + 1 + 1 + 1 + 1 + 1) 96

Barre 3 dizaines et 4 unités. Combien en reste-t-il?

$$\begin{array}{r} 57 \\ -\ 31 \\ \hline \square \end{array}$$

10 + 10 + 10 + 10 + 10
+ 1 + 1 + 1 + 1 + 1 + 1 + 1) 57

Barre ____ dizaines et ____ unité. Combien en reste-t-il?

$$\begin{array}{r} 28 \\ -\ 11 \\ \hline \square \end{array}$$

10 + 10
+ 1 + 1 + 1 + 1 + 1 + 1 + 1 + 1) 28

______________________________. Combien en reste-t-il?

$$\begin{array}{r} 65 \\ -\ 34 \\ \hline \square \end{array}$$

10 + 10 + 10 + 10 + 10 + 10
+ 1 + 1 + 1 + 1 + 1

$$\begin{array}{r} 34 \\ +\ \square \\ \hline \square \end{array}$$

Vérifie en additionnant ta réponse. Obtiens-tu 65?

☐ Soustrais.

	D	U
	8	5
−	4	2
	4	3

8 D 5 U
− 4 D 2 U
4 D 3 U

	D	U
	6	7
−	2	5

6 D 7 U
− 2 D 5 U
☐ D ☐ U

	D	U
	9	7
−	2	1

9 D 7 U
− 2 D 1 U
☐ D ☐ U

	D	U
	6	3
−	4	2

6 D 3 U
− 4 D 2 U
☐ D ☐ U

☐ Soustrais, puis vérifie ta réponse en additionnant.

	D	U
	6	9
−	5	3

vérifie

	5	3
+		

	D	U
	8	5
−	3	1

vérifie

	3	1
+		

	D	U
	7	8
−	3	7

vérifie

+		

	D	U
	6	9
−	2	4

vérifie

+		

Regrouper pour soustraire

Pour trouver 45 − 28, Lela tire des blocs de dizaine et d'unité pour 45. Elle essaye de colorier 28.

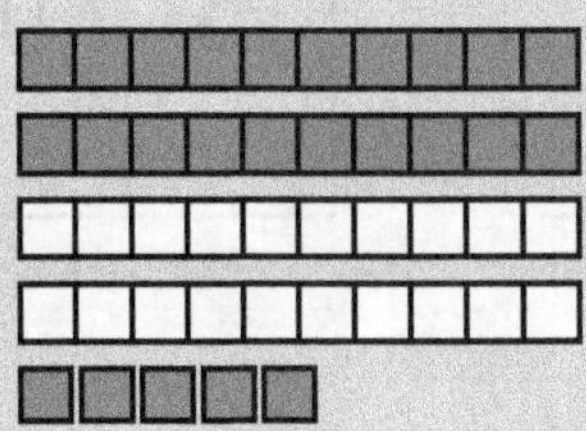

45 − 28 = 17

Il en reste 17.

Lela peut seulement en colorier 25. Donc, elle échange un bloc de dizaine pour 10 blocs d'unité. Maintenant, elle peut en colorier 28.

Quel nombre est montré?

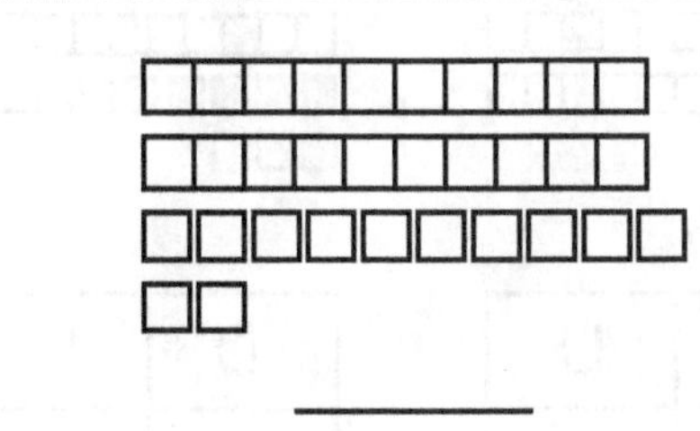

_____

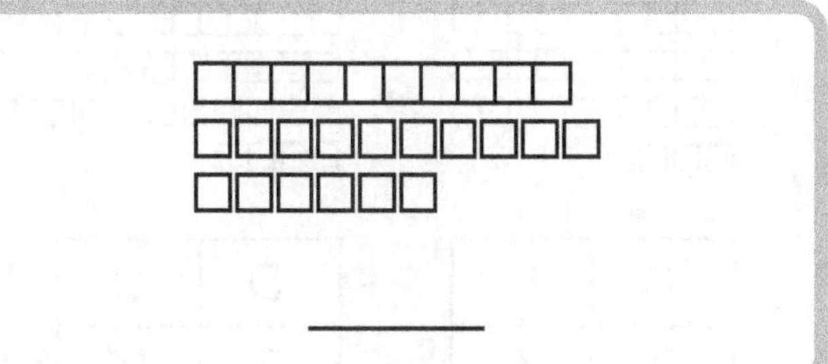

_____

☐ Écris une phrase de soustraction pour le modèle.

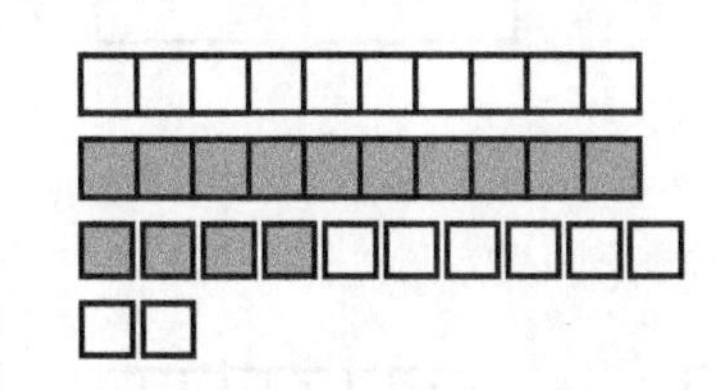

32 − *14* = *18*

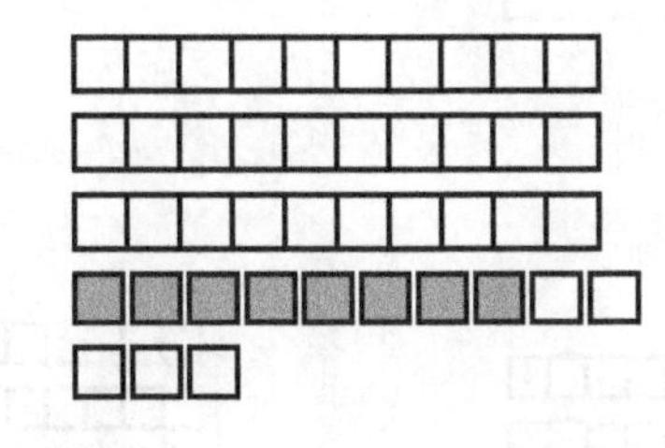

___ − ___ = ___

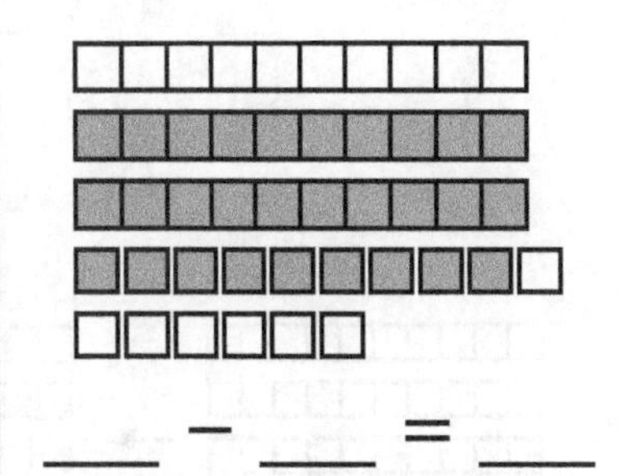

___ − ___ = ___

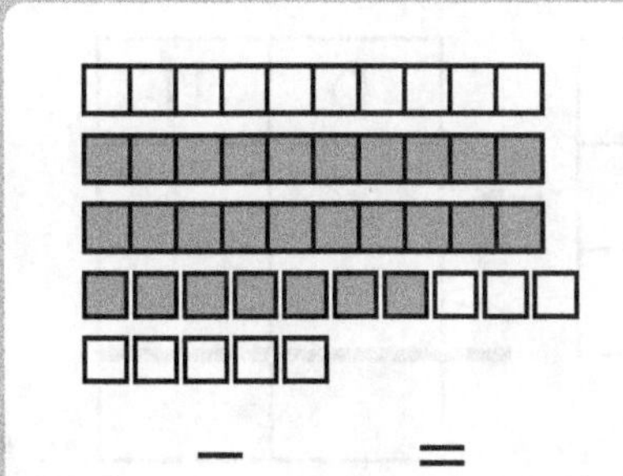

___ − ___ = ___

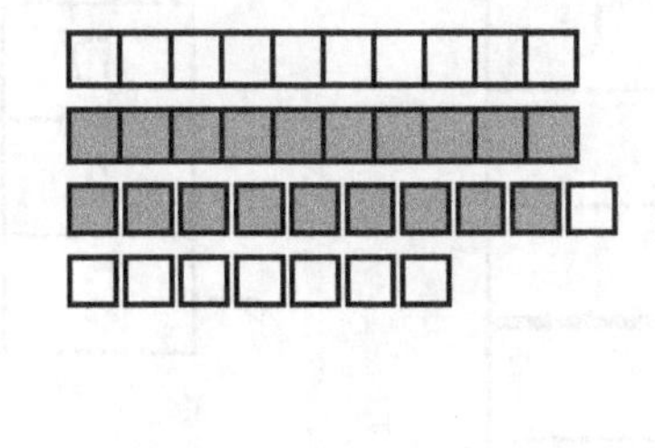

___ − ___ = ___

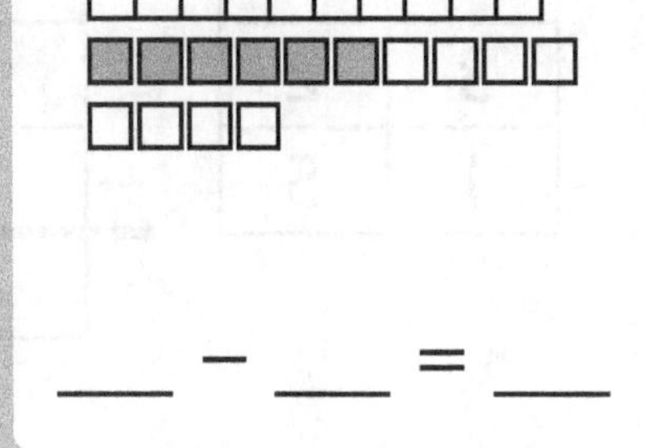

___ − ___ = ___

☐ Montre l'échange de Lela dans le tableau des dizaines et des unités.

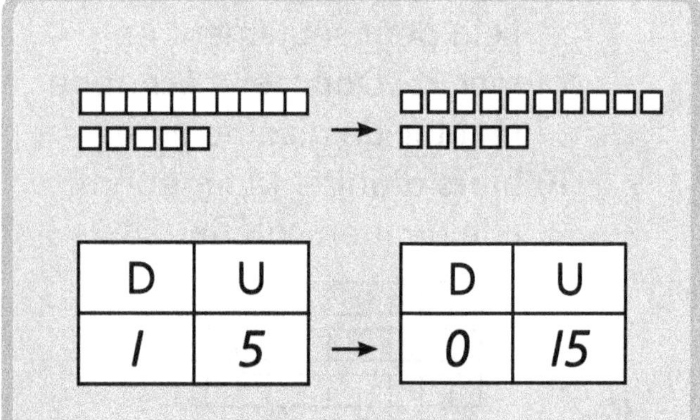

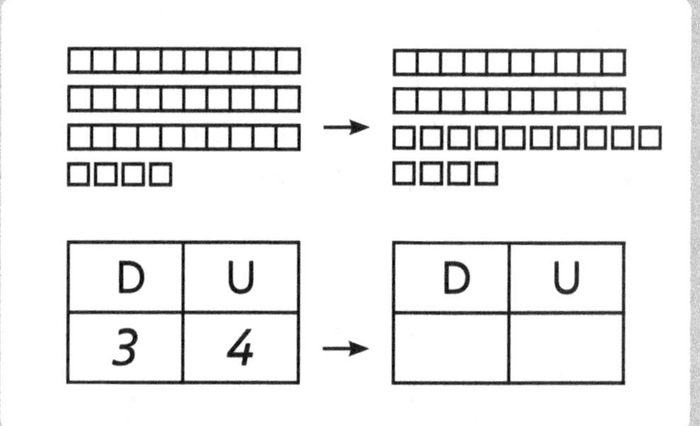

☐ Montre la soustraction de Lela en utilisant le tableau des dizaines et des unités.

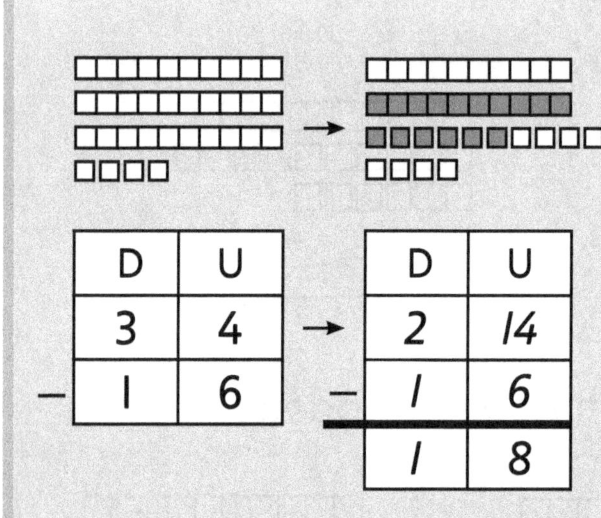

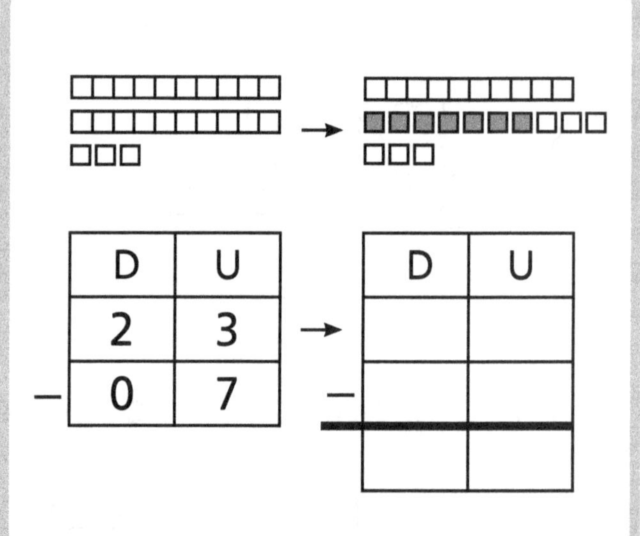

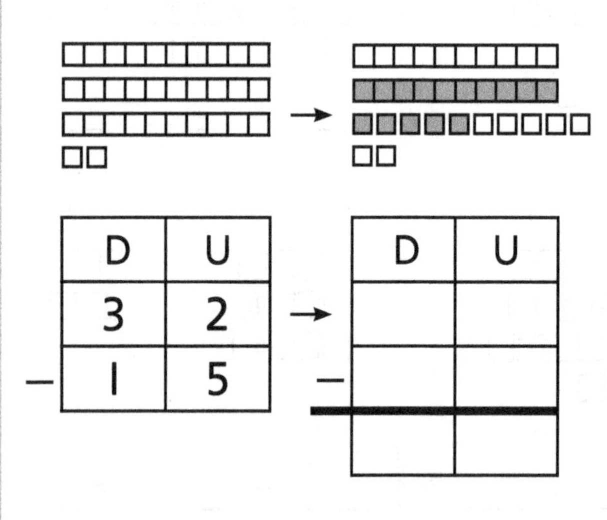

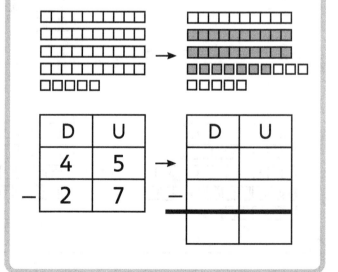

	D	U
	4	5
−	2	7

→

	D	U
−		

☐ Échange une dizaine pour 10 unités.
☐ Soustrais.
☐ Vérifie ta réponse en additionnant.

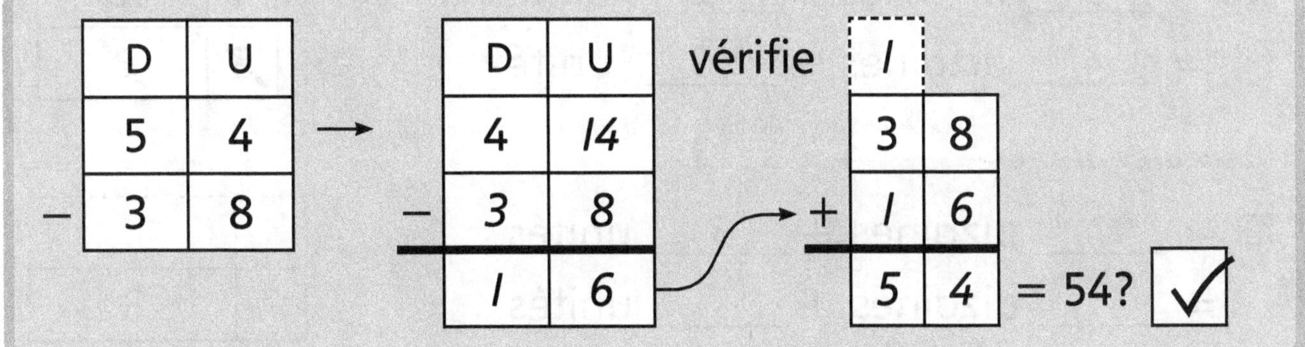

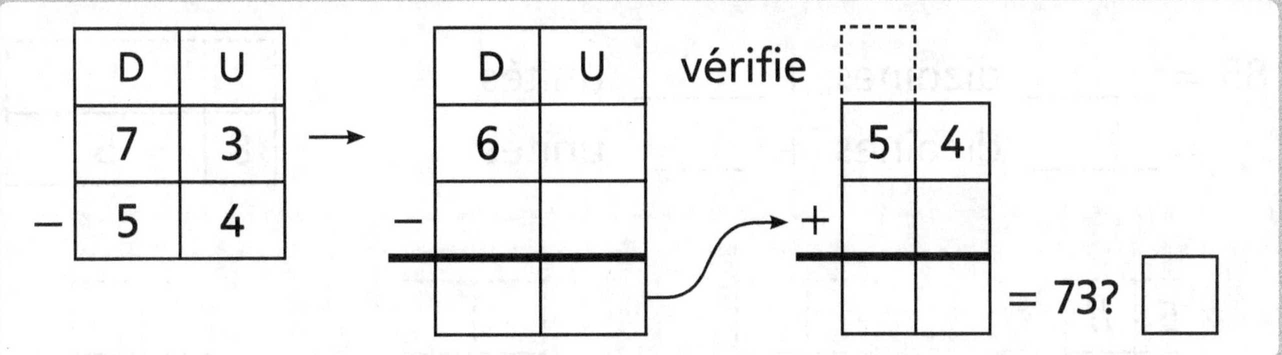

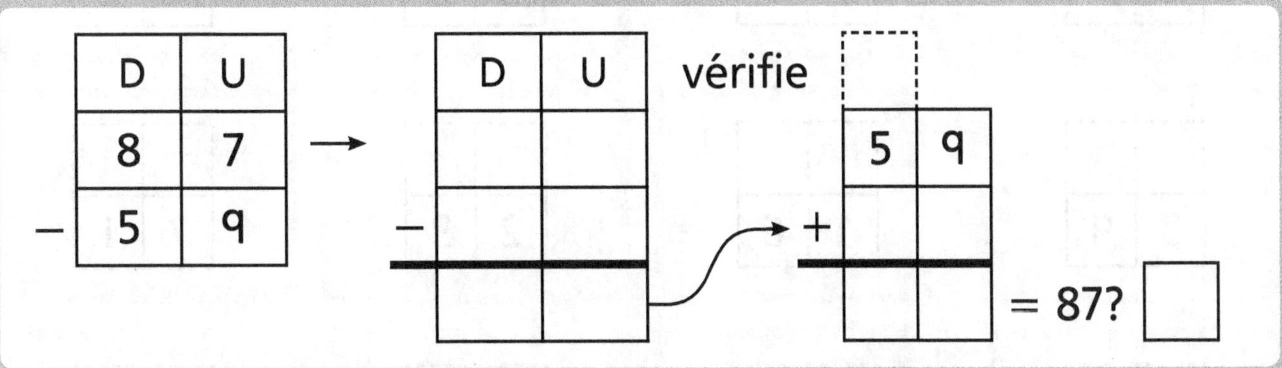

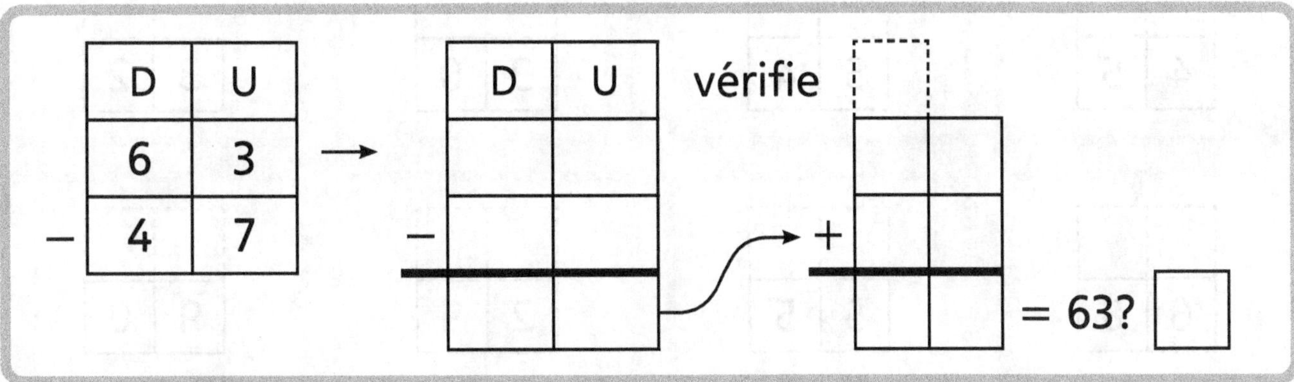

L'algorithme conventionnel pour soustraire

☐ Prends 1 dizaine des dizaines et ajoute 10 unités aux unités.

50 = __5__ dizaines + __0__ unités
= __4__ dizaines + __10__ unités

4	10
~~5~~	~~0~~

73 = __7__ dizaines + __3__ unités
= ______ dizaines + ______ unités

7	3

85 = ______ dizaines + ______ unités
= ______ dizaines + ______ unités

8	5

5	11
~~6~~	~~1~~

7	7

8	6

4	2

3	9

1	6

2	3

7	1

4	5

5	4

3	0

3	2

6	8

5	5

2	9

9	0

☐ Regroupe 1 dizaine comme 10 unités. Soustrais.

	6	15
	~~7~~	~~5~~
−	5	7
	1	8

	8	3
−	5	6

	5	4
−	3	9

	4	6
−	2	7

	9	2
−	8	7

	8	1
−	5	5

	5	3
−	2	9

	6	0
−	3	6

	9	1
−	7	2

	9	6
−	2	9

	8	7
−	3	8

	8	0
−	5	7

☐ Vérifie tes réponses en additionnant.

Décide si tu dois regrouper. Soustrais.

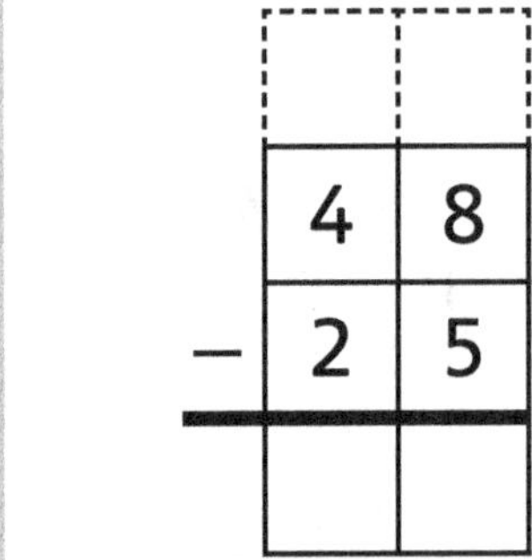

$48 - 25$

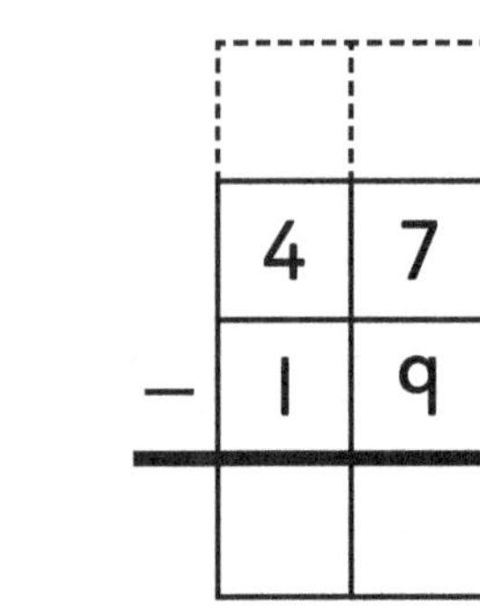

$47 - 19$

$49 - 17$

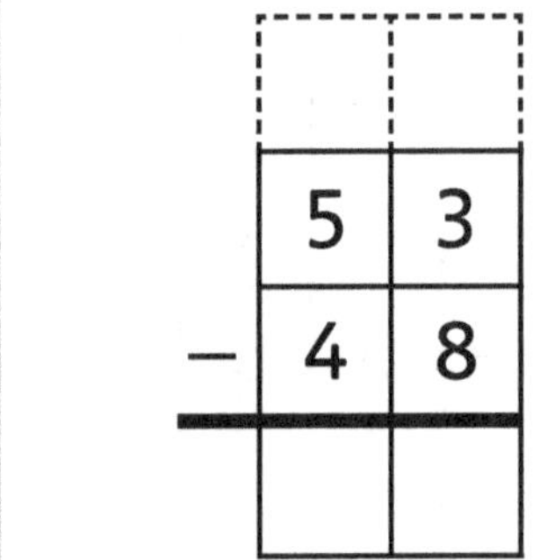

$53 - 48$

$58 - 43$

$67 - 33$

$58 - 26$

$70 - 37$

$81 - 61$

$98 - 27$

$85 - 36$

$90 - 48$

Vérifie tes réponses en additionnant.

Estimation des sommes et des différences

☐ Écris la dizaine la plus proche.

38 *40*	61 *60*	59 ____	64 ____
93 ____	32 ____	87 ____	26 ____

☐ Utilise les dizaines les plus proches pour estimer la réponse.

28 + 51
Estime : *30 + 50 = 80*

37 + 29
Estime : ________

42 + 19
Estime : ________

27 + 73
Estime : ________

11 + 81
Estime : ________

49 + 18
Estime : ________

9 + 28
Estime : ________

59 + 21
Estime : ________

☐ Utilise les dizaines les plus proches pour estimer la réponse.

51 − 28
Estime : *50 − 30 = 20*

47 − 29
Estime : ______________

82 − 19
Estime : ______________

73 − 17
Estime : ______________

91 − 11
Estime : ______________

59 − 18
Estime : ______________

☐ Estime.

☐ Additionne ou soustrais pour trouver la réponse exacte.

59 + 32

Estime : ______________

	5	9
+	3	2

71 − 28

Estime : ______________

	7	1
−	2	8

☐ Lequel est généralement plus rapide pour additionner et soustraire?

estimation / trouver la réponse exacte

☐ Est-ce que l'estimation donne généralement une réponse exacte? oui / non

Régularités croissantes

Combien?

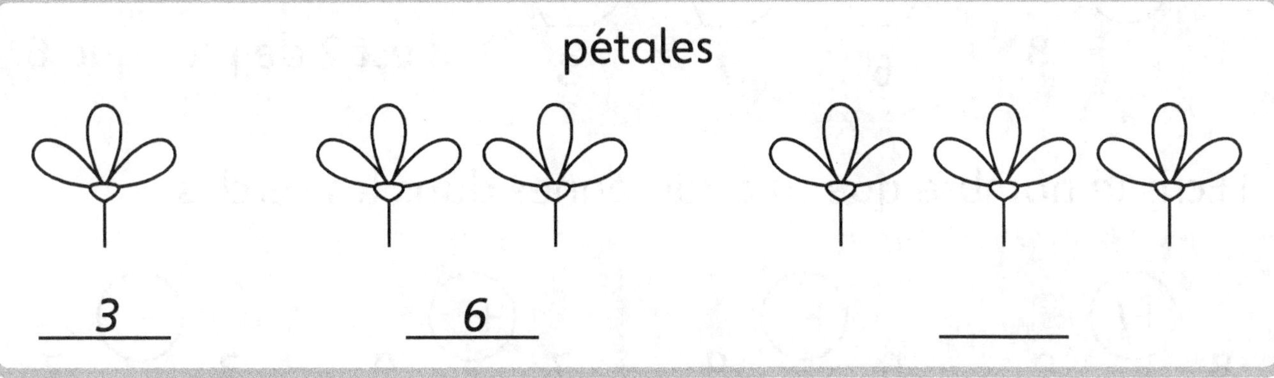

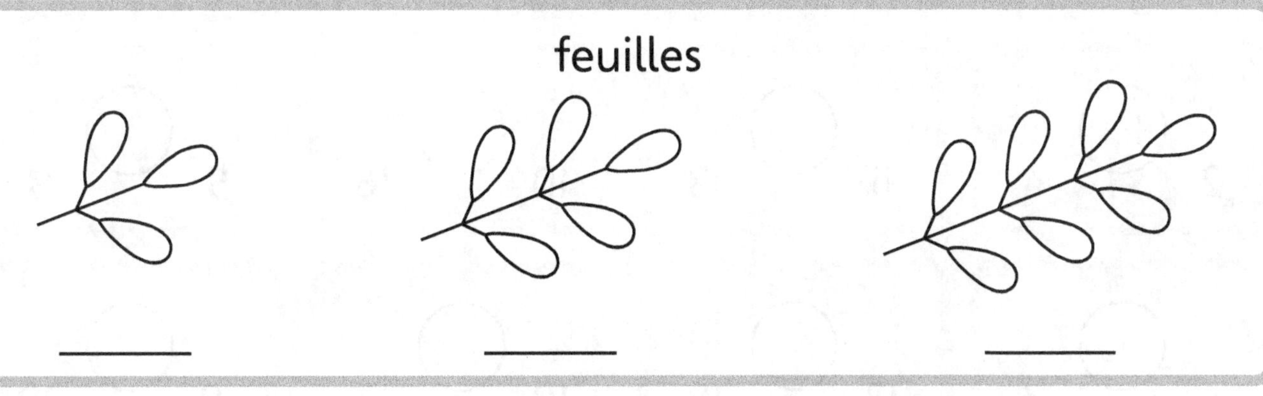

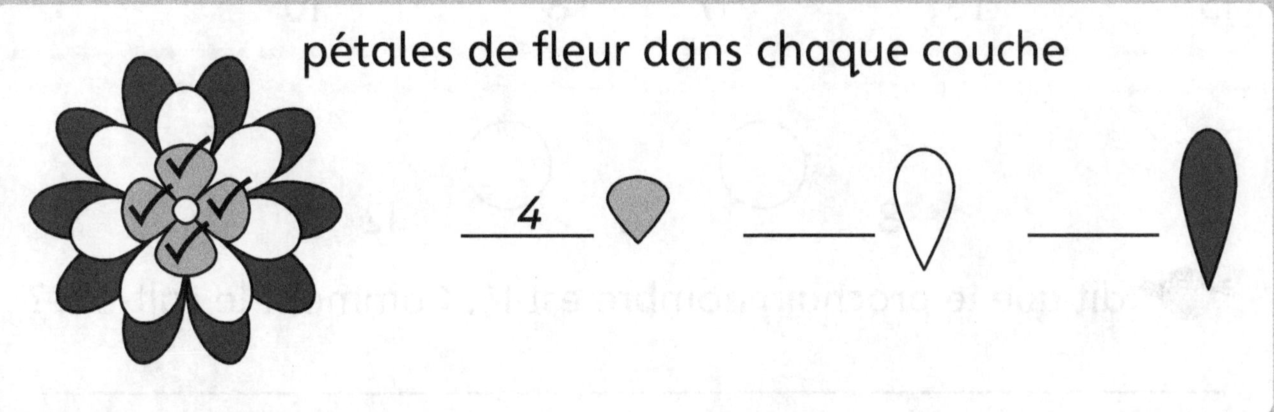

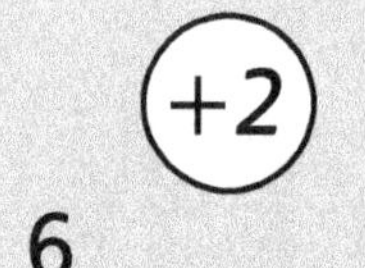

6 8

6 7 8

$6 + 2 = 8$

8 est 2 de plus que 6.

☐ Écris le nombre que tu additionnes dans les cercles.

8 (+1) 9	6 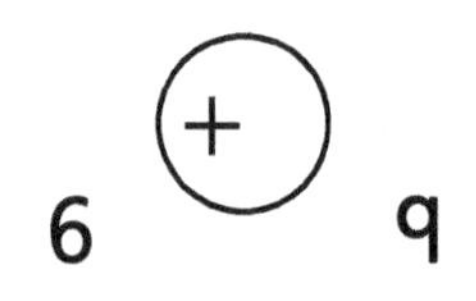 (+) 9	7 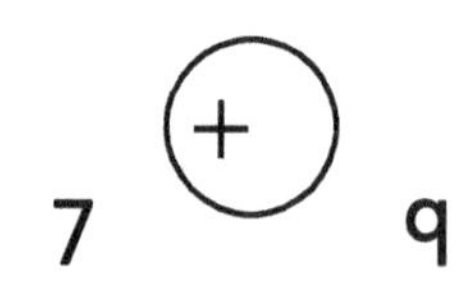 (+) 9	3 (+) 7
2 (+) 4	11 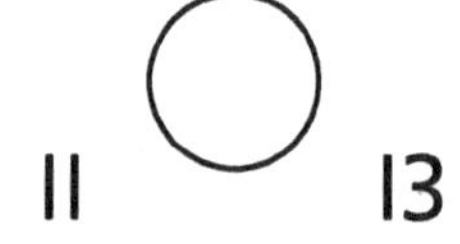 13	10 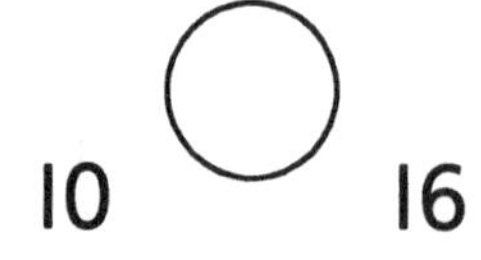 16	5 ◯ 8
4 ◯ 7	12 ◯ 18	10 ◯ 17	10 ◯ 20

2 ◯  4 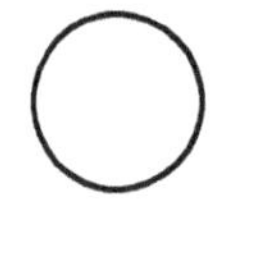 6

5 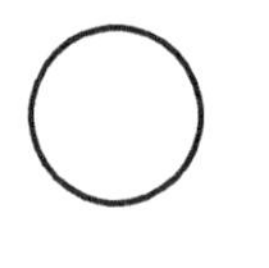 10 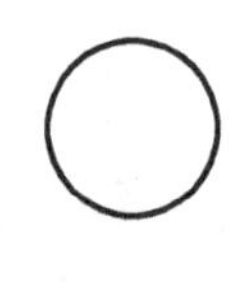 15

15 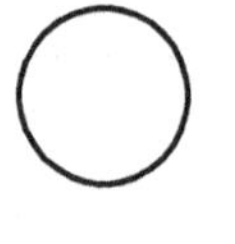 16 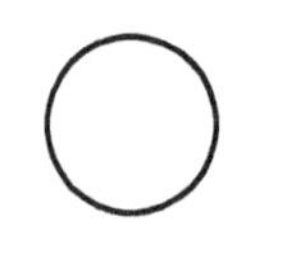 17

8 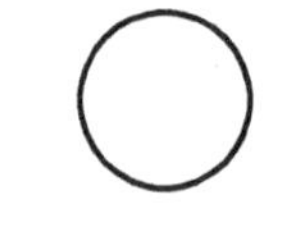 10  12

8  10 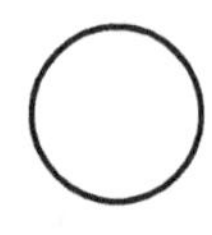 12

 dit que le prochain nombre est 14. Comment le sait-elle?

____

 fait des régularités en additionnant le **même** chiffre.

☐ Continue la régularité.

 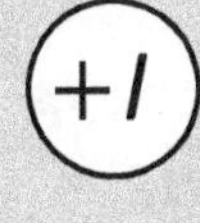

2 (+1) 3 (+1) 4

3 (+2) 5 (+2) ___

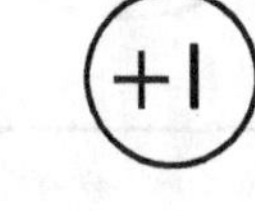 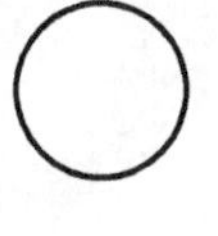

7 (+1) 8 ( ) ___

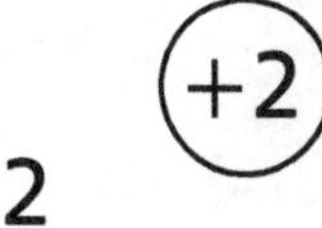 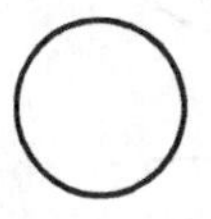

2 (+2) 4 ( ) ___

 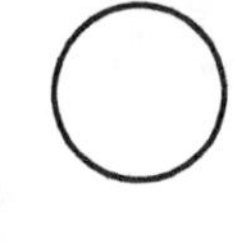

3 (+10) 13 ( ) ___

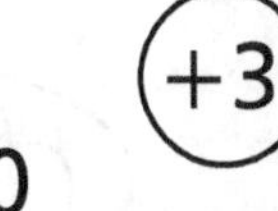 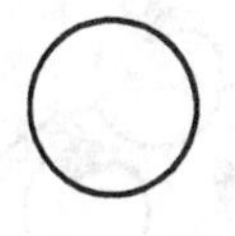

0 (+3) 3 ( ) ___

☐ Trouve le nombre que ☺ additionne et continue la régularité.

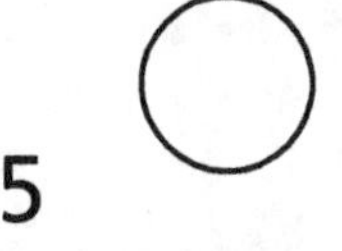 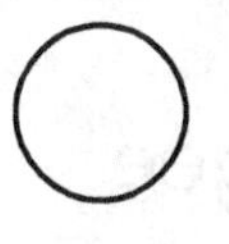

5 ( ) 10 ( ) ___

 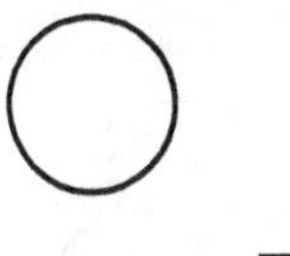

1 ( ) 3 ( ) ___

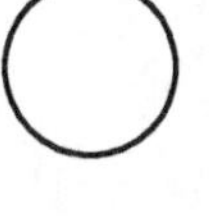 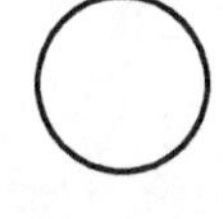  

4 ( ) 14 ( ) ___ ( ) ___ ( ) ___ ( ) ___

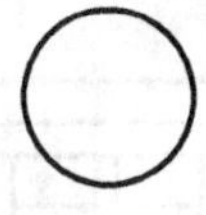   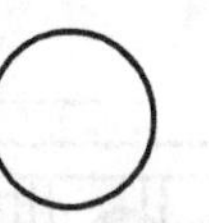

7 ( ) 9 ( ) ___ ( ) ___ ( ) ___ ( ) ___

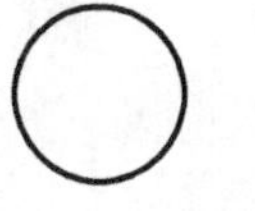 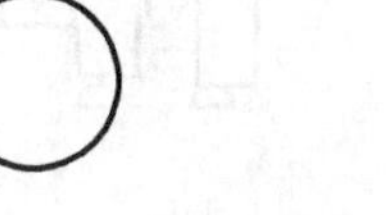 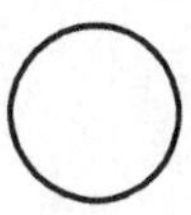 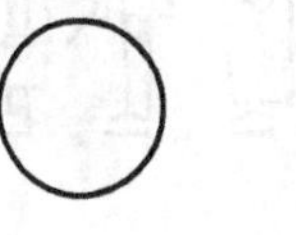

20 ( ) 25 ( ) ___ ( ) ___ ( ) ___ ( ) ___

Rétrécir des régularités

Combien?

parts de pizza

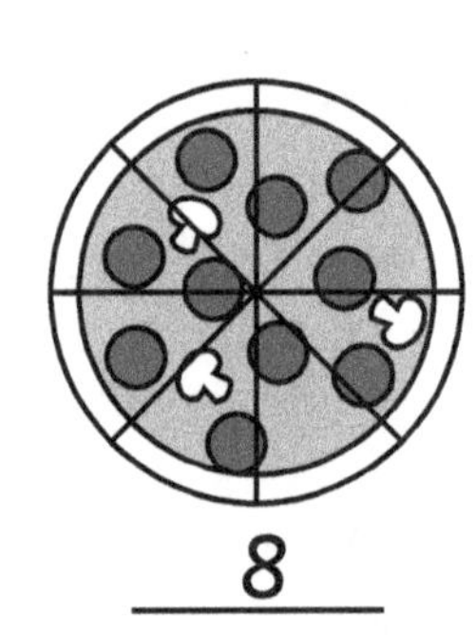
8

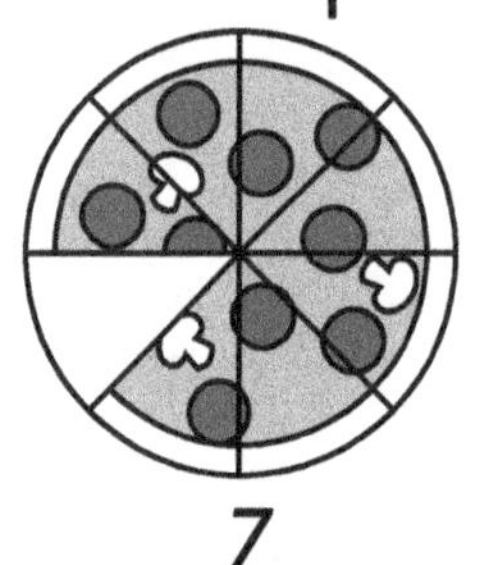
7

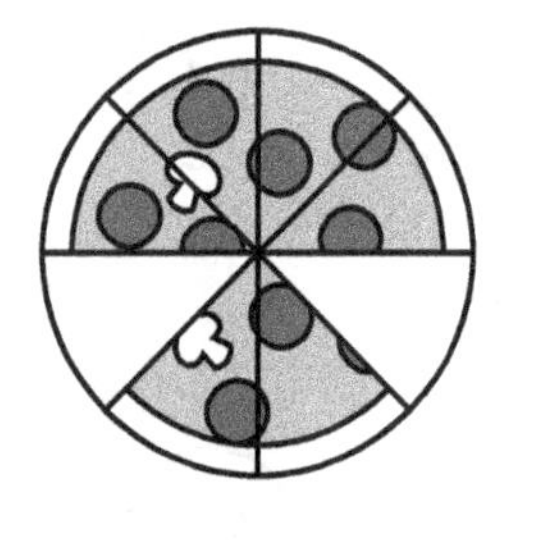
____

pommes sur un plateau

____

____

____

points dans une rangée

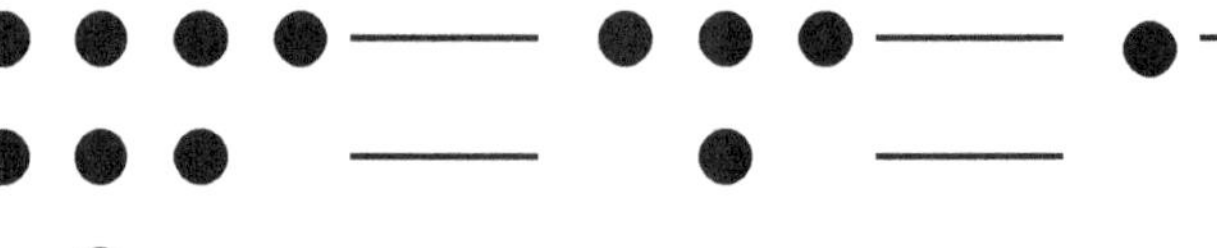

enfants en file d'attente

____

____

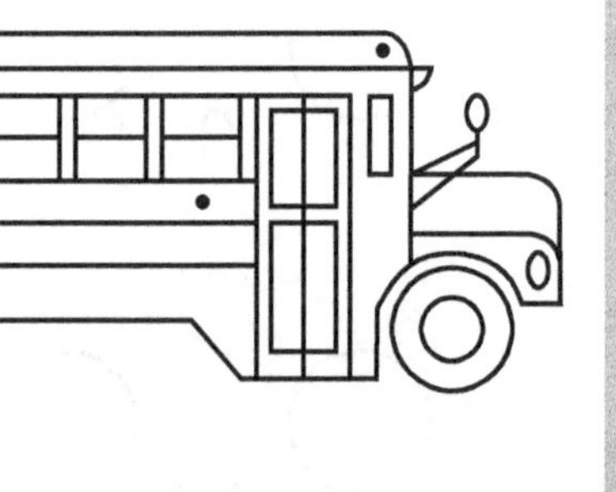
____

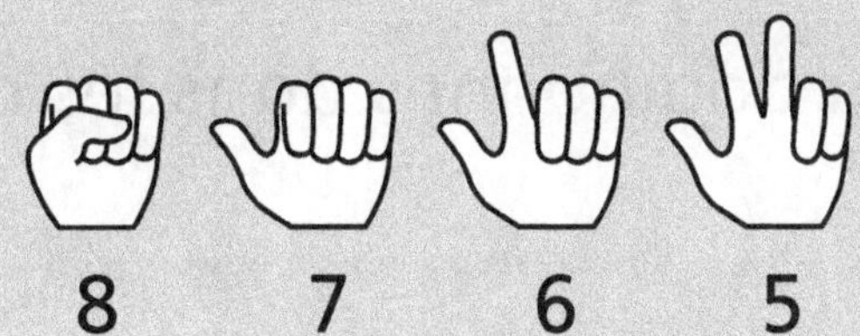

−3		
8 → 5	8 7 6 5	$8 - 3 = 5$ 5 est 3 moins que 8.

☐ Écris le nombre que tu soustrais dans les cercles.

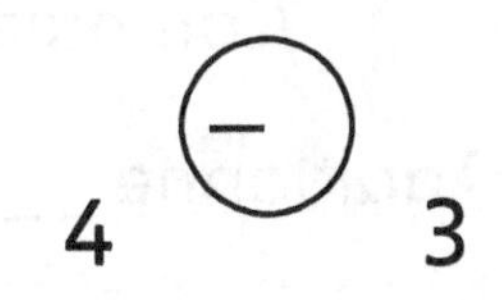

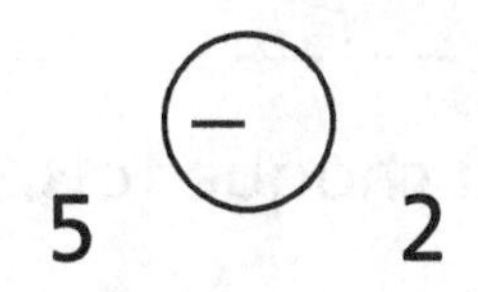

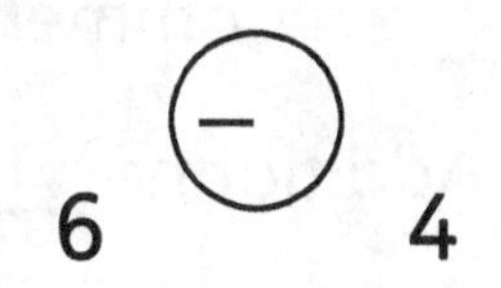

6 (−1) 5 | 4 (−) 3 | 5 (−) 2 | 6 (−) 4

7 (−) 6 | 8 (−) 4 | 12 (−) 10 | 12 (−) 11

16 ( ) 14 | 19 ( ) 15 | 18 ( ) 12 | 17 ( ) 10

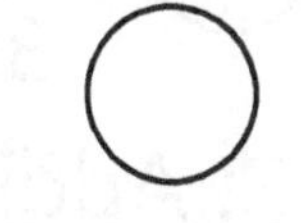

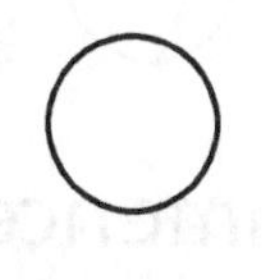

7 ( ) 6 ( ) 5 | 10 ( ) 9 ( ) 8

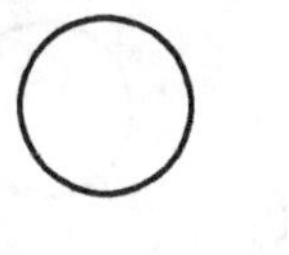

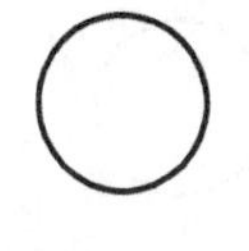

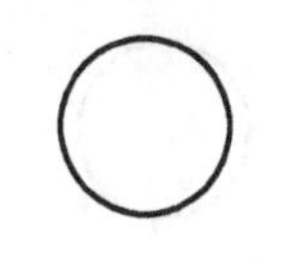

6 ( ) 4 ( ) 2 | 13 ( ) 12 ( ) 11

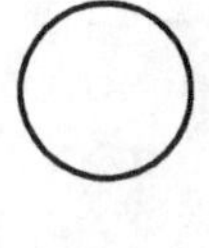

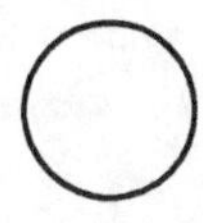

8 ( ) 6 ( ) 4

 dit que le prochain chiffre est 2. Comment le sait-il?

____

Descriptions des régularités

☐ Écris le nombre que tu additionnes dans les cercles.
☐ Décris la régularité.

1 (+2) 3 (+2) 5

Commence à _1_.

Additionne _2_ à chaque fois.

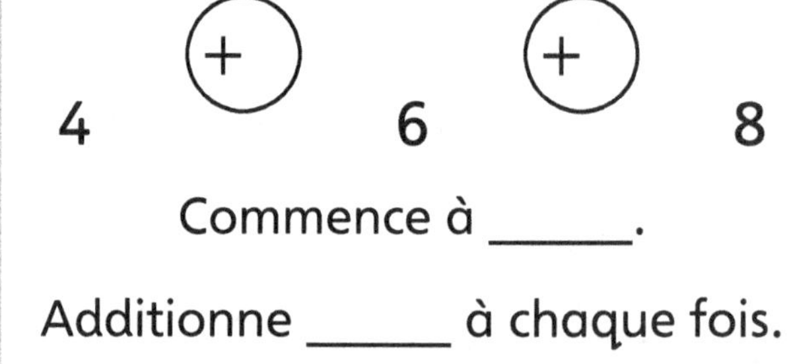

Commence à ____.

Additionne ____ à chaque fois.

5 (+) 6 (+) 7

Commence à ____.

Additionne ____ à chaque fois.

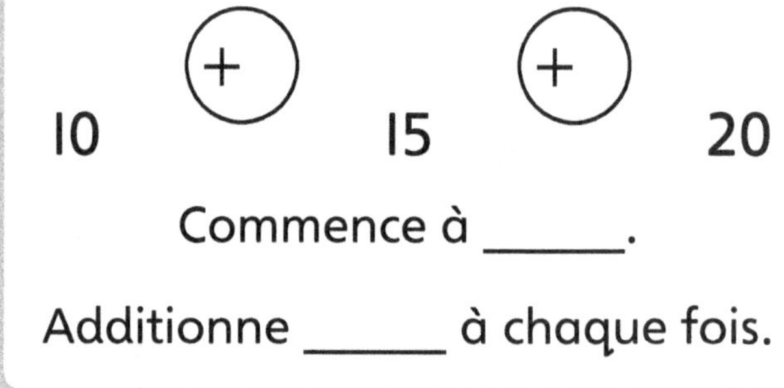

Commence à ____.

Additionne ____ à chaque fois.

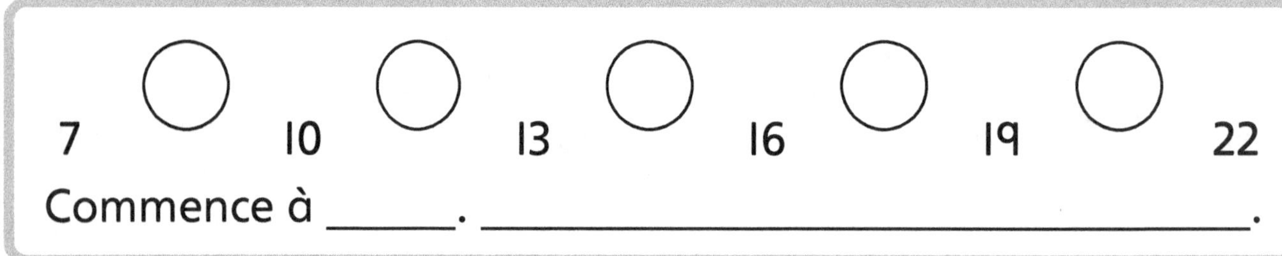

Commence à ____. Additionne ____________.

7 ( ) 10 ( ) 13 ( ) 16 ( ) 19 ( ) 22

Commence à ____. ____________.

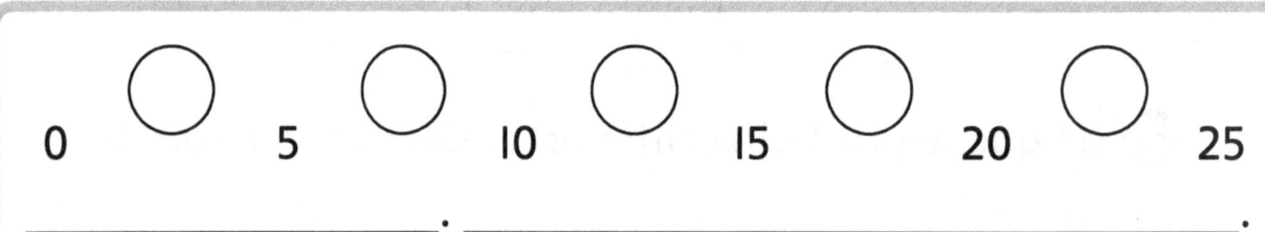

____________. ____________.

☐ Écris le nombre que tu soustrais dans les cercles.
☐ Décris la régularité.

7 (−2) 5 (−2) 3

Commence à __7__.

Soustrais __2__ à chaque fois.

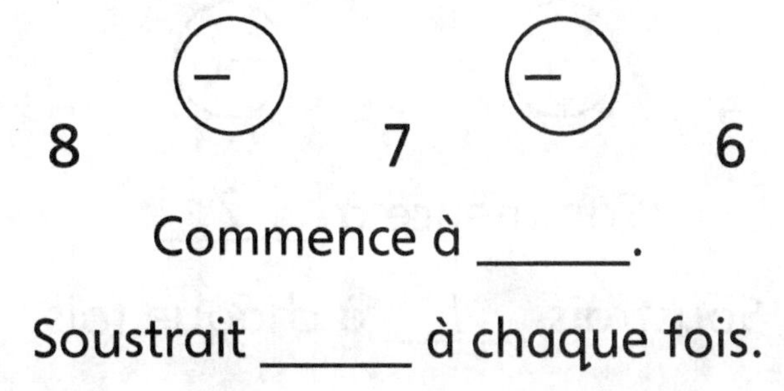

Commence à ____.

Soustrait ____ à chaque fois.

10 (−) 8 (−) 6

Commence à ____.

Soustrait ____ à chaque fois.

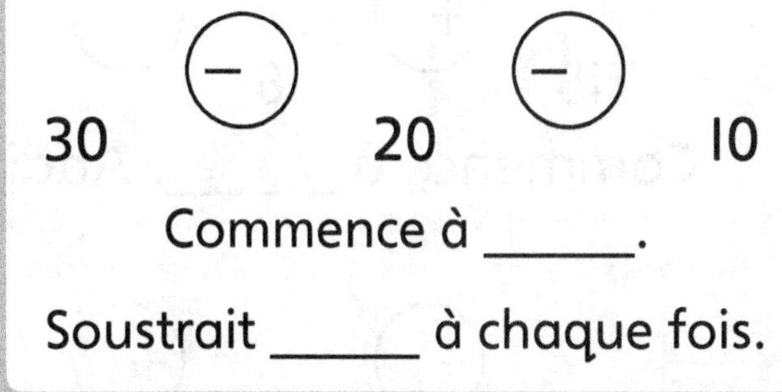

Commence à ____.

Soustrait ____ à chaque fois.

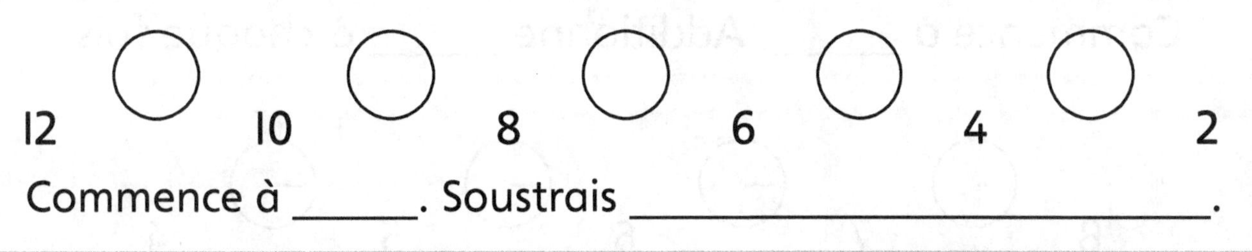

Commence à ____. Soustrais ______________.

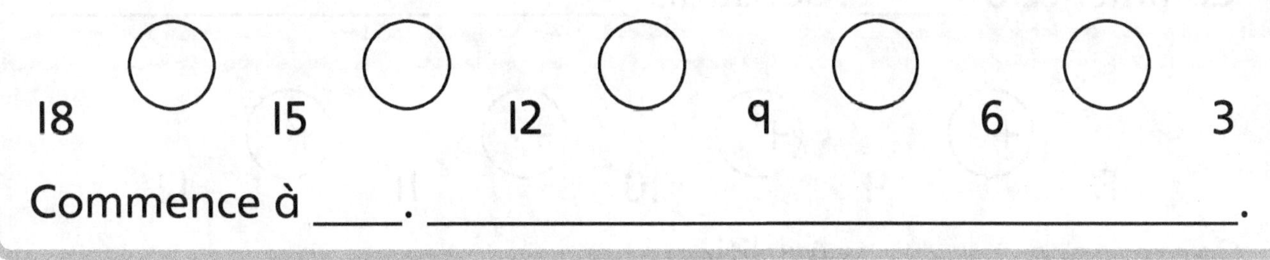

Commence à ____. ______________.

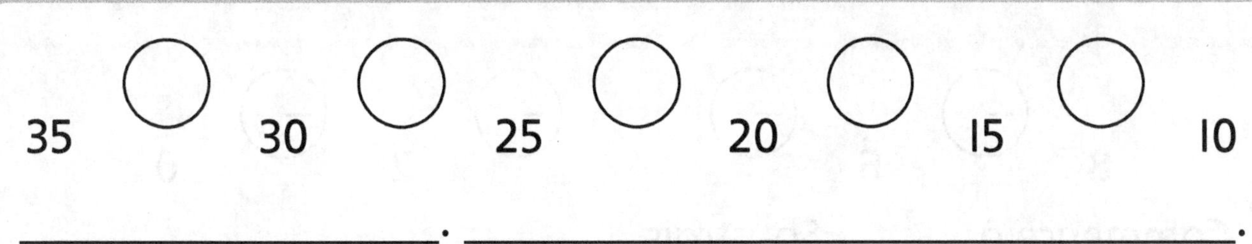

______________. ______________.

☐ Écris le nombre que tu additionnes ou soustrais dans les cercles.

☐ Décris la régularité.

7 (−1) 6 (−1) 5

Commence à 7.

Soustrais 1 à chaque fois.

7 (−) 5 (−) 3

Commence à ______.

Soustrais ______ à chaque fois.

15 (+) 16 (+) 17 (+) 18 (+) 19

Commence à ______. Additionne ______ à chaque fois.

1 (+) 3 (+) 5 (+) 7 (+) 9

Commence à ______. Additionne ______ à chaque fois.

8 (−) 7 (−) 6 (−) 5 (−) 4

Commence à ______. Soustrais ____________________.

8 (+) 9 (+) 10 (+) 11 (+) 12

Commence à ______. Additionne ____________________.

8 (−) 6 (−) 4 (−) 2 (−) 0

Commence à ______. Soustrais ____________________.

☐ Crée la régularité pour la règle.

Commence à 1. Additionne 2 à chaque fois.

1 (+2) 3 (+2) 5 (+2) 7 (+2) 9

Commence à 5. Additionne 1 à chaque fois.

5 (+1) 6 (+1) ___ (+1) ___ (+1) ___

Commence à 10. Soustrais 2 à chaque fois.

10 (−2) ___ (−2) ___ ( ) ___ ( ) ___

Commence à 3. Additionne 10 à chaque fois.

___ ( ) ___ ( ) ___ ( ) ___ ( ) ___

Commence à 16. Soustrais 2 à chaque fois.

___ ( ) ___ ( ) ___ ( ) ___ ( ) ___

☐ Crée ta propre règle et la régularité.

Commence à ___. ___________________.

___ ( ) ___ ( ) ___ ( ) ___ ( ) ___

Identification des régularités

☐ Écris **R** si la régularité se **R**épète.
☐ Écris **C** si la régularité **C**roît.
☐ Écris un petit **r** si la régularité **r**étrécit.

4 5 6 7 8 9 10 11	C
4 3 2 4 3 2 4 3 2	____
10 9 8 7 6 5 4 3 2	____
3 5 7 9 11 13 15 17	____
3 5 7 3 5 7 3 5 7 3 5 7	____
100 90 80 70 60 50 40	____
5 10 15 20 25 30 35	____

☐ Additionne ou soustrais.

☐ Est-ce que chaque régularité se répète, croît ou rétrécit?
Écris **R**, **C** ou **r** à côté de chaque régularité.

3	3	3	3	3	3	3	*R*
+ 1	+ 2	+ 3	+ 4	+ 5	+ 6	+ 7	*C*
4	*5*	*6*	*7*	*8*	*9*	*10*	*C*

9	8	7	6	5	4	3	____
+ 2	+ 2	+ 2	+ 2	+ 2	+ 2	+ 2	____
							____

9	8	7	6	5	4	3	2	____
+ 1	+ 2	+ 3	+ 4	+ 5	+ 6	+ 7	+ 8	____
								____

3	5	7	9	11	13	15	____
− 2	− 2	− 2	− 2	− 2	− 2	− 2	____
							____

12	11	10	9	8	7	6	____
− 0	− 1	− 2	− 3	− 4	− 5	− 6	____
							____

☐ Décris la régularité.

1 3 5 7 9

Commence à __1__.

Additionne __2__ à chaque fois.

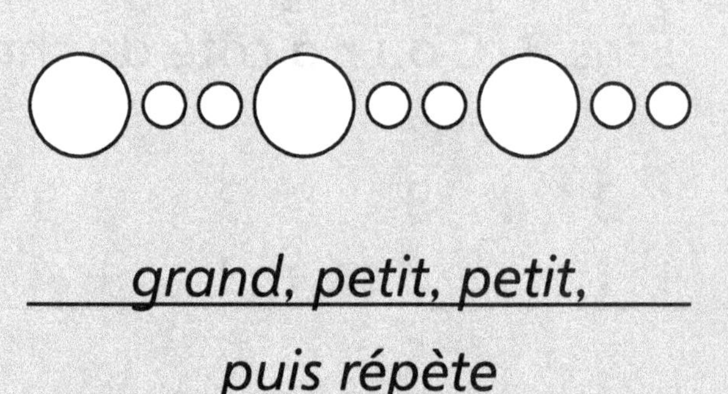

grand, petit, petit,

puis répète

8 7 6 5 4

Commence à ____.

Soustrais __________.

30 40 50 60 70

Commence à ____.

Additionne __________.

12 10 8 6 4

____

____

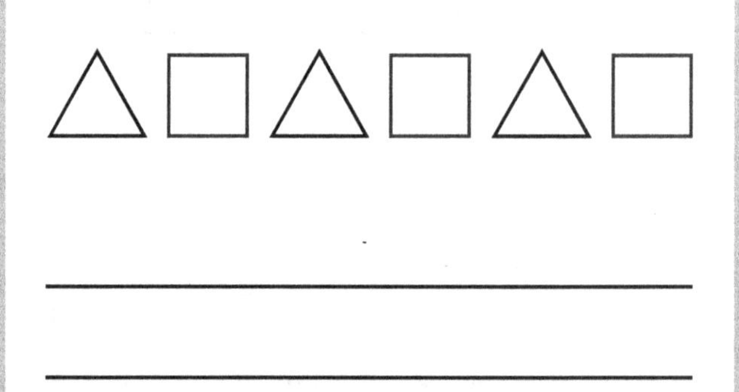

____

____

5 10 15 20 25

____

____

100 98 96 94

____

____

Régularités dans un tableau des centaines

1	2	3	4	5	6	7	8	9	10
11	12	13	14	15	16	17	18	19	20
21	22	23	24	25	26	27	28	29	30
31	32	33	34	35	36	37	38	39	40
41	42	43	44	45	46	47	48	49	50
51	52	53	54	55	56	57	58	59	60

☐ Décris la régularité dans les **chiffres des unités.**

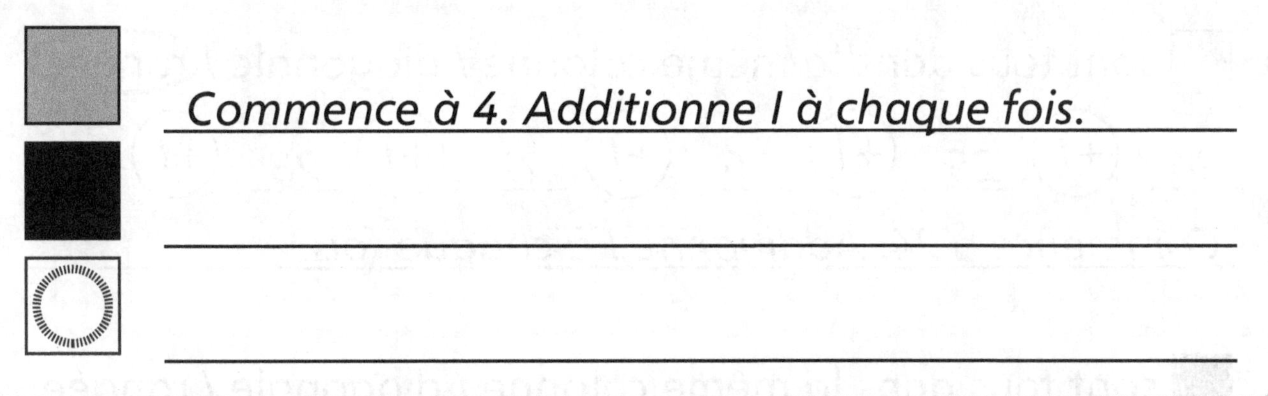

Commence à 4. Additionne 1 à chaque fois.

☐ Décris la régularité dans les **chiffres des dizaines.**

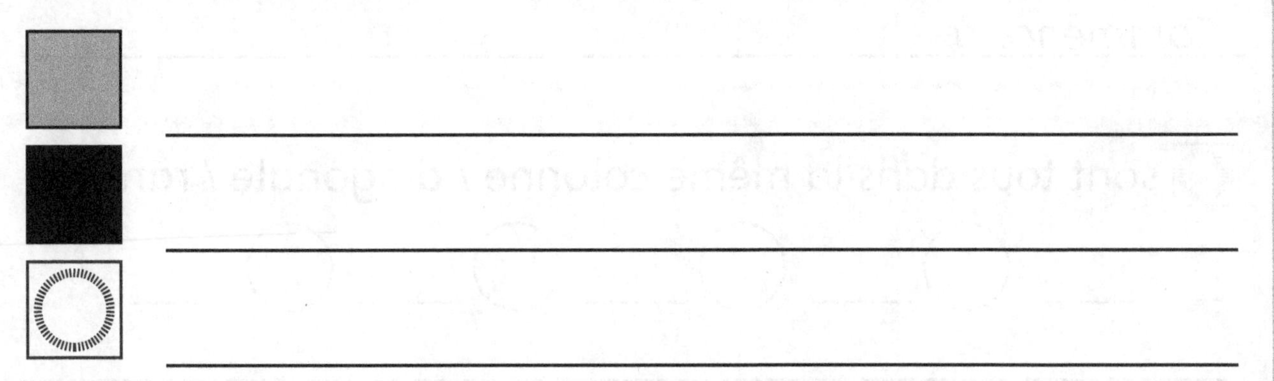

11	12	13	14	15	16	17	18	19	20
21	22	23	24	25	26	27	28	29	30
31	32	33	34	35	36	37	38	39	40
41	42	43	44	45	46	47	48	49	50
51	52	53	54	55	56	57	58	59	60

- ☐ Entoure le bon mot.
- ☐ Copie la régularité.
- ☐ Écris le nombre que tu additionnes dans les cercles.
- ☐ Décris la régularité.

▩ sont tous dans la même colonne / diagonale / rangée.

24 (+1) 25 (+1) 26 (+1) 27 (+1) 28 (+1) 29

Commence à 24. Additionne 1 à chaque fois.

■ sont tous dans la même colonne / diagonale / rangée.

11 ( ) 21 ( ) ___ ( ) ___ ( ) ___

Commence à ___ .

◎ sont tous dans la même colonne / diagonale / rangée.

___ ( ) ___ ( ) ___ ( ) ___ ( ) ___

___

Recherche des erreurs

☐ Écris le nombre que tu additionnes dans les cercles.

☐ Écris le nombre manquant.

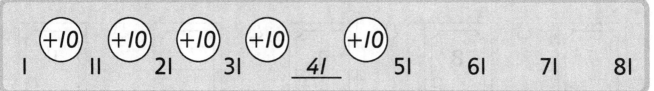

(+10) (+10) (+10) (+10) (+10)

1 11 21 31 *41* 51 61 71 81

(+3) ( ) ( ) ( )

10 13 16 ____ 22 25 28 31

( ) ( ) ( ) ( )

10 12 14 ____ 18 20 22 24

( ) ( ) ( ) ( ) ( )

15 20 25 30 ____ 40 45 50

☐ Maintenant, dessine les cercles et écris les nombres.

4 14 24 ____ 44 54 64 74

5 7 9 11 ____ 15 17 19

Bonus

1 4 7 ____ 13 16 19 22 25

Quel est le numéro de chambre manquant?

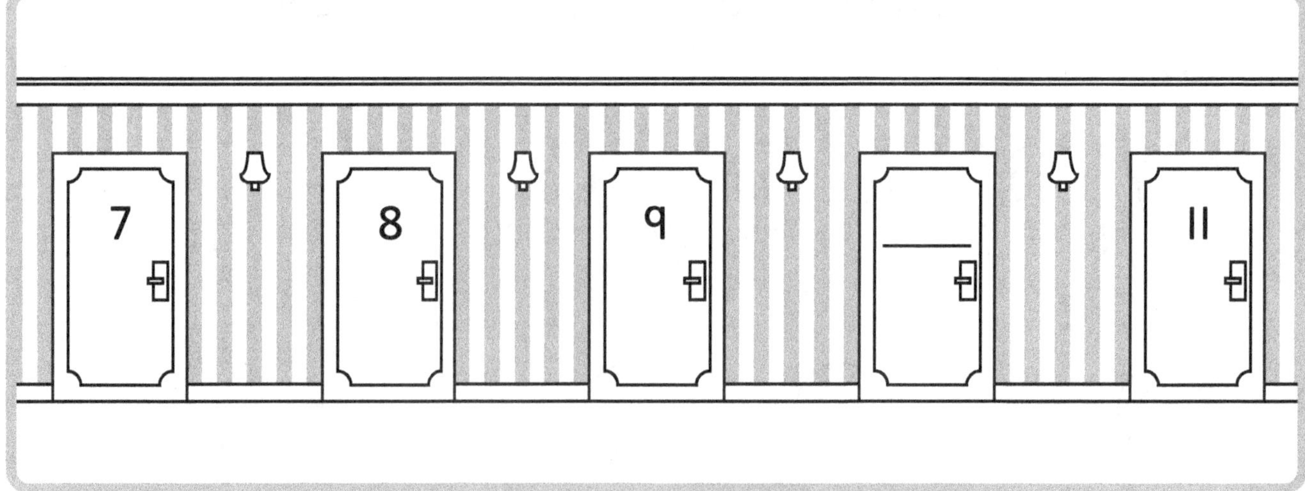

Quel est le numéro de maison manquant?

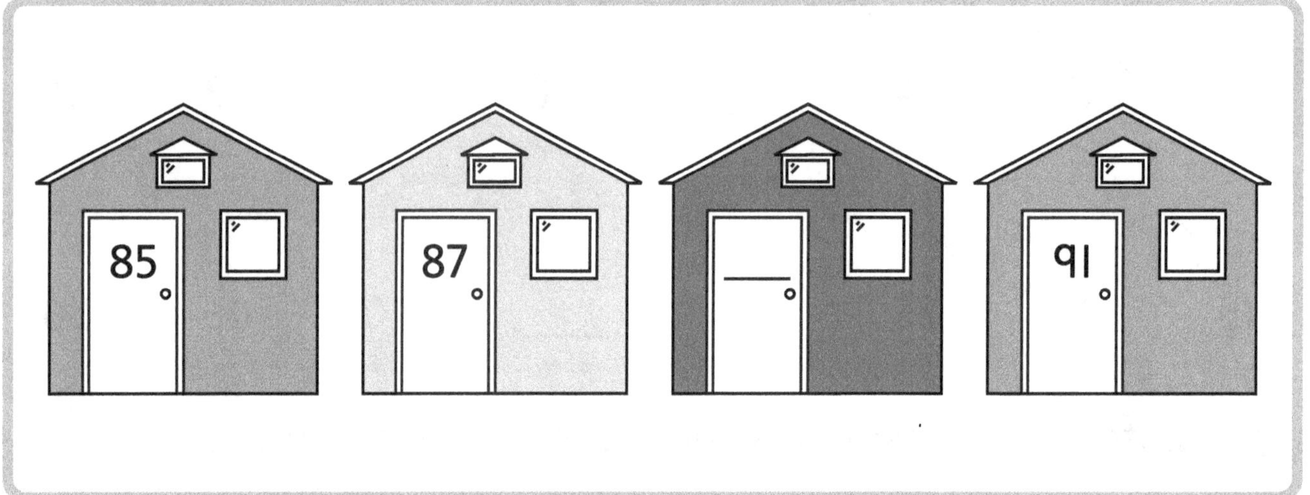

☐ Trouve le numéro de page manquant.

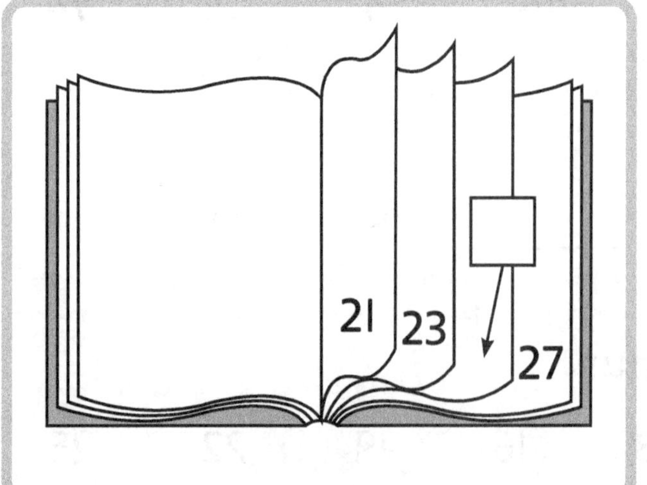

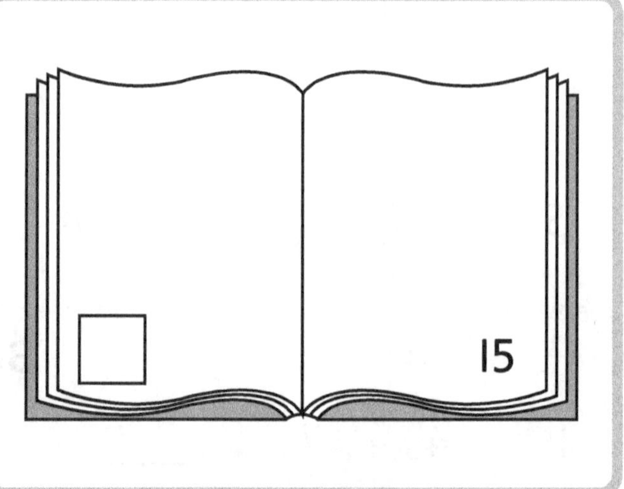

☐ Écris les nombres que tu additionnes dans les cercles.

☐ Mets un X sur le nombre qui ne correspond pas.

☐ Trouve le nombre manquant.

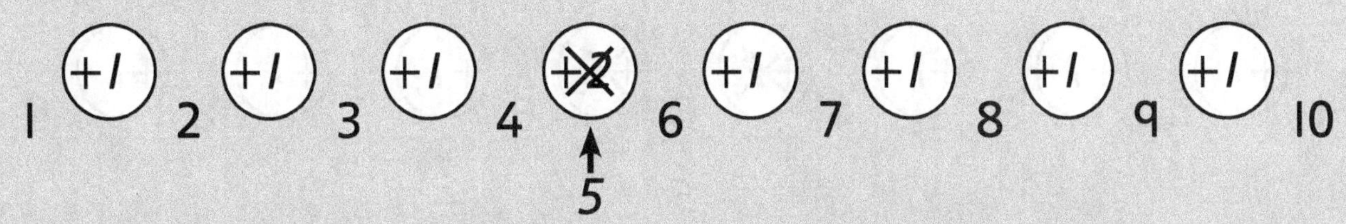

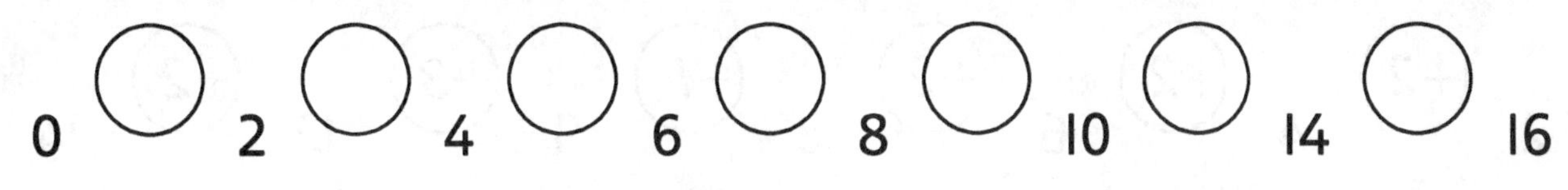

0 3 6 9 12 18 21 24 27

3 7 9 11 13 15 17 19

15 20 25 35 40 45 50

Bonus

4 8 12 16 24 28 32 36

- ☐ Écris les nombres que tu additionnes dans les cercles.
- ☐ Mets un X sur les erreurs dans la régularité.
- ☐ Corrige les erreurs.

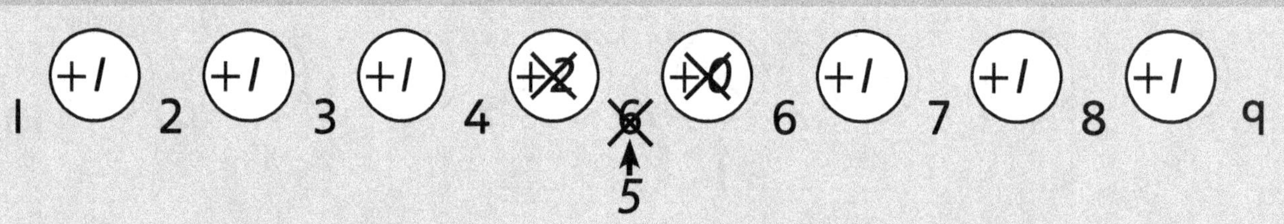

2 (+2) 4 (+2) 6 (+2) 8 (+1) 9 (+3) 12 (+2) 14

5 ( ) 10 ( ) 15 ( ) 22 ( ) 25 ( ) 30

2 ( ) 7 ( ) 12 ( ) 17 ( ) 22 ( ) 28 ( ) 32

0 ( ) 20 ( ) 40 ( ) 70 ( ) 80 ( ) 100

Bonus

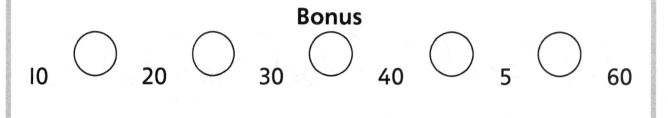

10 ( ) 20 ( ) 30 ( ) 40 ( ) 5 ( ) 60

Affichage des régularités de différentes façons

☐ Écris les nombres pour montrer la régularité.

Aa Aaa Aaaa

2 3 4

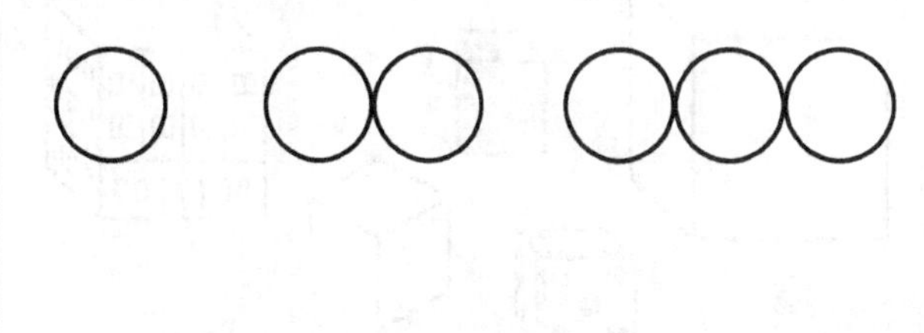

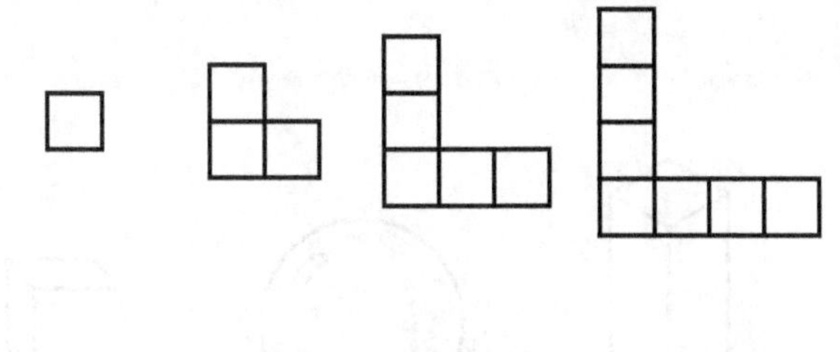

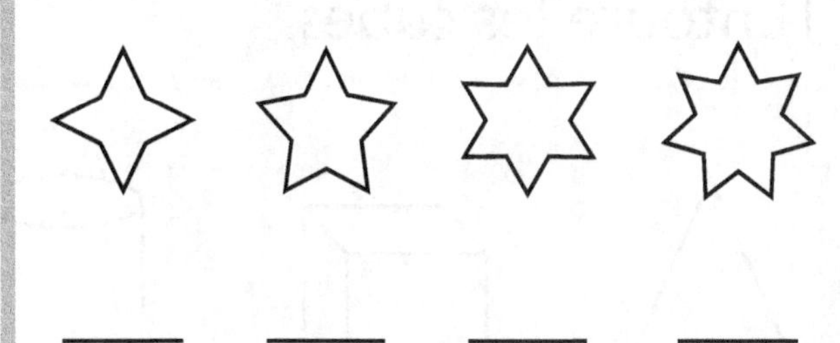

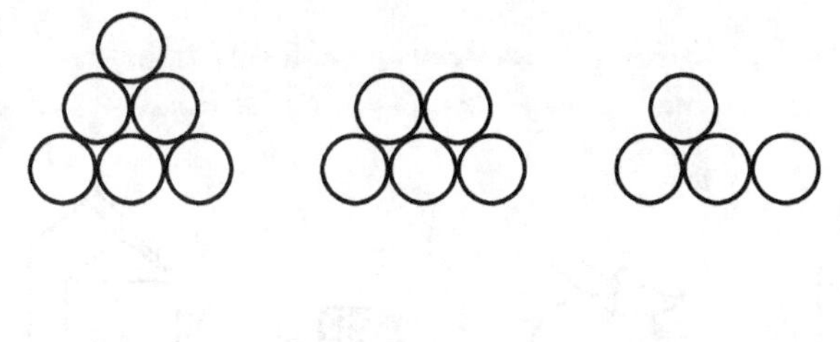

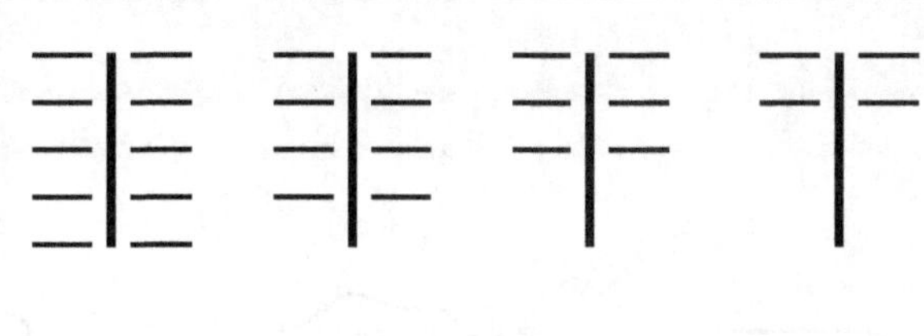

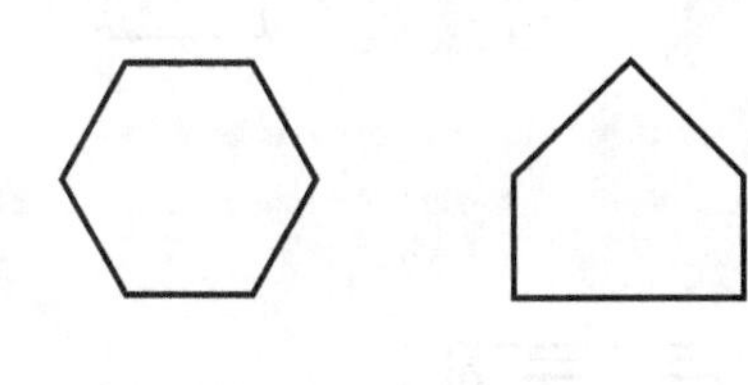

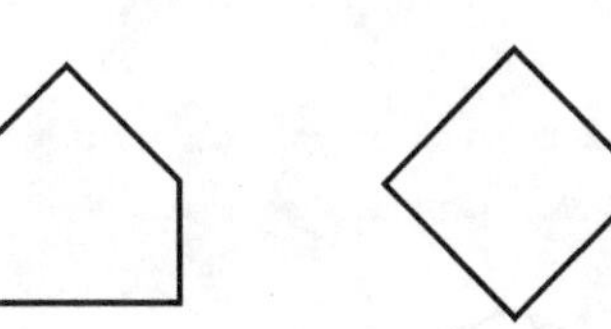

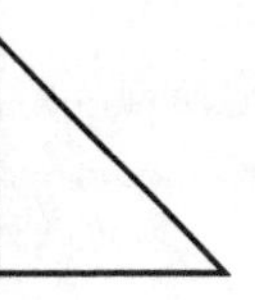

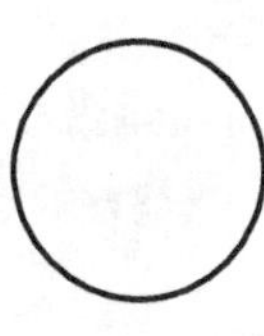

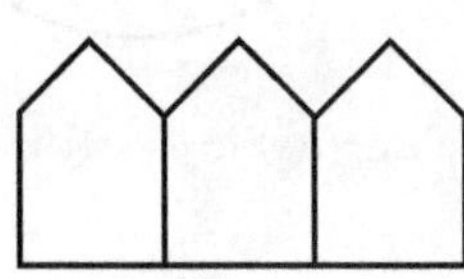

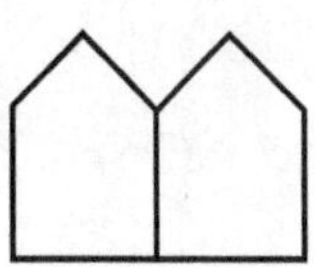

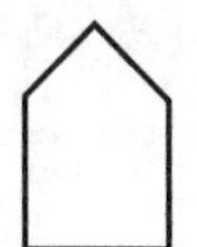

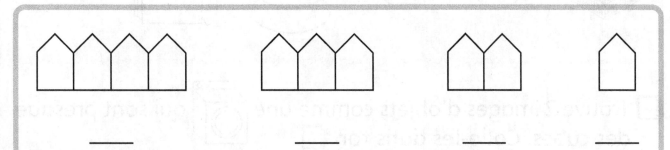

Cubes

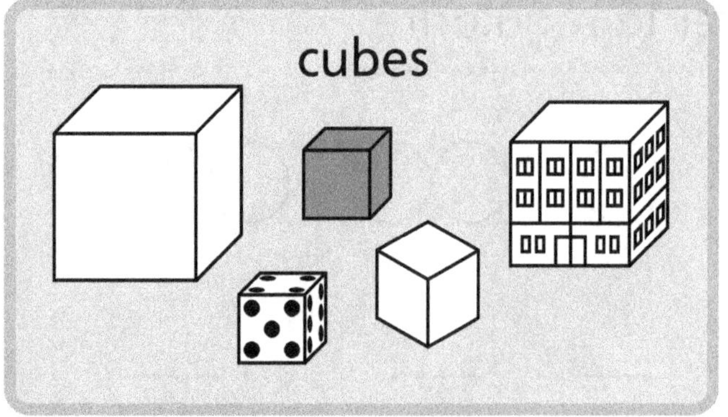

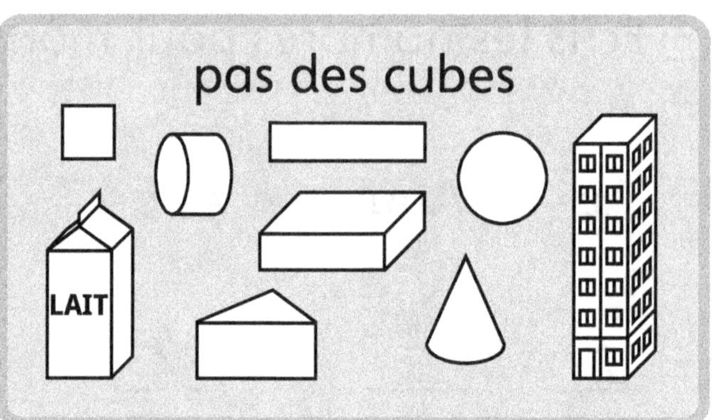

Entoure les cubes.

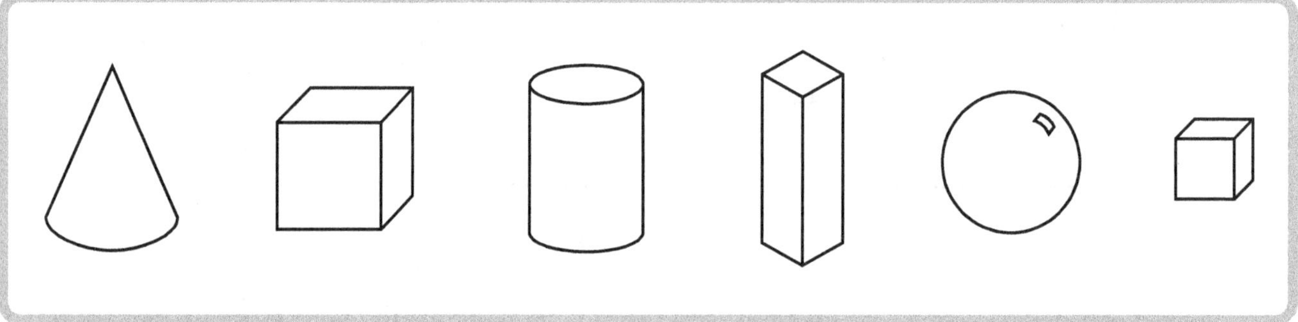

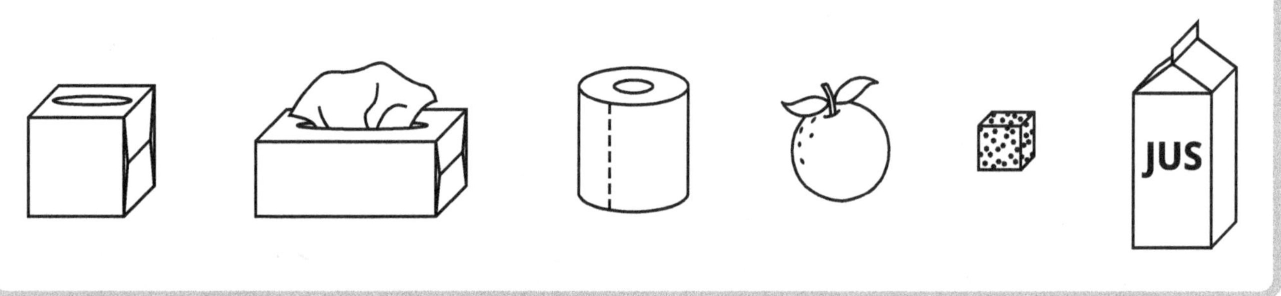

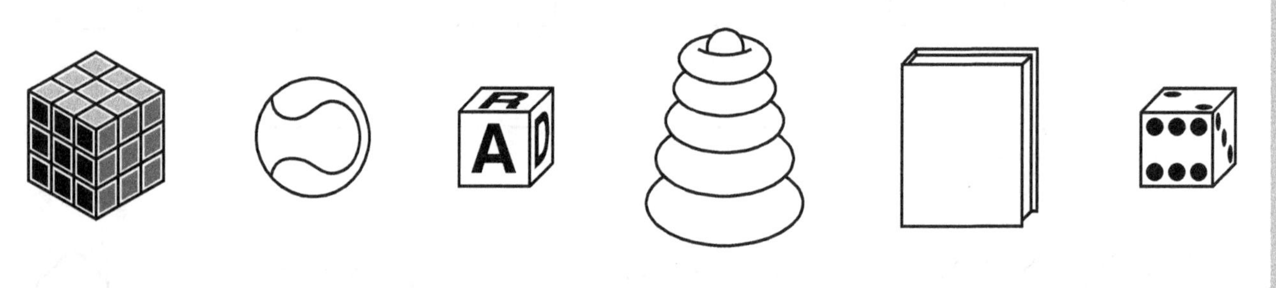

Trouve 2 images d'objets comme une  qui sont presque des cubes. Colle-les dans ton .

Sphères et Cylindres

sphères

pas des sphères

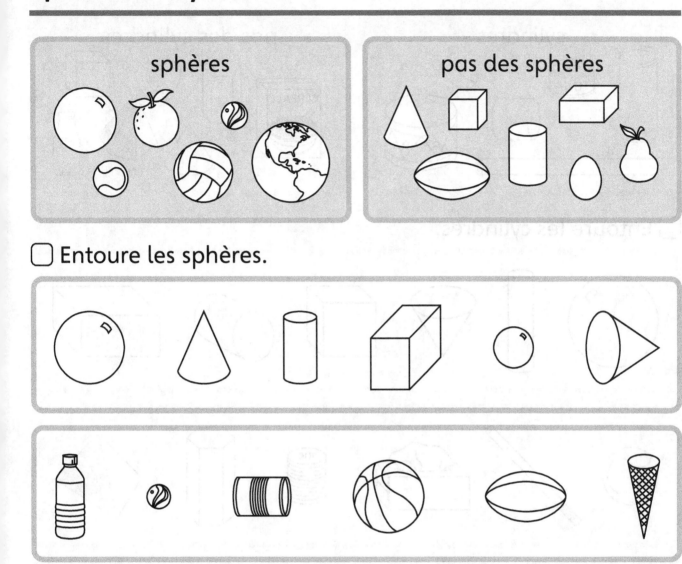

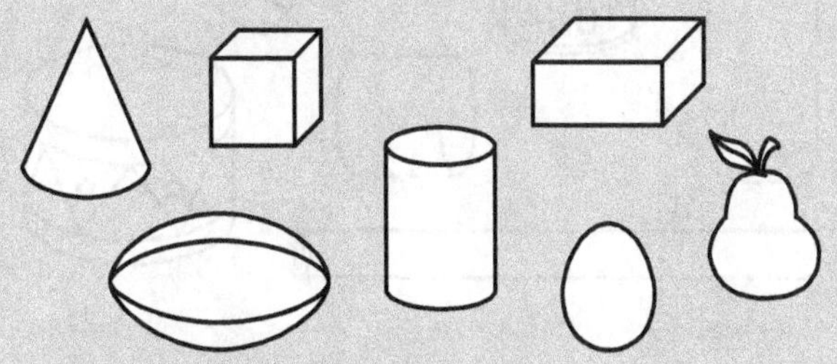

☐ Entoure les sphères.

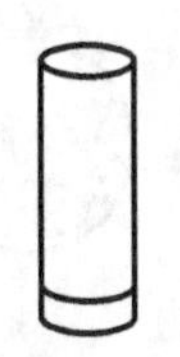

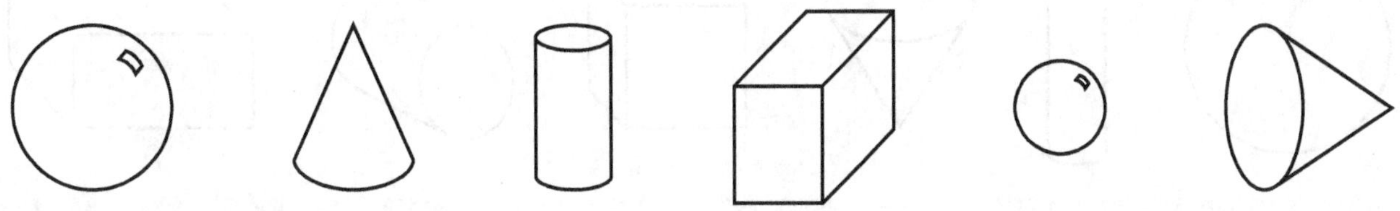

☐ Dessine 2 objets de plus qui sont presque des sphères.

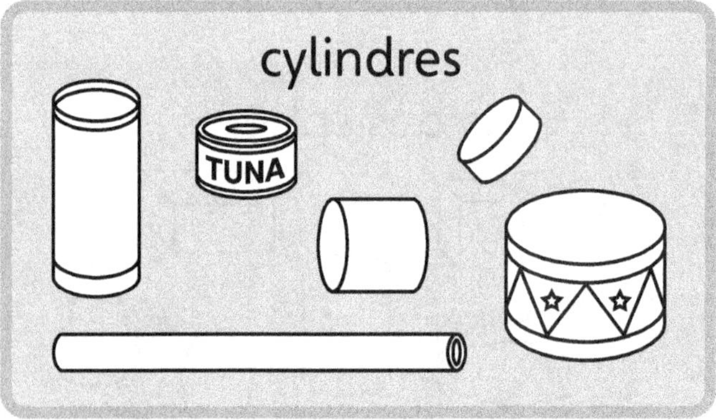

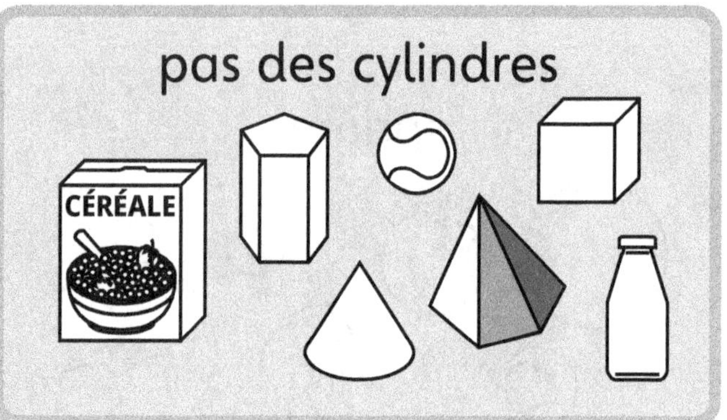

☐ Entoure les cylindres.

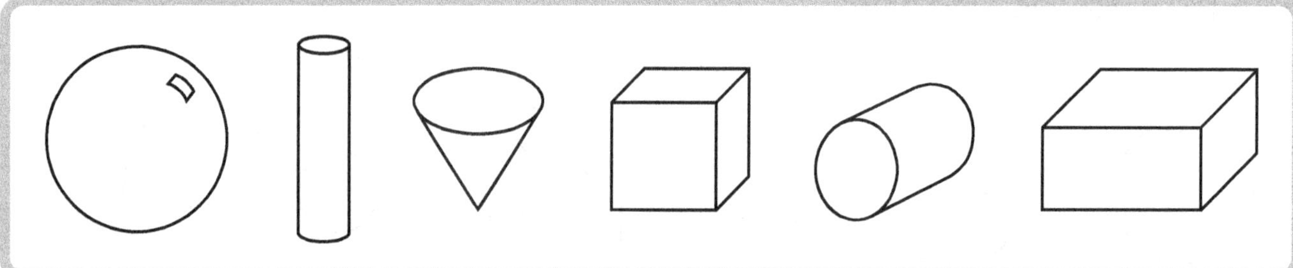

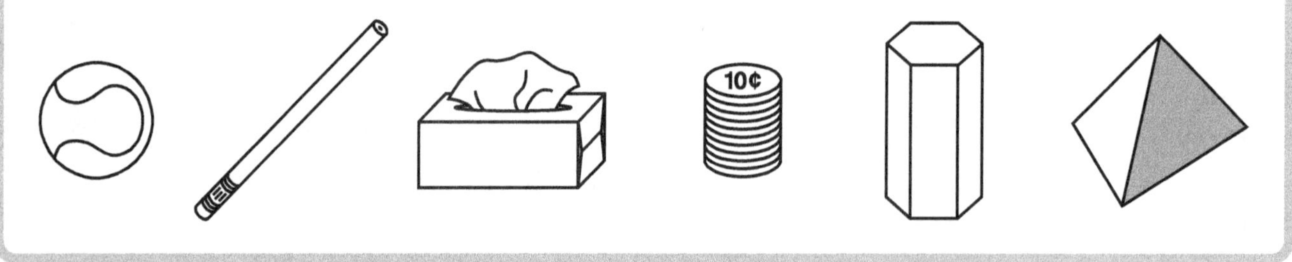

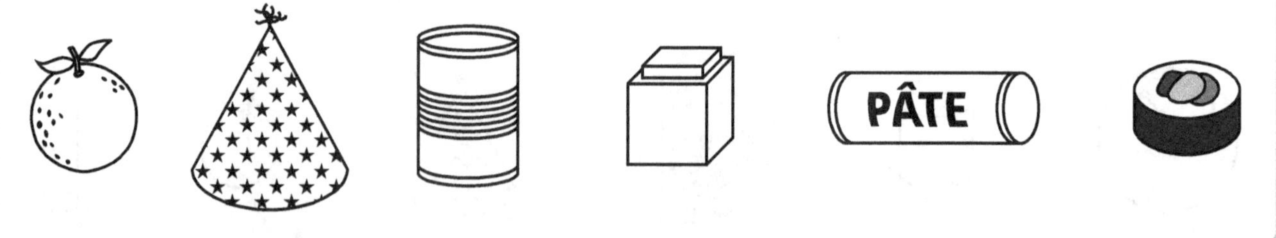

☐ Dessine 2 objets de plus qui sont presque des cylindres.

Cônes

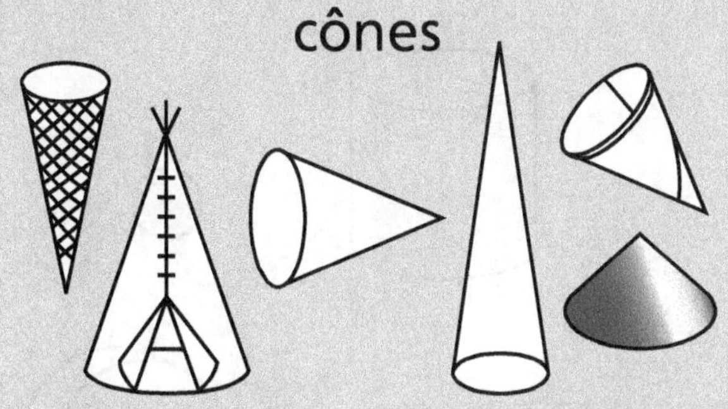

cônes

pas des cônes

JUS

▢ Entoure les cônes

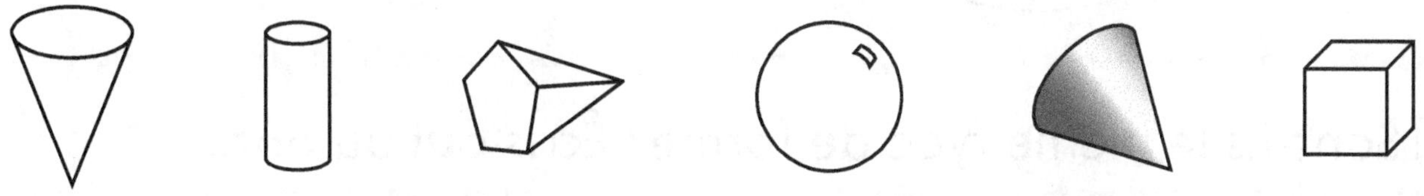

LAIT

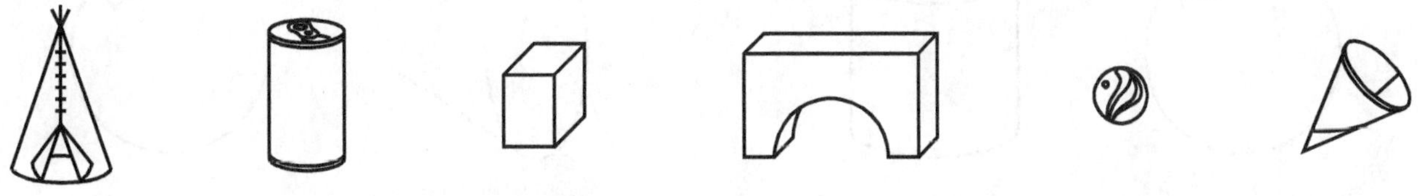

▢ Dessine 2 objets de plus qui sont presque des cônes.

☐ Fais correspondre les images au type de forme.

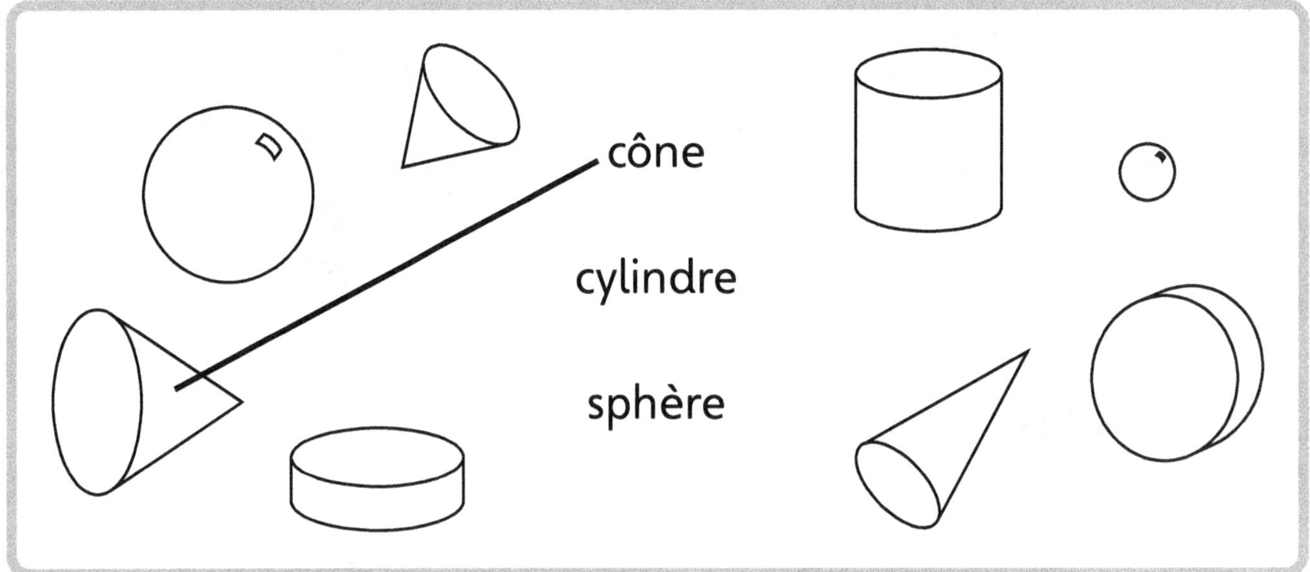

☐ Sont-ils le même type de forme? Écris **oui** ou **non**.

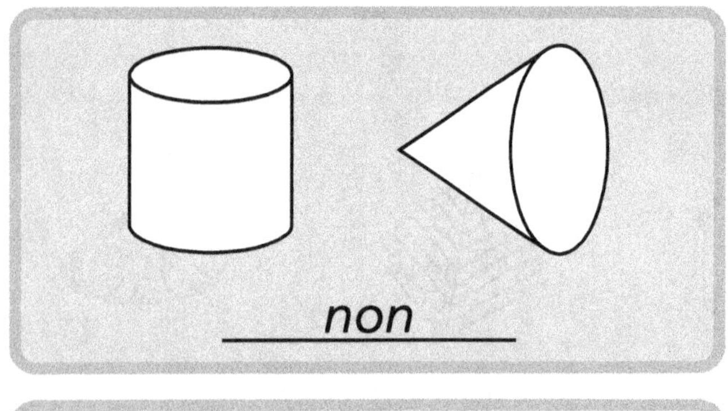

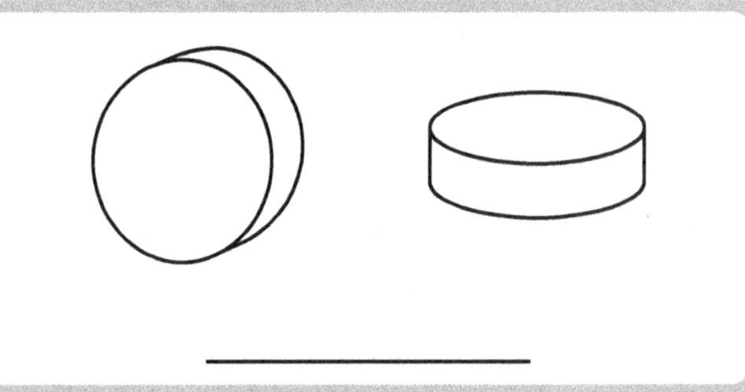

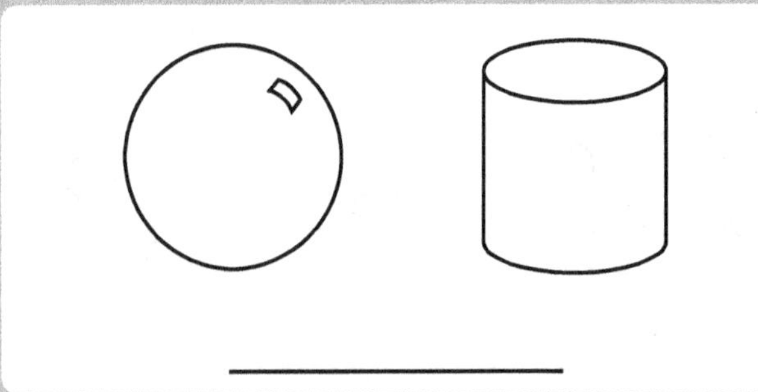

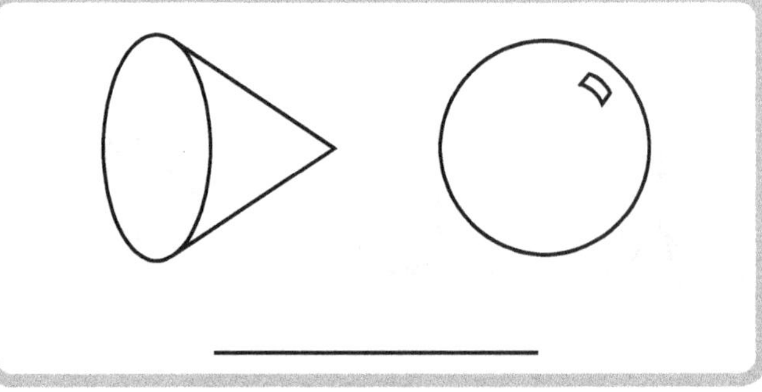

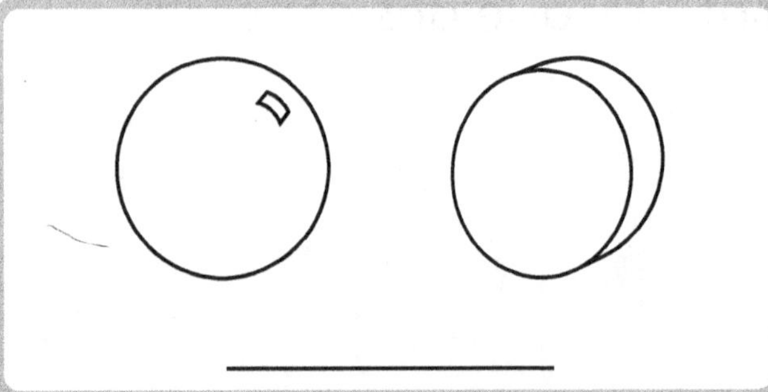

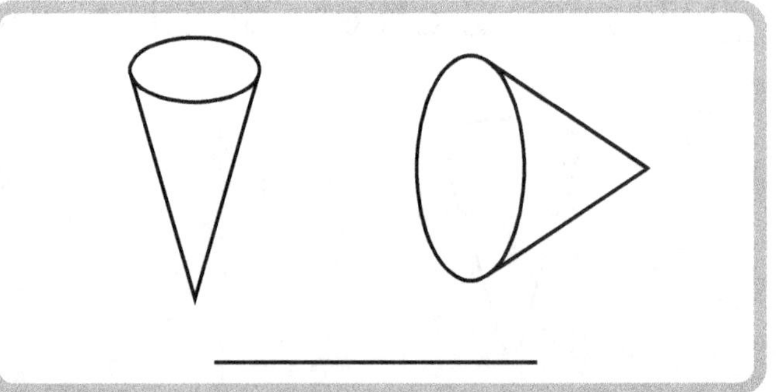

Pyramides

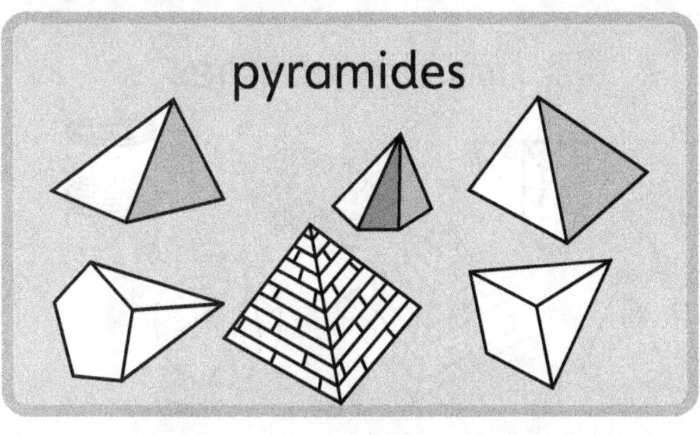

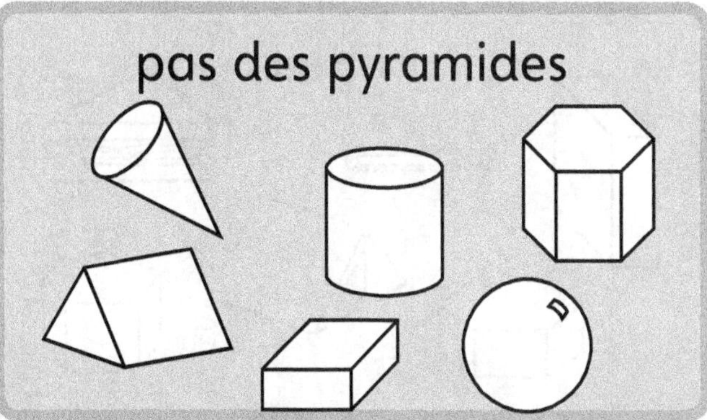

☐ Entoure les pyramides.

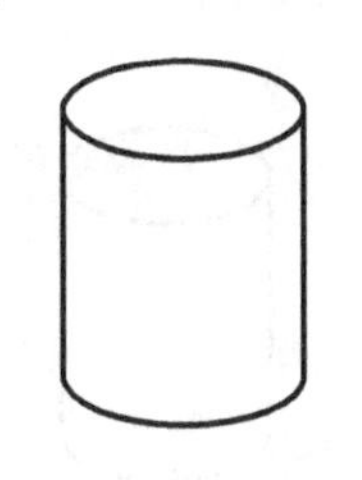
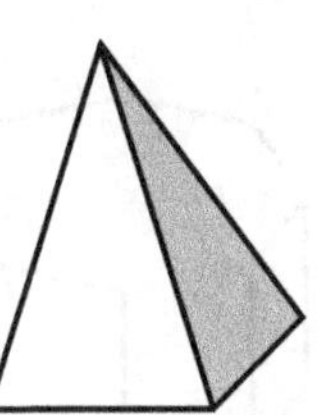

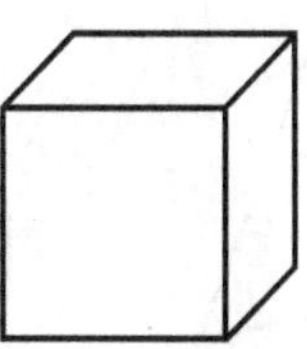
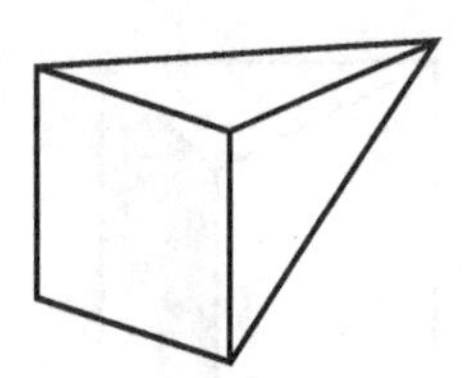

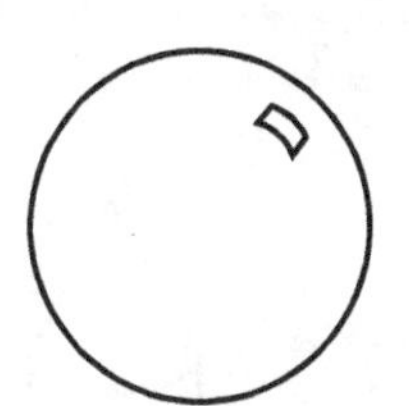
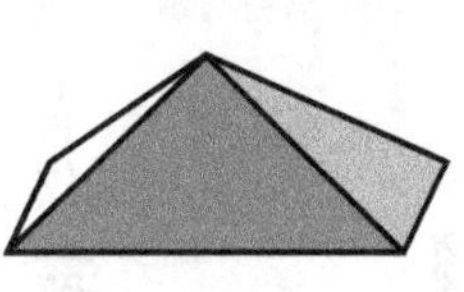
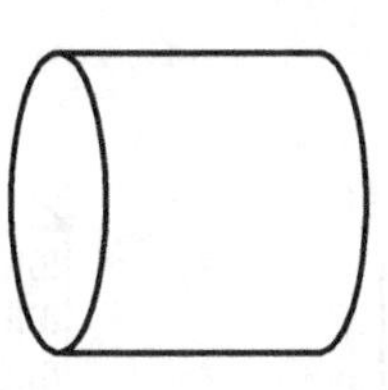
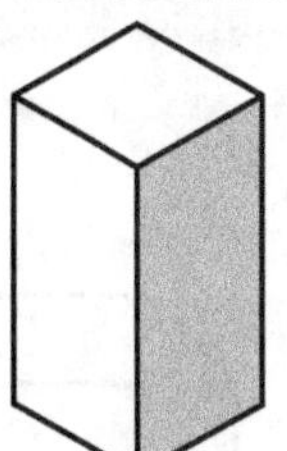

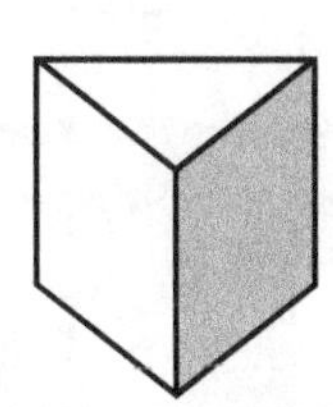
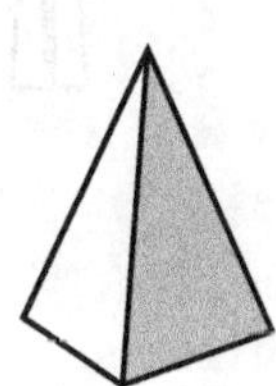
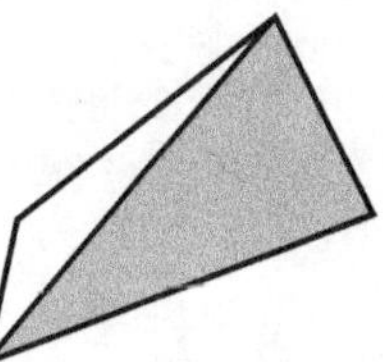
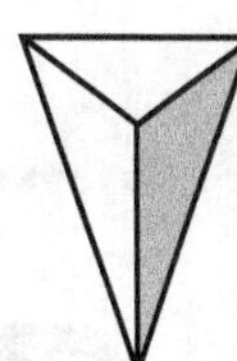
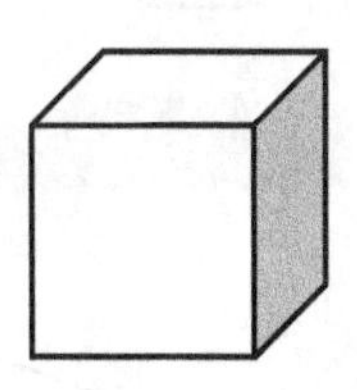

☐ Colorie les pyramides dans les images.

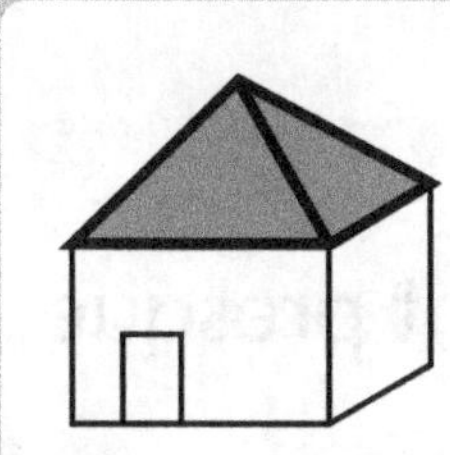
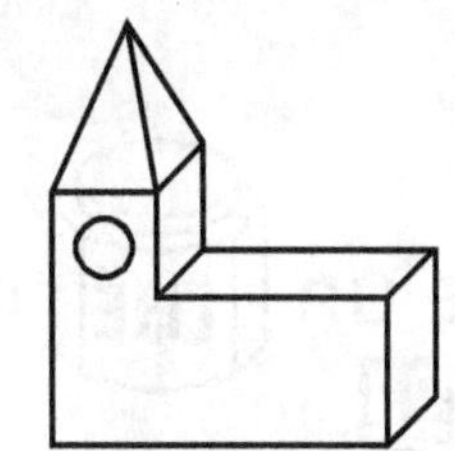
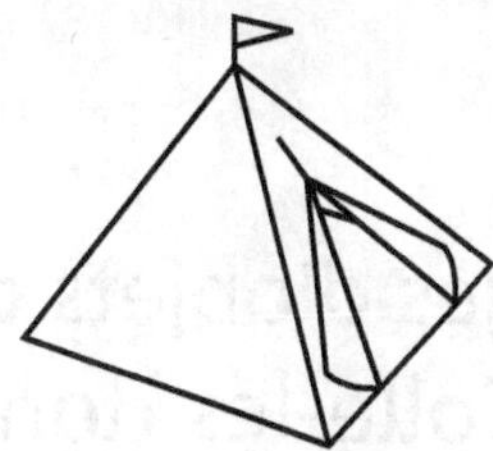
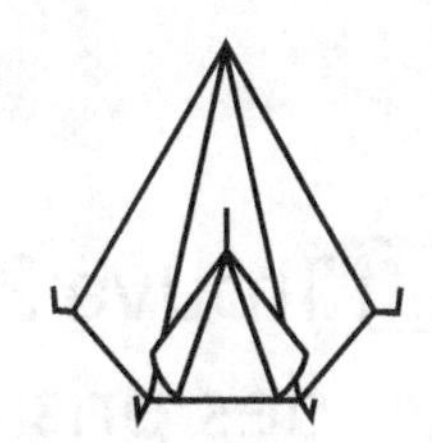

Prismes

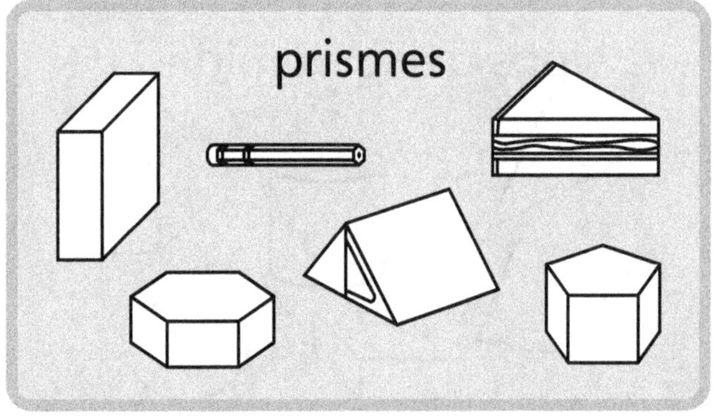

☐ Entoure les prismes.

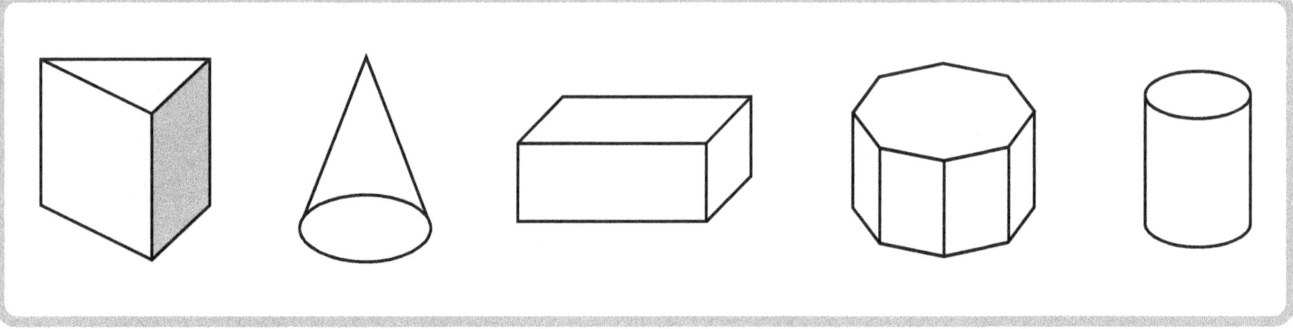

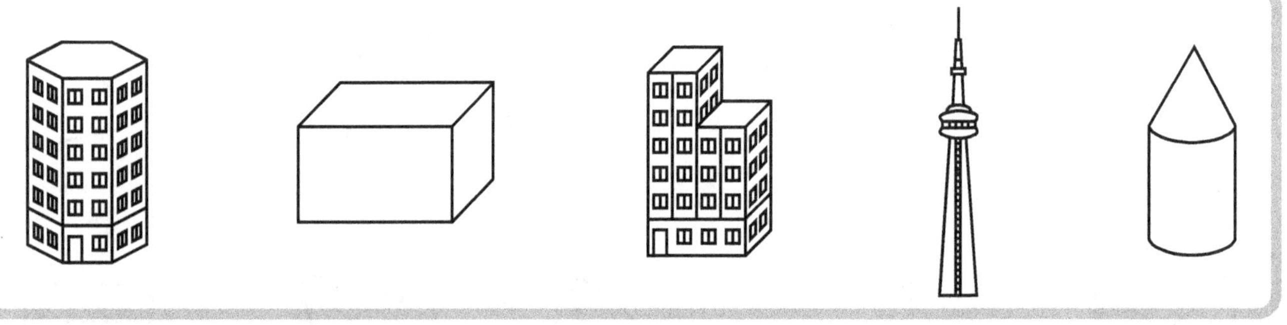

Trouve 2 images d'objets comme un  qui sont presque des prismes. Colle-les dans ton ☐.

Tourner des formes à trois dimensions

Est-ce que la forme a été **modifiée** ou **retournée**?

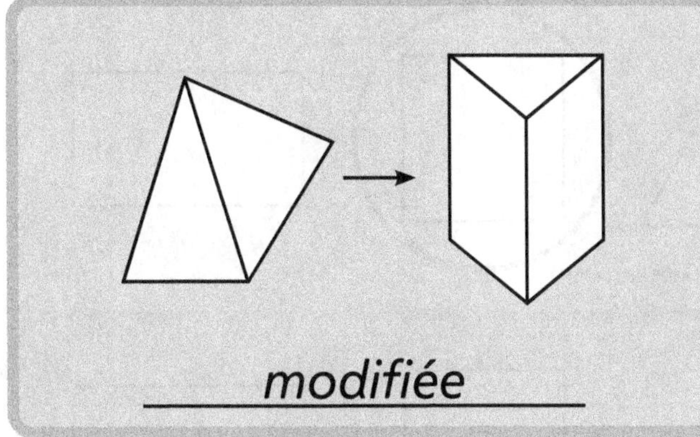

modifiée

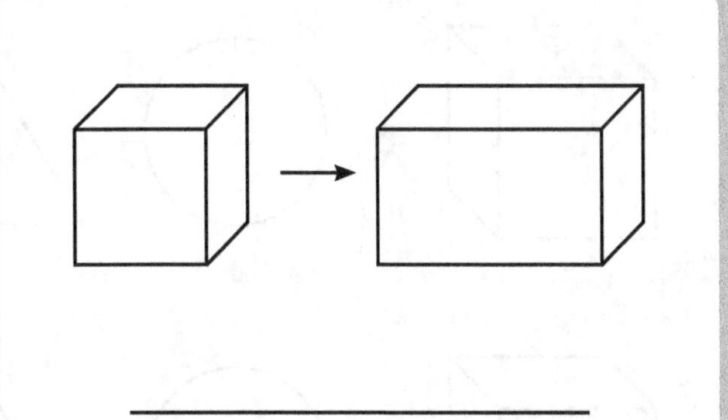

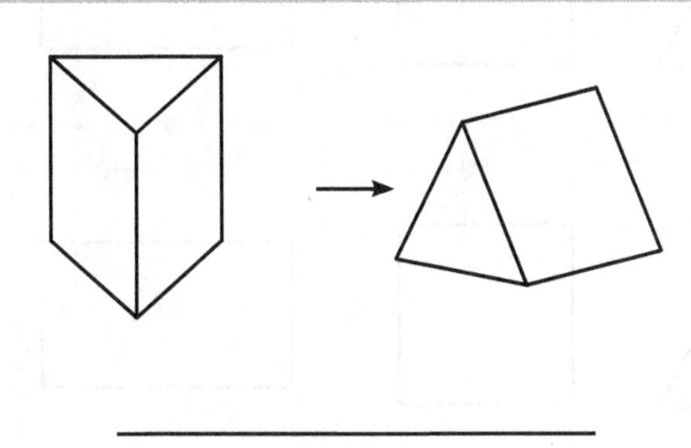

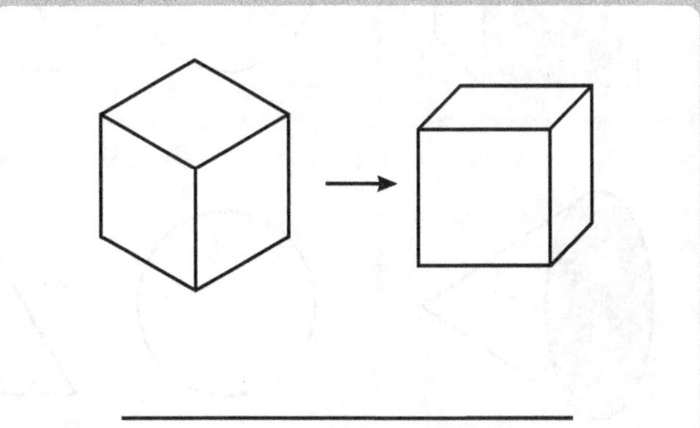

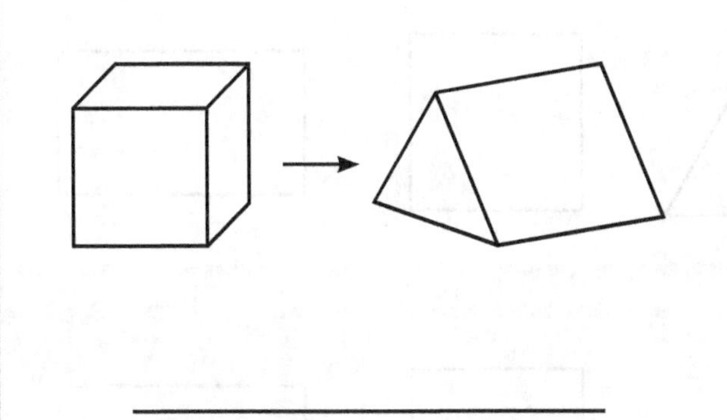

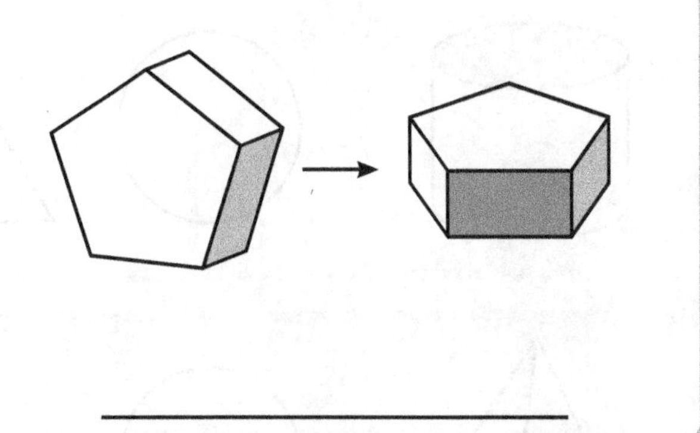

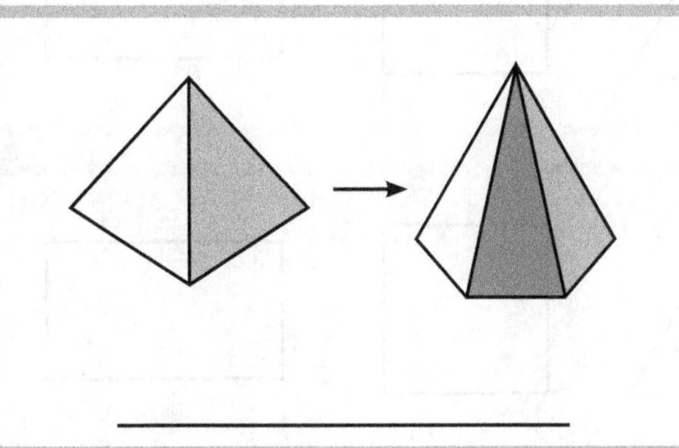

Bonus

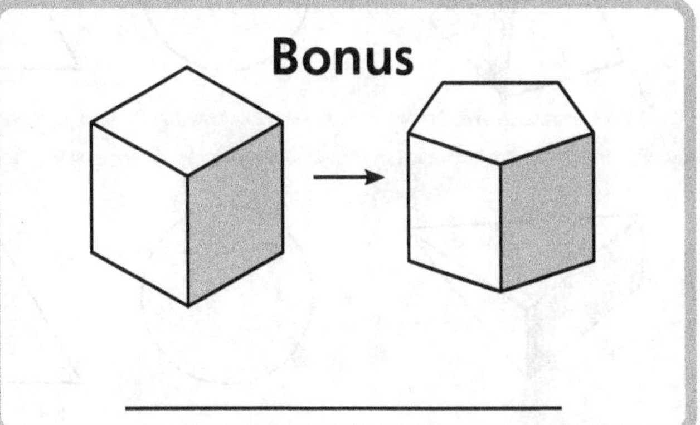

Faces

▢ Quelle est la forme de la face ombragée? Entoure-le.

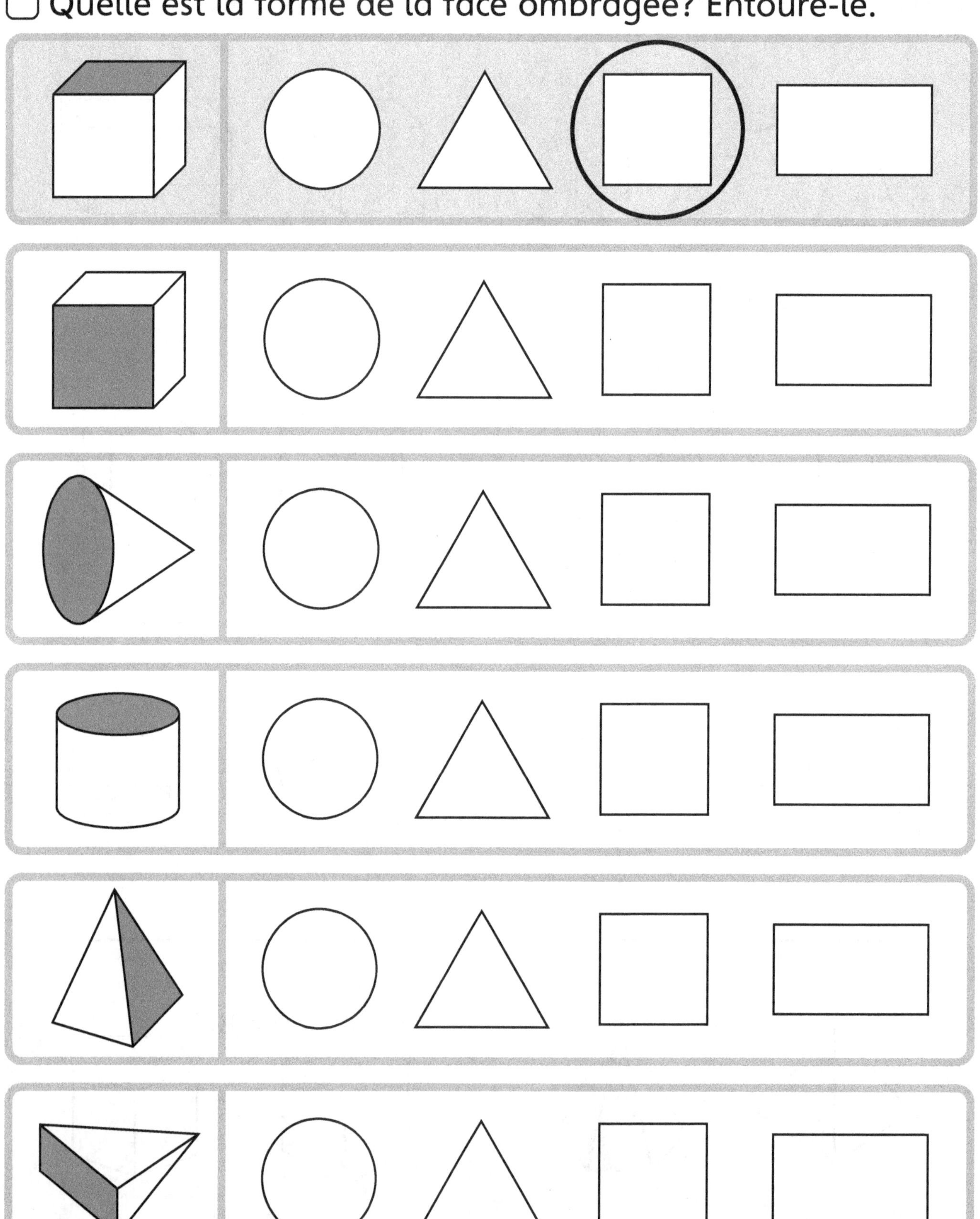

▢ Quelle est la forme de la face ombragée? Mets un X.

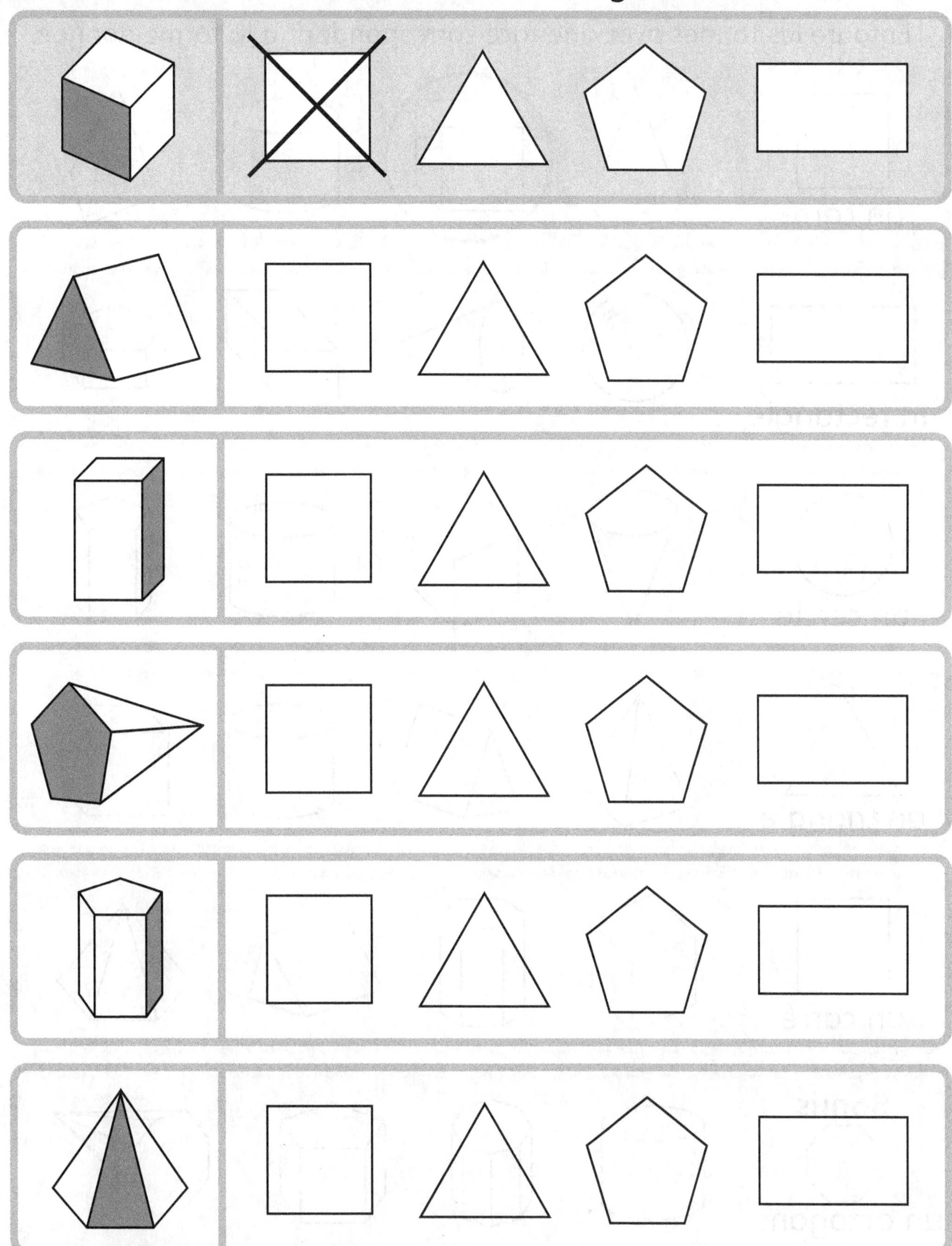

Utilise des formes à trois dimensions.

☐ Entoure les formes avec une face correspondant à la forme donnée.

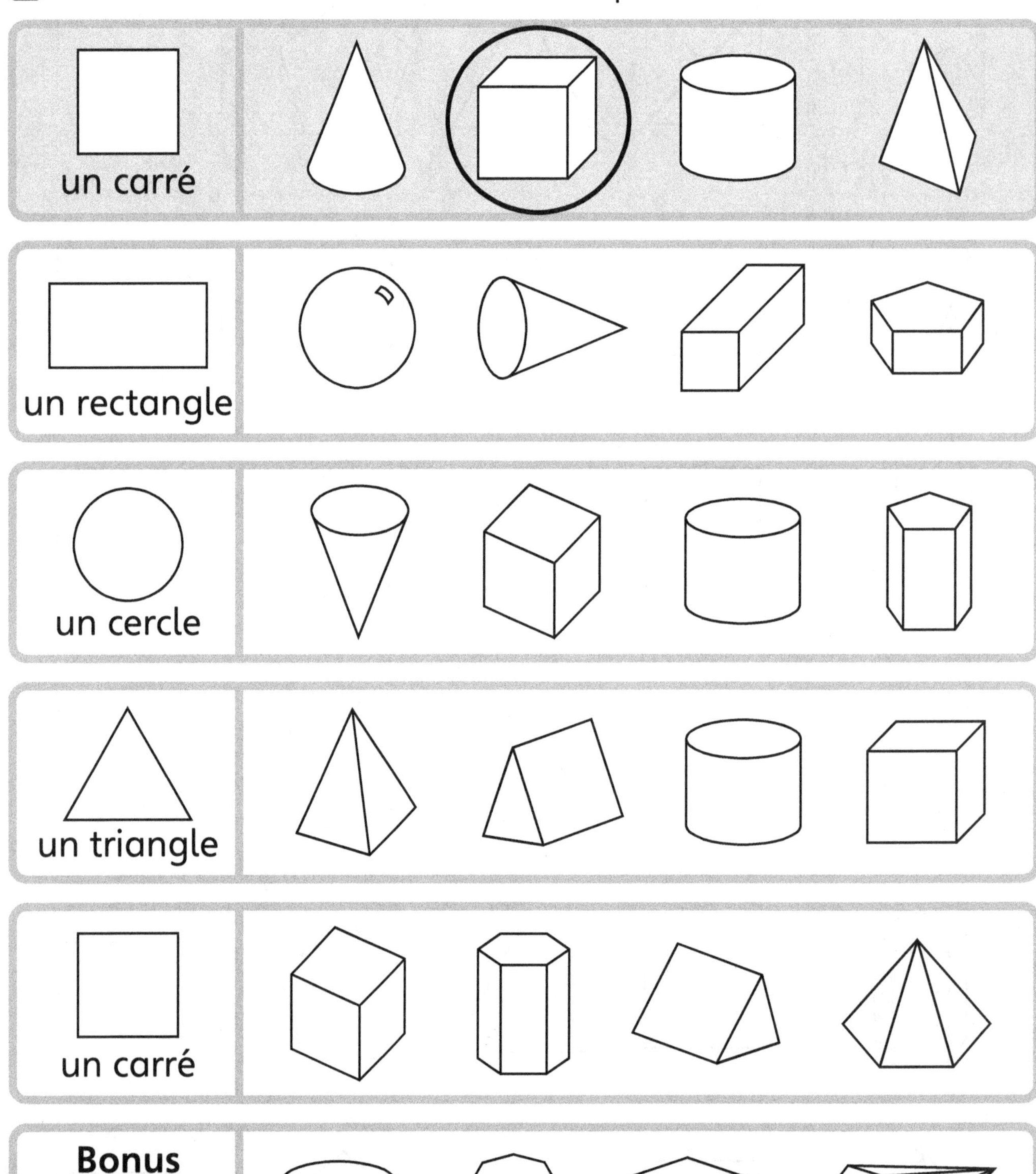

Les formes dans les structures

☐ Mets un ✓ sur les formes que tu vois dans les structures.

☐ pyramide
☑ cube
☐ cône
☑ cylindre
☐ sphère

THÉ

☐ pyramide
☐ cube
☐ cône
☐ cylindre
☐ sphère

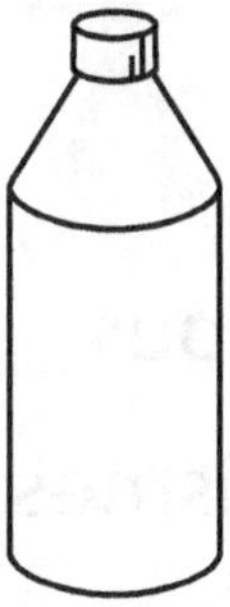

☐ pyramide
☐ cube
☐ cône
☐ cylindre
☐ sphère

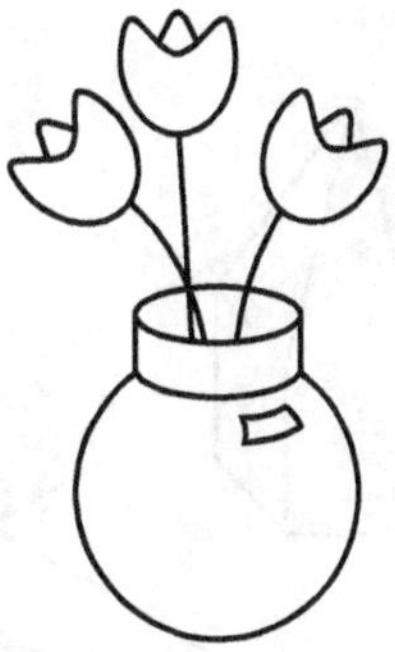

☐ pyramide
☐ cube
☐ cône
☐ cylindre
☐ sphère

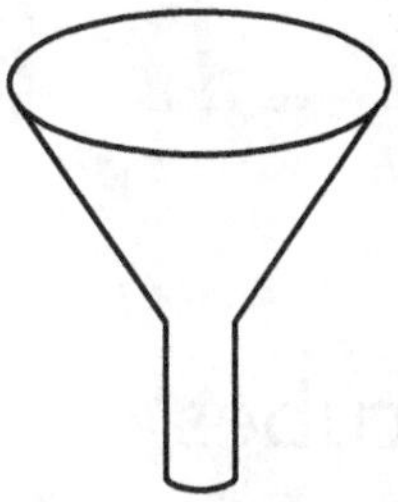

☐ pyramide
☐ cube
☐ cône
☐ cylindre
☐ sphère

☐ pyramide
☐ cube
☐ cône
☐ cylindre
☐ sphère

☐ pyramide
☐ cube
☐ cône
☐ cylindre
☐ sphère

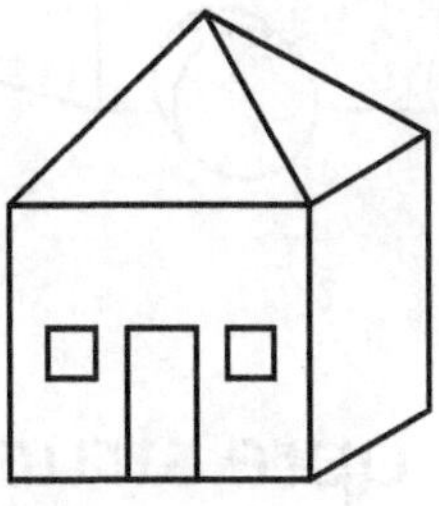

☐ pyramide
☐ cube
☐ cône
☐ cylindre
☐ sphère

☐ Compte les formes à trois dimensions que tu vois.

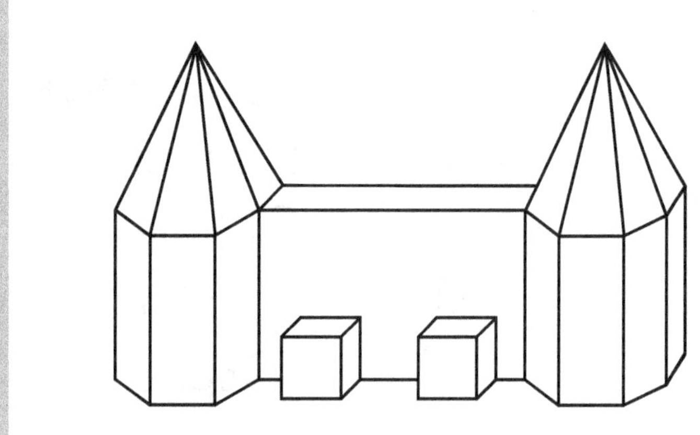

_____ cubes

_____ prismes

_____ pyramides

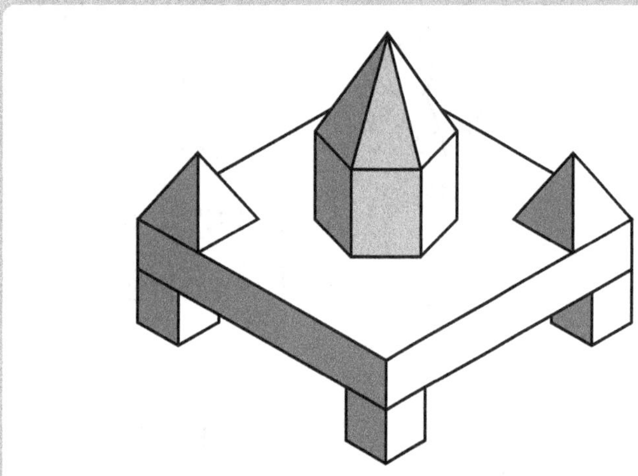

_____ cubes

_____ prismes

_____ pyramides

Bonus

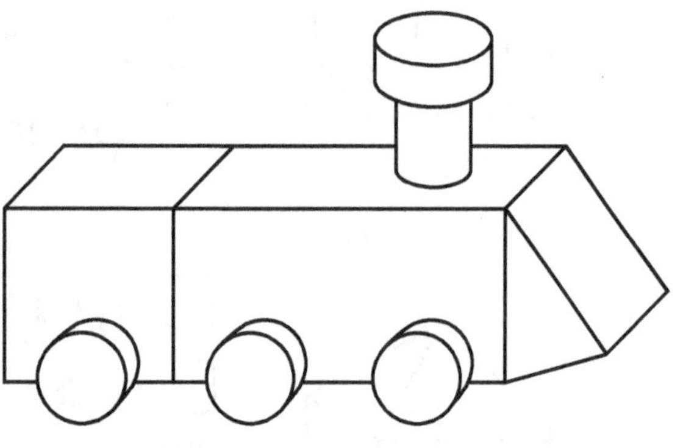

_____ cubes

_____ prismes

_____ pyramides

_____ cylindres

☐ Construis ta propre structure à partir de blocs.
Combien de chaque forme as-tu utilisée?

Comment les formes sont-elles triées?

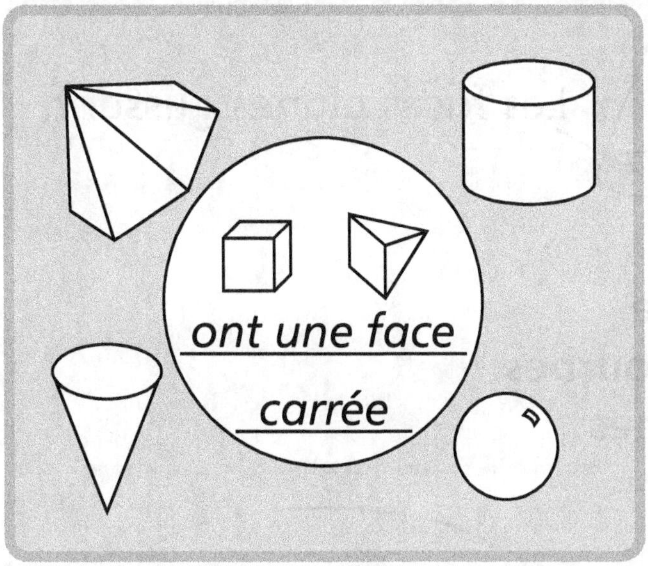

ont une face carrée

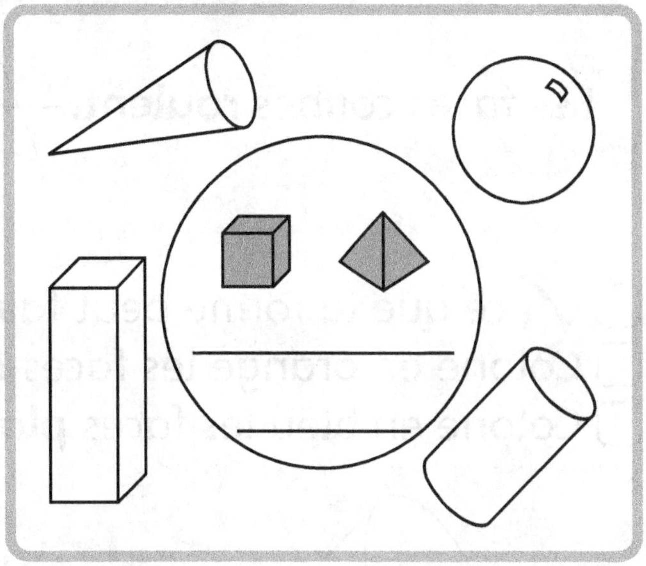

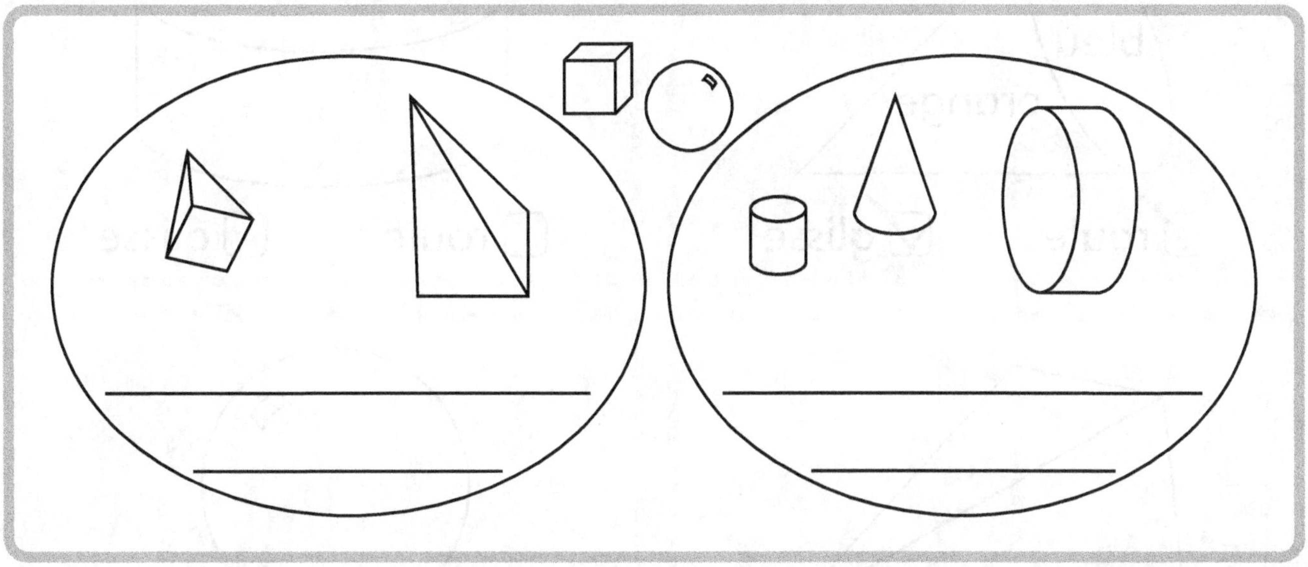

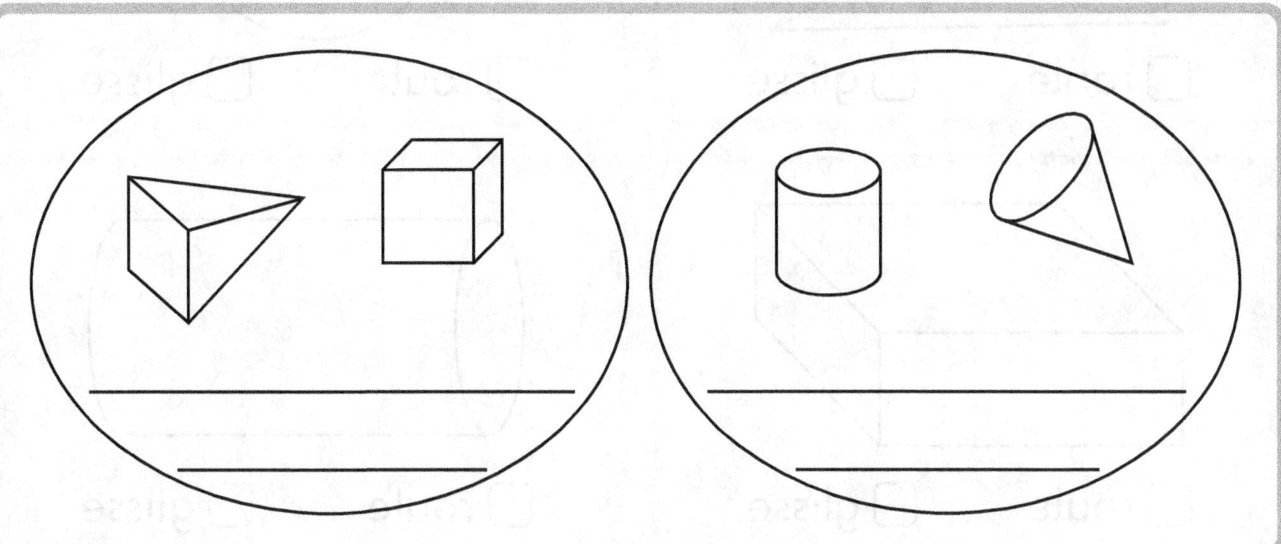

Rouler, glisser, empiler

Les faces coubes **roulent.** 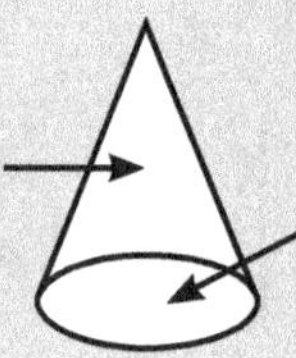 Les faces planes **glissent.**

☐ ✓ ce que la forme peut faire.
☐ Colorie en orange les faces **courbes**.
☐ Colorie en bleu les faces **planes**.

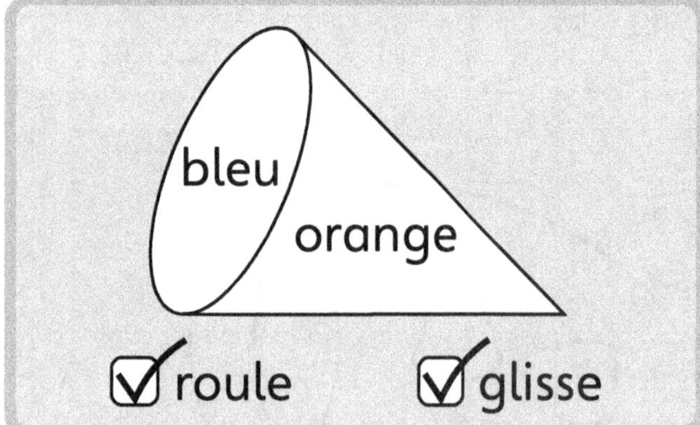

☑ roule ☑ glisse

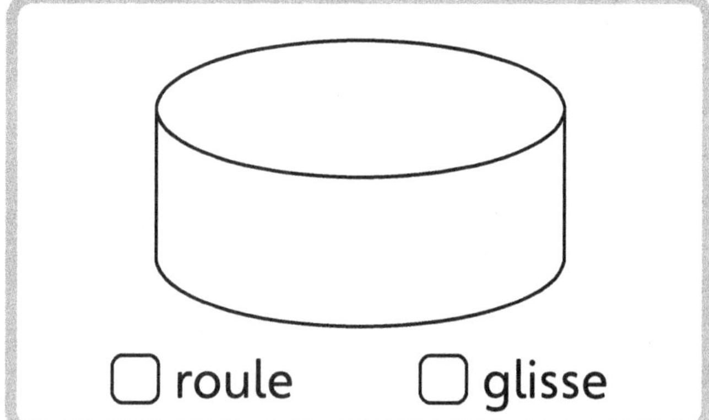

☐ roule ☐ glisse

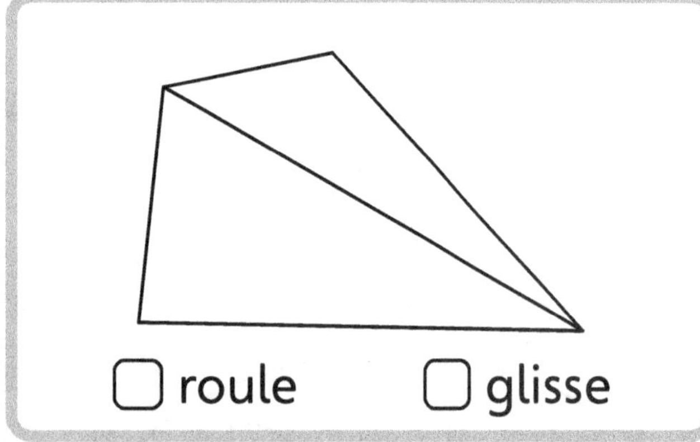

☐ roule ☐ glisse

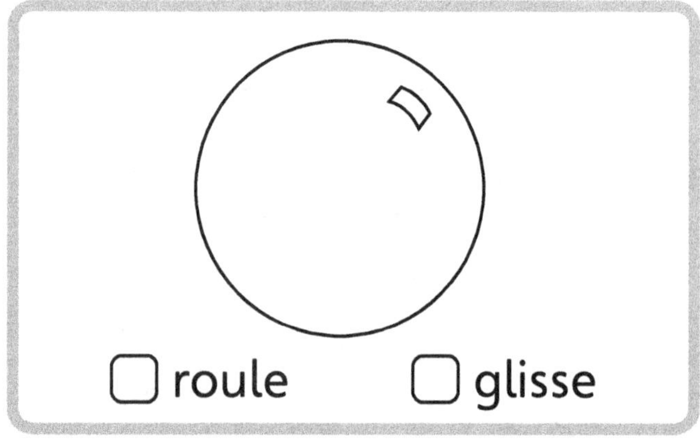

☐ roule ☐ glisse

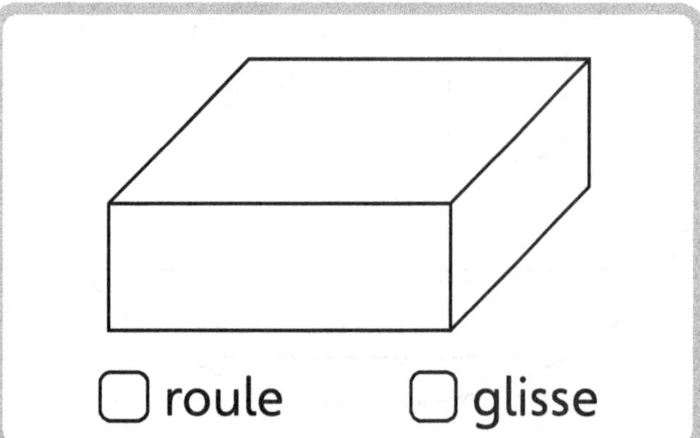

☐ roule ☐ glisse

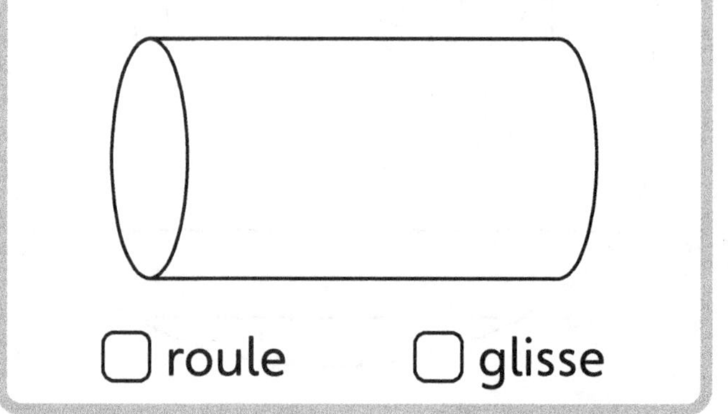

☐ roule ☐ glisse

☐ Utilise les lettres pour trier les formes.

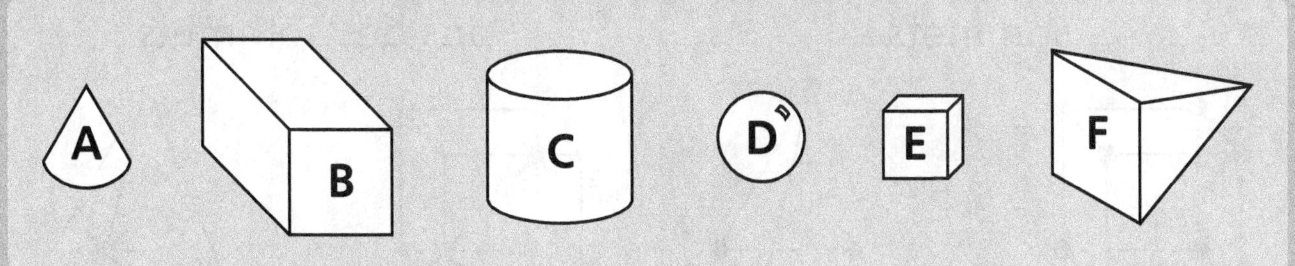

grand	petit
B	*A*

a une ☐ face	a une ◯ face

a une face courbe	a seulement des faces planes
A	*B*

roule seulement	roule et glisse	glisse seulement

☐ Choisis un attribut géométrique et trie les formes encore une fois.

Sommets

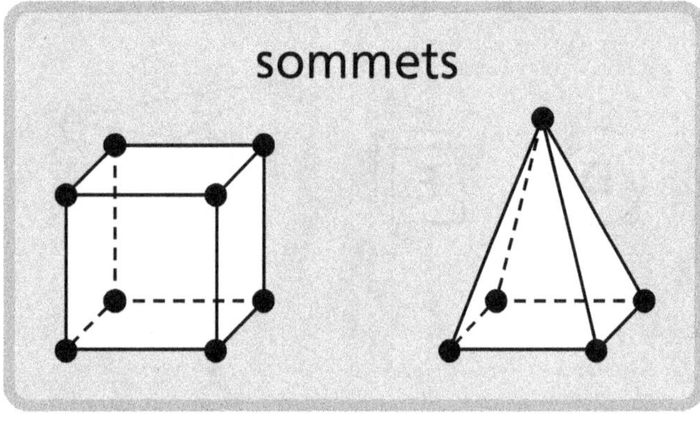

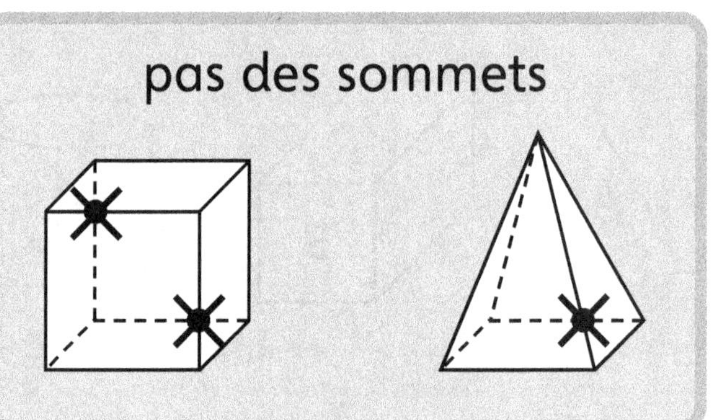

- [ ] Dessine un ● sur chaque sommet.
- [ ] Compte les sommets.

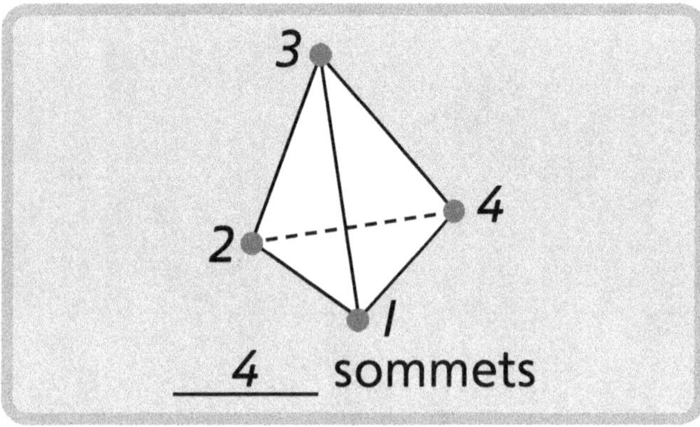

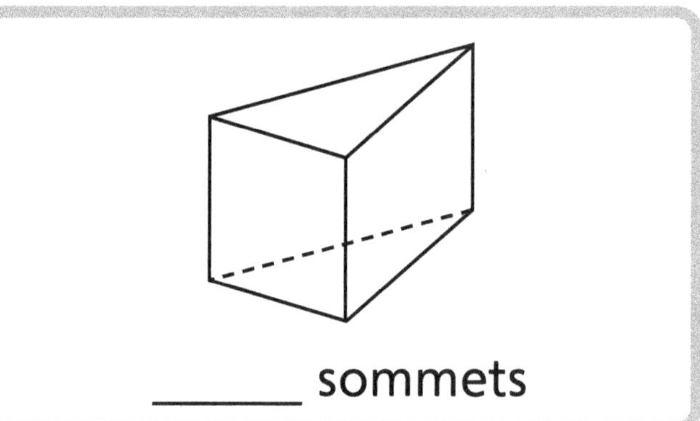

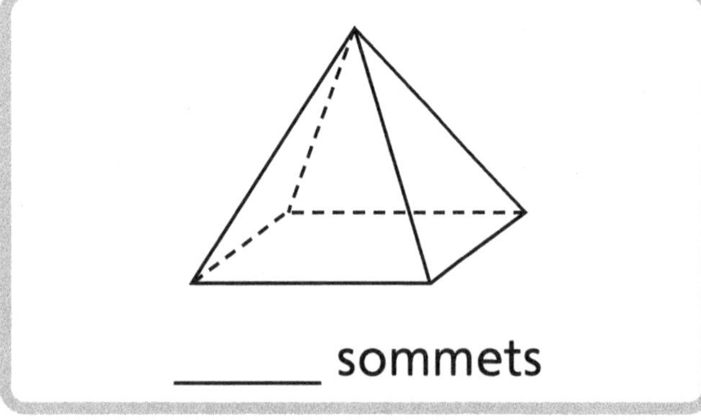

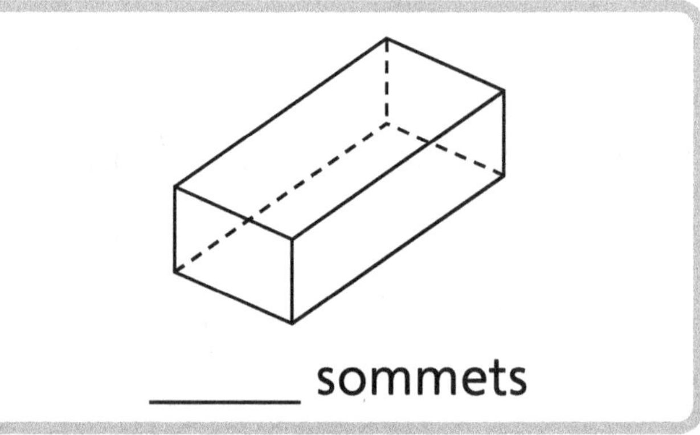

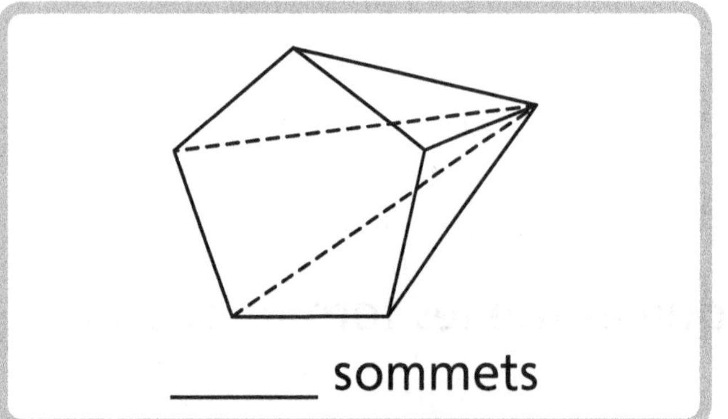

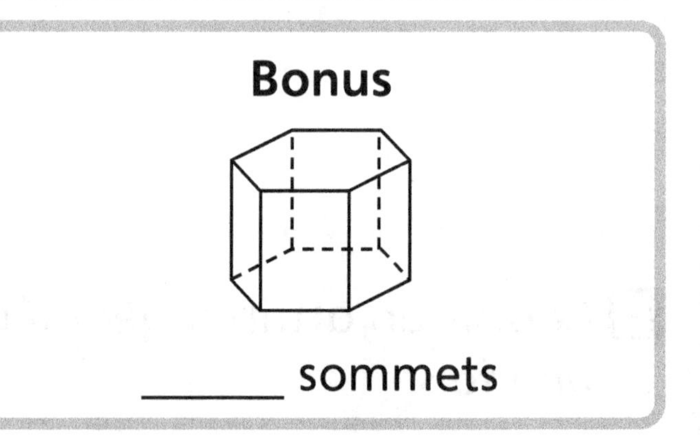

Arêtes

Cette forme à 6 **arêtes.**

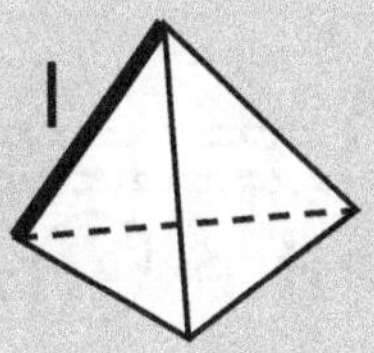

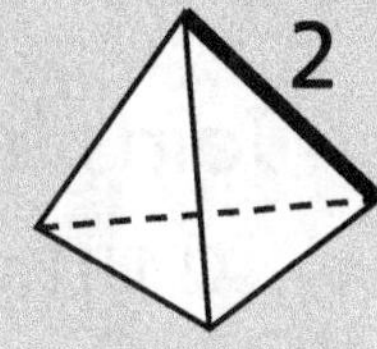

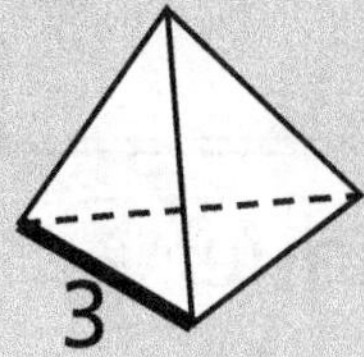

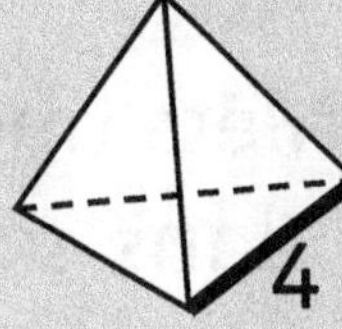

☐ Compte les arêtes.

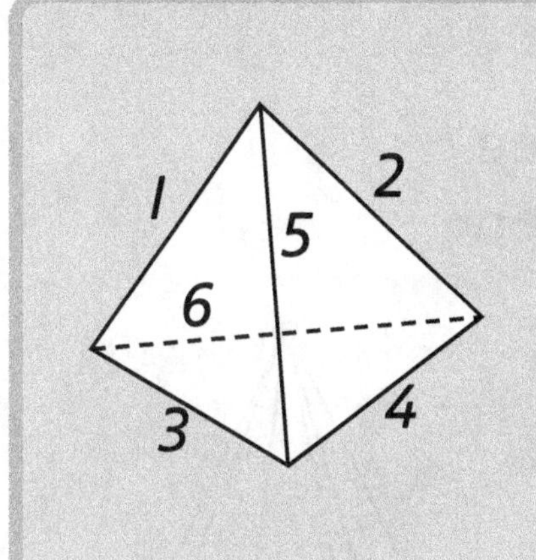

__6__ arêtes

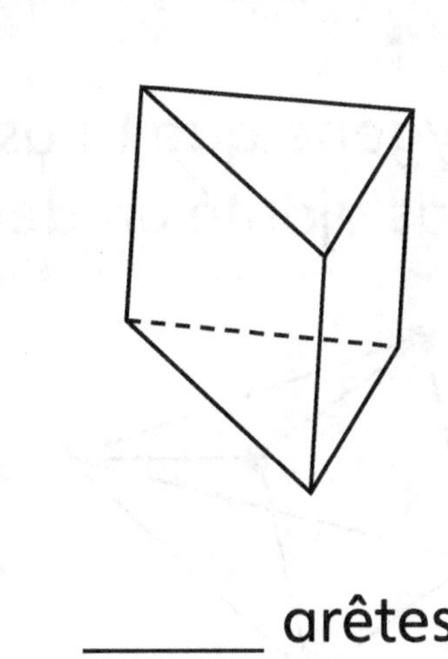

_____ arêtes

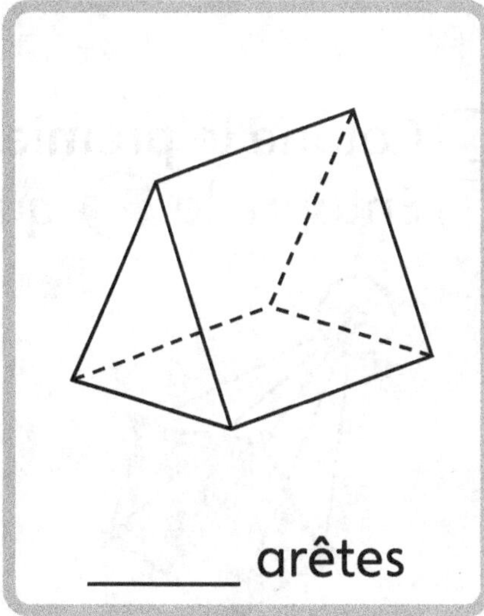

_____ arêtes

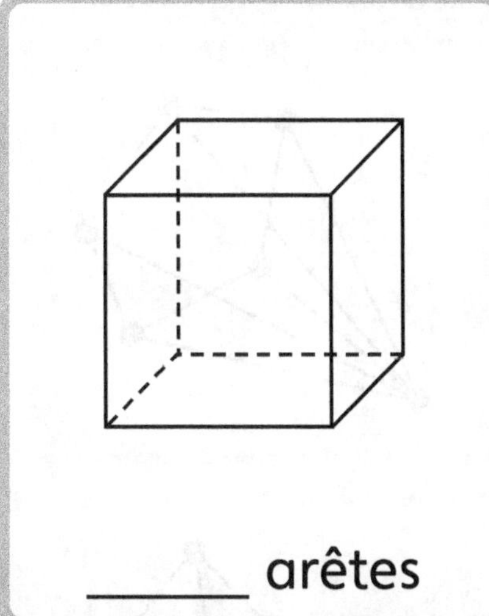

_____ arêtes

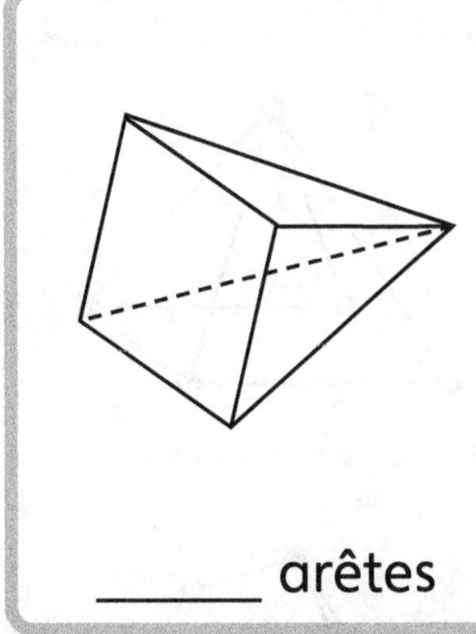

_____ arêtes

Bonus

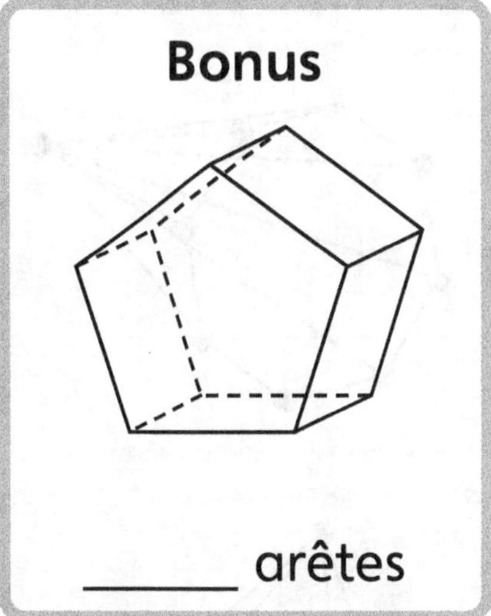

_____ arêtes

☐ Utilise un vrai objet à trois dimensions.
Combien de faces se rassemblent sur chaque arête?
Compare ta réponse avec un partenaire.

☐ Crée des squelettes de pyramides à partir de pailles et d'argile . Suis les étapes suivantes.

1.
Crée un polygone.

2.
Mets une dans chaque .

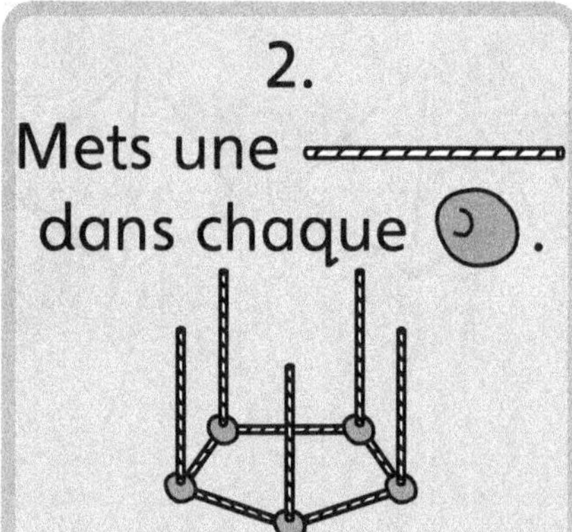

3.
Joins la à un autre .

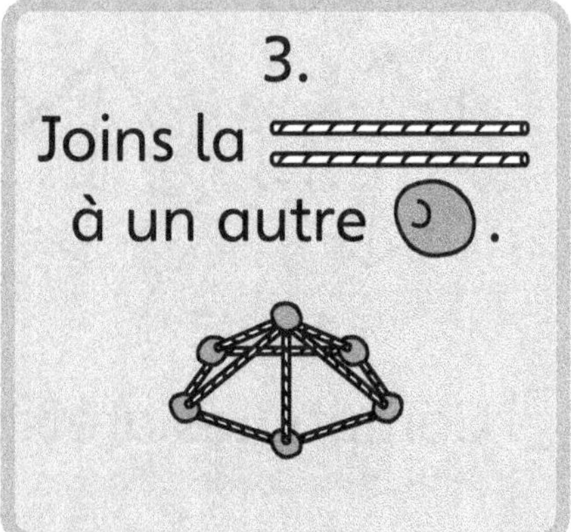

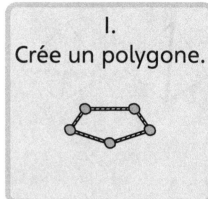

☐ Colorie le **premier** polygone que tu as créé.

☐ Entoure le que tu as ajouté en **dernier**.

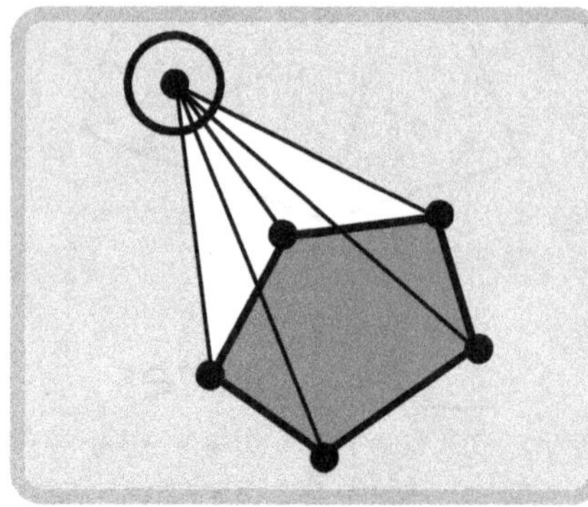

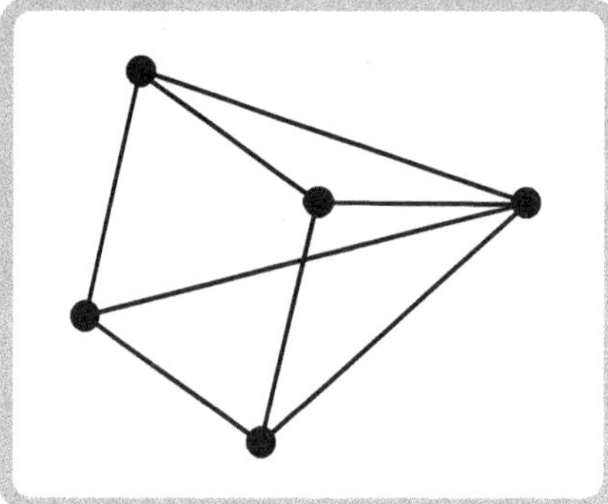

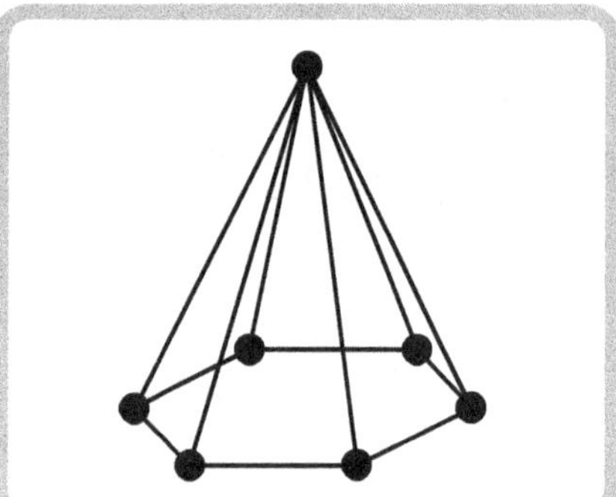

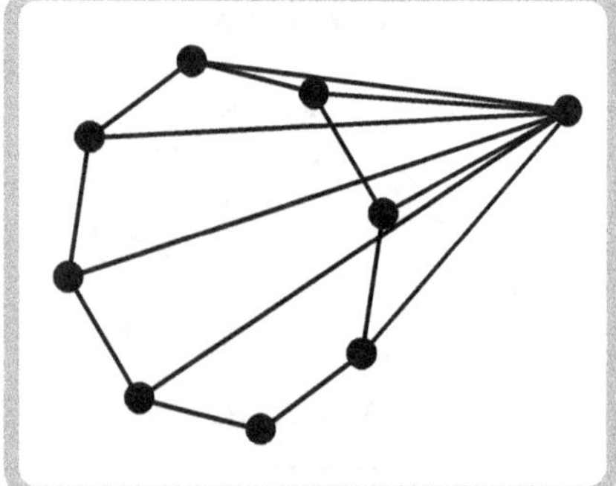

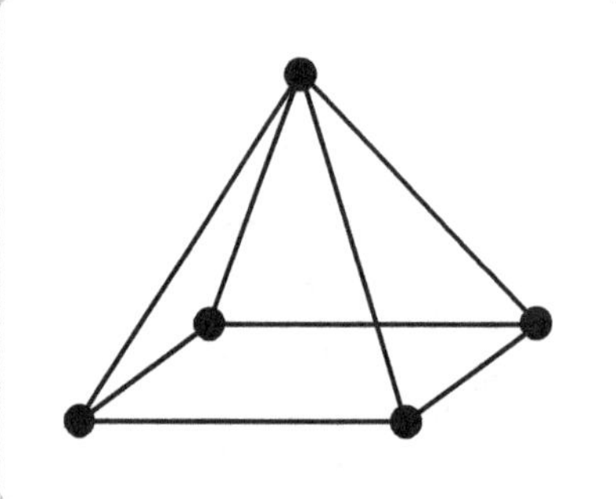

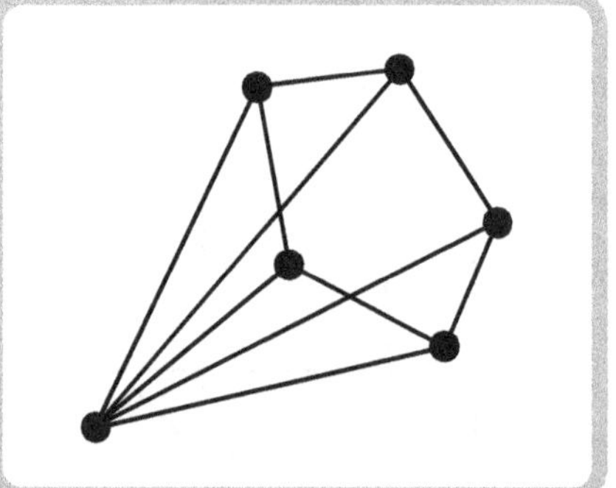

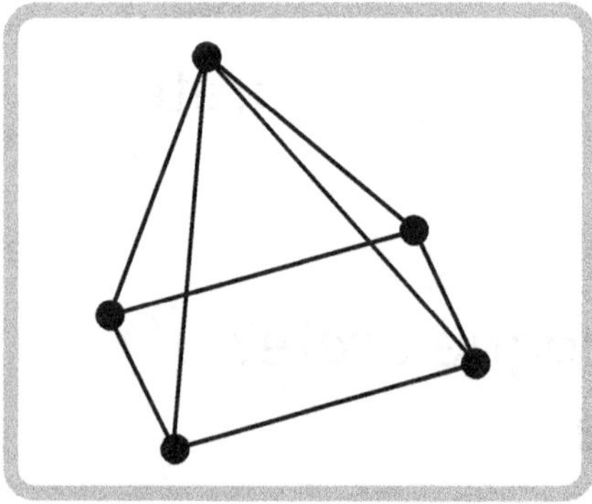

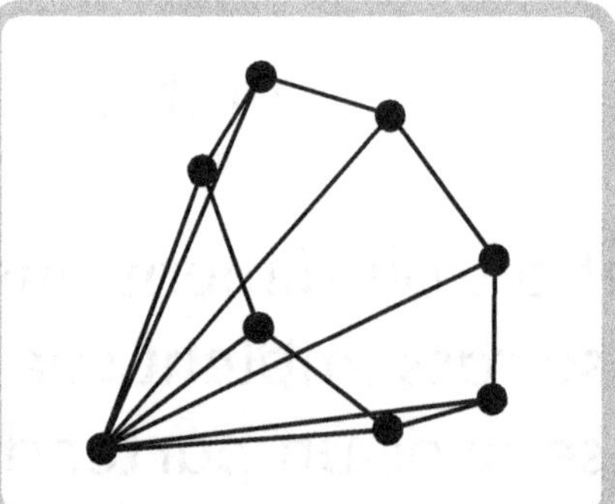

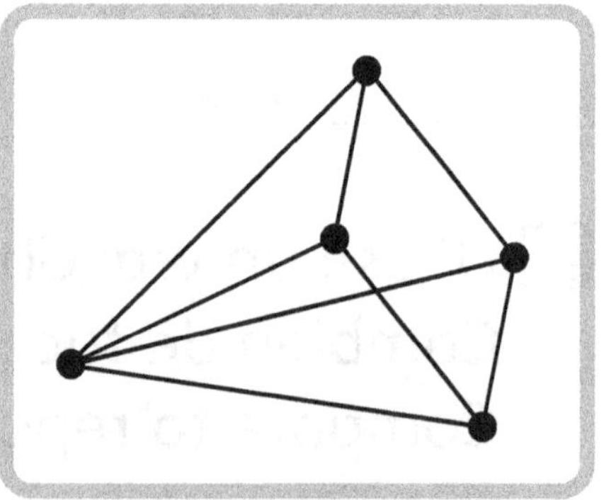

Gauche, droite, au-dessus, au-dessous

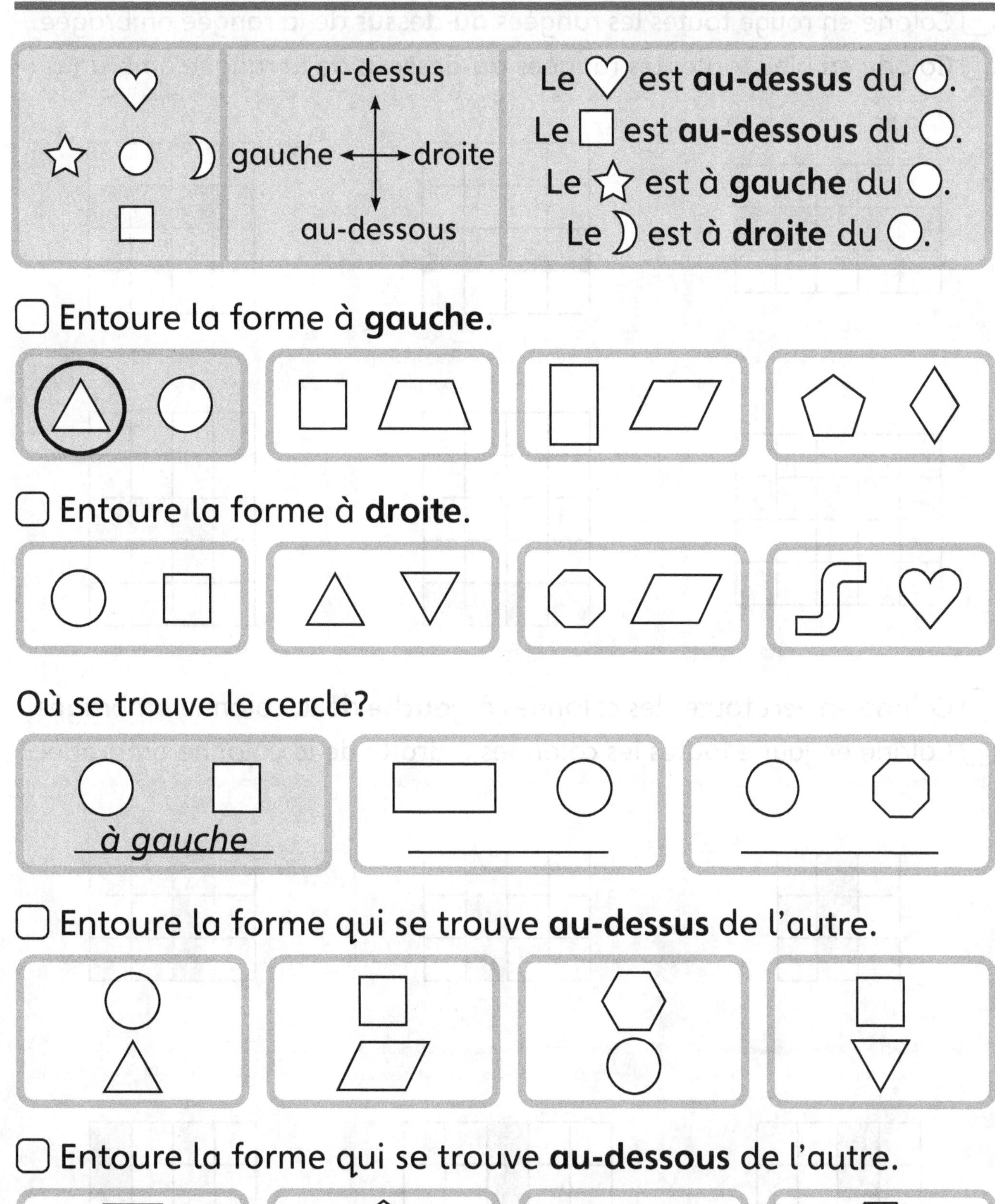

☐ Entoure la forme à **gauche**.

☐ Entoure la forme à **droite**.

Où se trouve le cercle?

à gauche

☐ Entoure la forme qui se trouve **au-dessus** de l'autre.

☐ Entoure la forme qui se trouve **au-dessous** de l'autre.

☐ Colorie en rouge toutes les rangées **au-dessus** de la rangée ombragée.

☐ Colorie en bleu toutes les rangées **au-dessous** de la rangée ombragée.

☐ Colorie en vert toutes les colonnes à **gauche** de la colonne ombragée.

☐ Colorie en jaune toutes les colonnes à **droite** de la colonne ombragée.

- [ ] Colorie en vert les 5 permiers carrés au-dessus de la coccinelle.
- [ ] Colorie en vert les 5 permiers carrés au-dessous du papillon.
- [ ] Dessine un point dans le carré à droite de la fusée.
  Colorie en jaune le carré en-dessous du point.
- [ ] Dessine un point dans le carré à gauche du ballon.
  Colorie en jaune les 3 premiers carrés au-dessus du point.
- [ ] Trouve le carré entre les deux colonnes vertes qui se trouve directement au milieu et colorie-le en vert.

Cartes

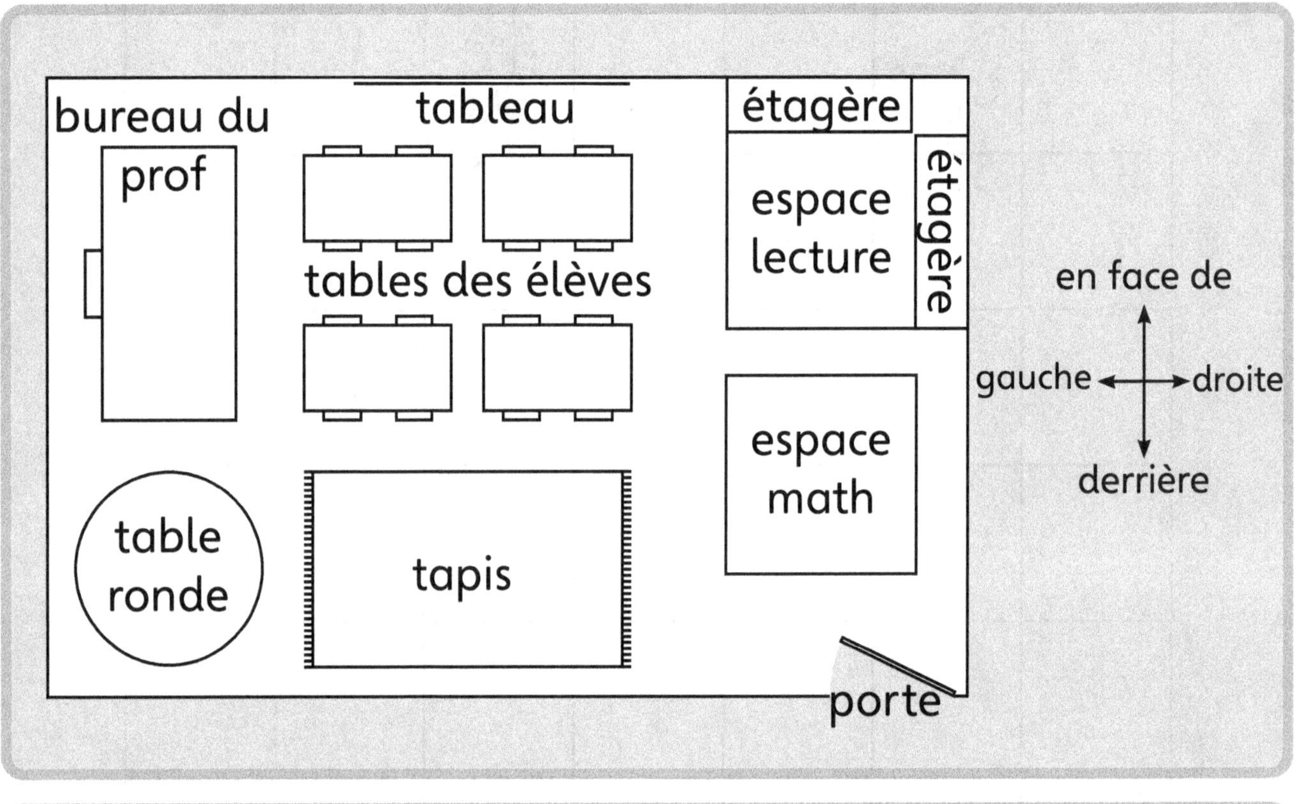

en face de ~~à gauche~~ à droite derrière

☐ Remplis les espaces vides.

Où est le bureau du prof? Il est *à gauche* des tables des élèves.

Où est l'espace lecture? Il est ______________ l'espace math.

Où est l'espace math? Il est ______________ du tapis.

Où est le tapis? Il est ______________ des tables des élèves.

☐ Écris 2 questions à propos de cette carte.
Demande à un ami de répondre à tes questions.

☐ Dessine une carte de ta classe. Montre où tu es assis. Écris 4 phrases indiquant où se trouvent certains objets de la classe.

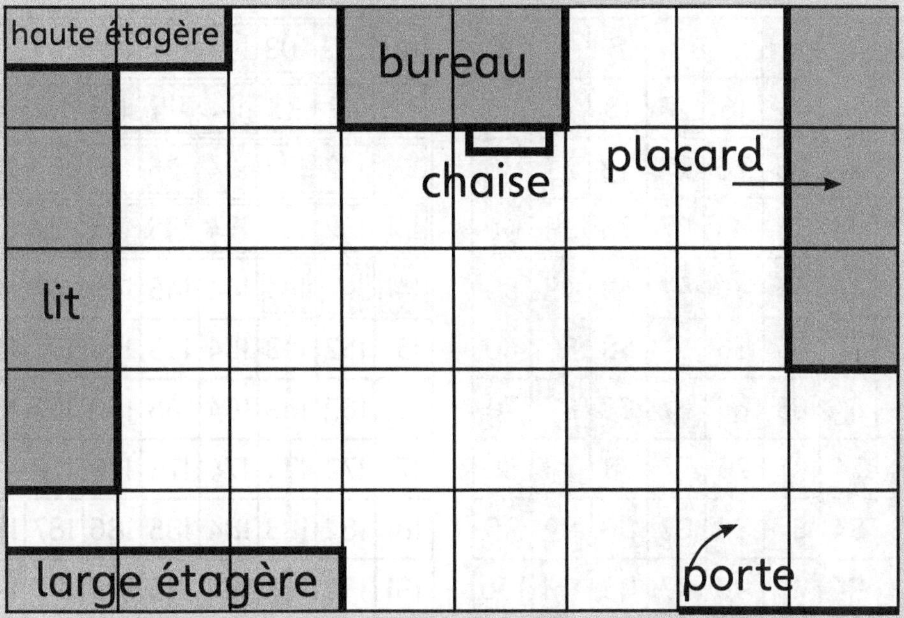

La chambre d'Eddy

Chaque carré à est 1 pas de long

☐ Combien y a-t-il de pas entre le placard et le lit?

_____ pas.

☐ Remplis les espaces vides.

Le placard est __2__ pas à __*droite*__ du bureau.

Le lit est _____ pas à __*gauche*__ du bureau.

La large étagère est _____ pas à __________ de la porte.

☐ Eddy se place en face de la porte. Il avance de 2 pas. Dessine un point où Eddy s'est arrêté.

☐ Eddy commence au point. Il fait 4 pas à gauche et de 2 pas en avant pour aller au fauteuil poire. Dessine le fauteuil poire.

☐ Comment vas-tu de la porte au lit?

Nombres à trois chiffres

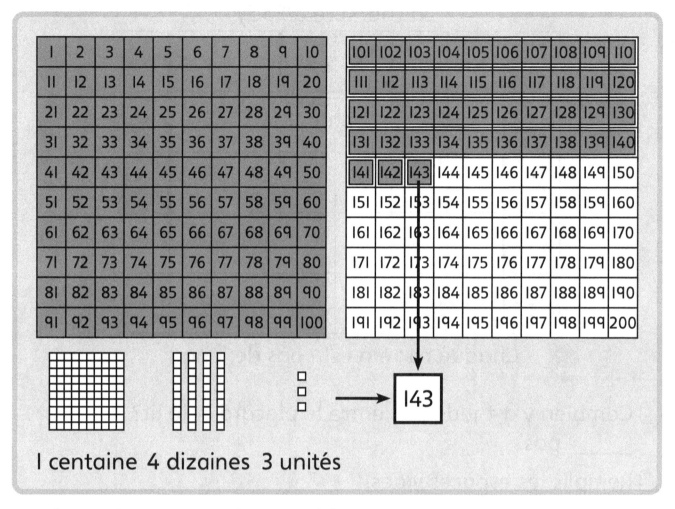

1	2	3	4	5	6	7	8	9	10
11	12	13	14	15	16	17	18	19	20
21	22	23	24	25	26	27	28	29	30
31	32	33	34	35	36	37	38	39	40
41	42	43	44	45	46	47	48	49	50
51	52	53	54	55	56	57	58	59	60
61	62	63	64	65	66	67	68	69	70
71	72	73	74	75	76	77	78	79	80
81	82	83	84	85	86	87	88	89	90
91	92	93	94	95	96	97	98	99	100

101	102	103	104	105	106	107	108	109	110
111	112	113	114	115	116	117	118	119	120
121	122	123	124	125	126	127	128	129	130
131	132	133	134	135	136	137	138	139	140
141	142	143	144	145	146	147	148	149	150
151	152	153	154	155	156	157	158	159	160
161	162	163	164	165	166	167	168	169	170
171	172	173	174	175	176	177	178	179	180
181	182	183	184	185	186	187	188	189	190
191	192	193	194	195	196	197	198	199	200

143

1 centaine 4 dizaines 3 unités

Quel nombre montre l'ensemble?

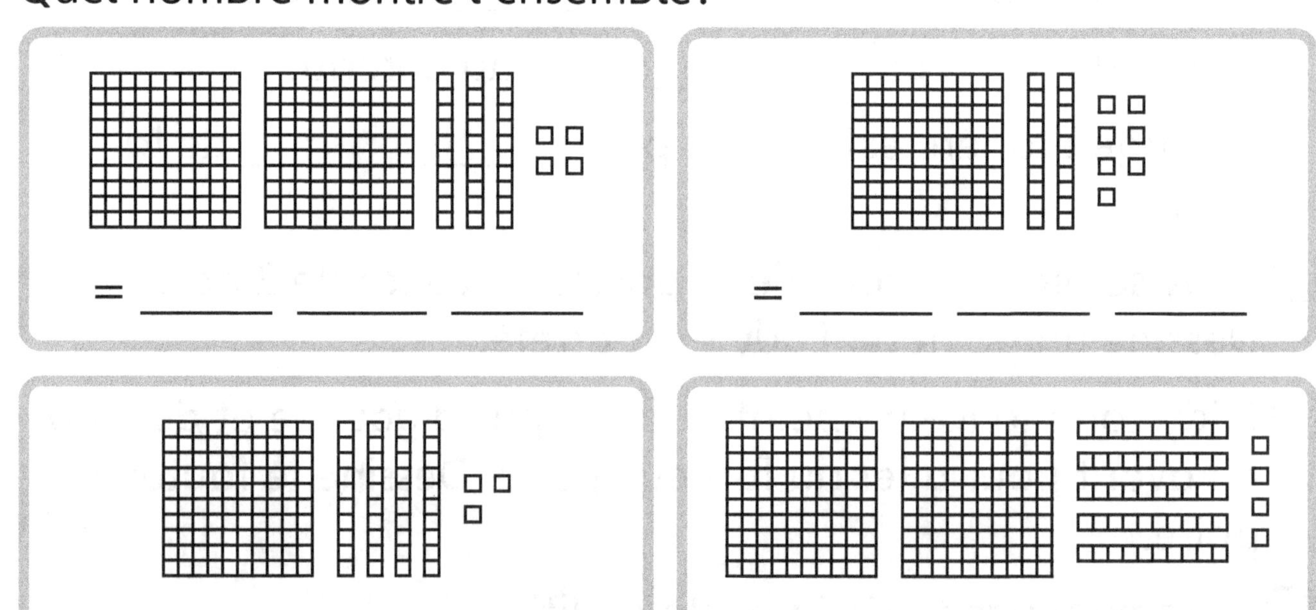

Combien y a-t-il de points?

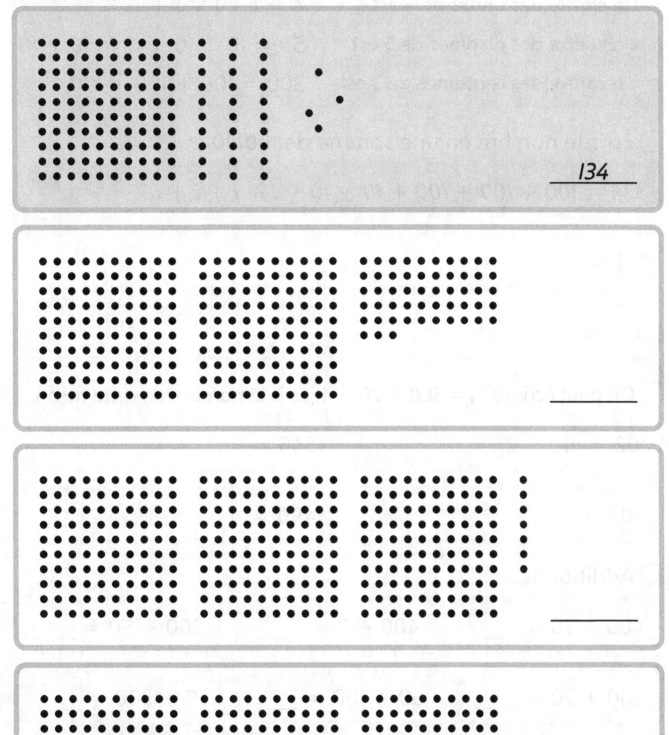

134

______

______

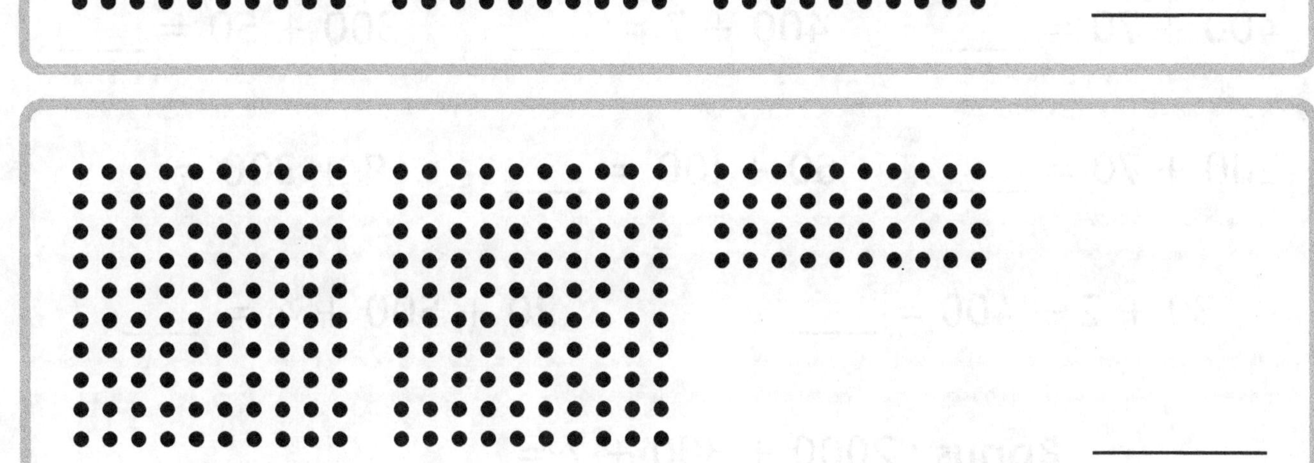

______

Un chiffre des **unités** de 4 est $4 = 1 + 1 + 1 + 1$

Un chiffre des **dizaines** de 5 est $50 = 10 + 10 + 10 + 10 + 10$

Un chiffre des **centaines** de 3 est $300 = 100 + 100 + 100$

☐ Écris le nombre en une somme de 100, 10 et 1.

$324 = 100 + 100 + 100 + 10 + 10 + 1 + 1 + 1 + 1$

$213 =$

$320 =$

☐ On peut écrire $324 = 300 + 20 + 4$. Écris le nombre de cette façon.

$102 = 100 + 2$

$546 =$

$904 =$

$490 =$

☐ Additionne.

$400 + 70 =$ ____

$400 + 7 =$ ____

$300 + 50 =$ ____

$200 + 70 =$ ____

$60 + 100 =$ ____

$9 + 300 =$ ____

$30 + 2 + 400 =$ ____

$20 + 500 + 4 =$ ____

Bonus : $2000 + 300 + 7 =$ __________

Comptage par bonds dans les grands nombres

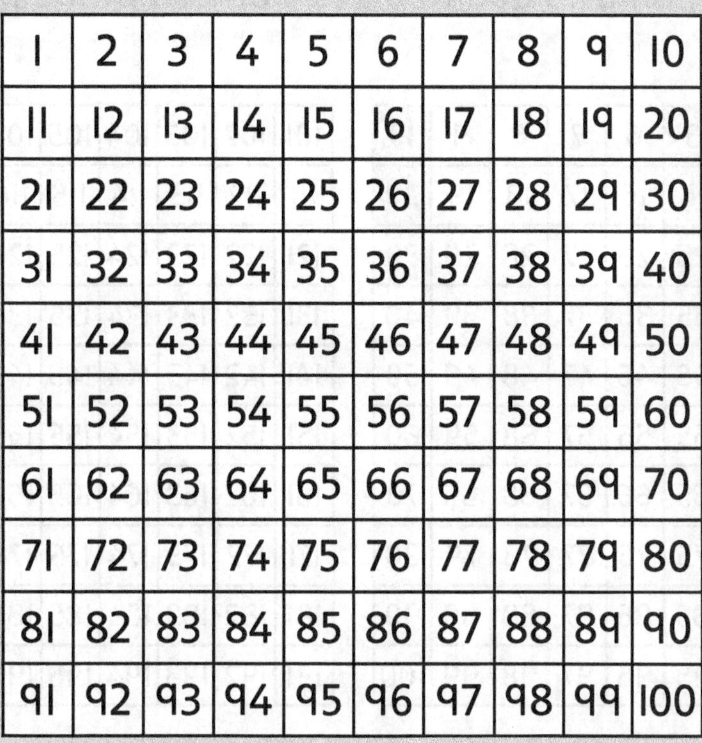

1	2	3	4	5	6	7	8	9	10
11	12	13	14	15	16	17	18	19	20
21	22	23	24	25	26	27	28	29	30
31	32	33	34	35	36	37	38	39	40
41	42	43	44	45	46	47	48	49	50
51	52	53	54	55	56	57	58	59	60
61	62	63	64	65	66	67	68	69	70
71	72	73	74	75	76	77	78	79	80
81	82	83	84	85	86	87	88	89	90
91	92	93	94	95	96	97	98	99	100

☐ Compte par 5.

70 ______ ______ ______ ______ ______ ______

☐ Compte par 10.

35 ______ ______ ______ ______ ______ ______

☐ Compte par 25.

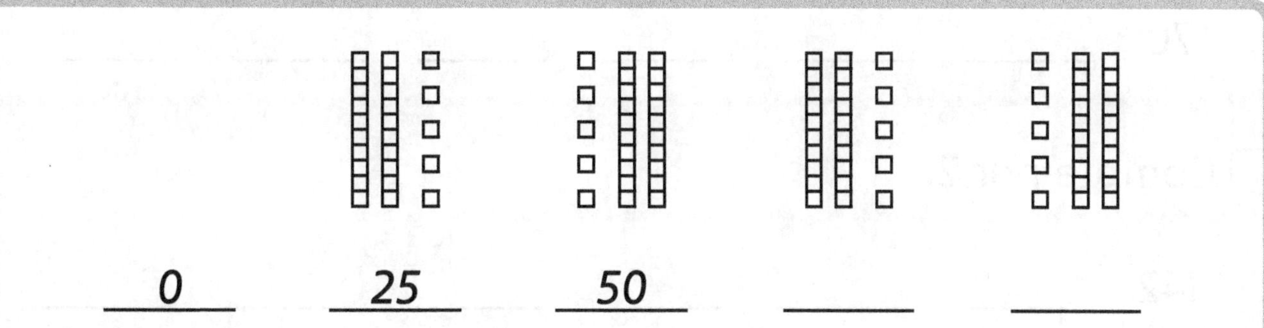

☐ Comment à partir de 5.

☐ Assombris les nombres que tu dis lors du comptage par bonds par 5.

1	2	3	4	5	6	7	8	9	10
11	12	13	14	15	16	17	18	19	20
21	22	23	24	25	26	27	28	29	30
31	32	33	34	35	36	37	38	39	40
41	42	43	44	45	46	47	48	49	50
51	52	53	54	55	56	57	58	59	60
61	62	63	64	65	66	67	68	69	70
71	72	73	74	75	76	77	78	79	80
81	82	83	84	85	86	87	88	89	90
91	92	93	94	95	96	97	98	99	100

101	102	103	104	105	106	107	108	109	110
111	112	113	114	115	116	117	118	119	120
121	122	123	124	125	126	127	128	129	130
131	132	133	134	135	136	137	138	139	140
141	142	143	144	145	146	147	148	149	150
151	152	153	154	155	156	157	158	159	160
161	162	163	164	165	166	167	168	169	170
171	172	173	174	175	176	177	178	179	180
181	182	183	184	185	186	187	188	189	190
191	192	193	194	195	196	197	198	199	200

☐ Compte par 5.

85 _____ _____ _____ _____ *110* _____

140 _____ _____ _____ _____ _____ _____

☐ Compte par 10.

70 _____ _____ _____ _____ _____ _____

☐ Compte par 2.

142 _____ _____ _____ _____ _____ _____

☐ Assombris les nombres que tu dis lors du comptage par bonds par 25.

1	2	3	4	5	6	7	8	9	10
11	12	13	14	15	16	17	18	19	20
21	22	23	24	25	26	27	28	29	30
31	32	33	34	35	36	37	38	39	40
41	42	43	44	45	46	47	48	49	50
51	52	53	54	55	56	57	58	59	60
61	62	63	64	65	66	67	68	69	70
71	72	73	74	75	76	77	78	79	80
81	82	83	84	85	86	87	88	89	90
91	92	93	94	95	96	97	98	99	100

101	102	103	104	105	106	107	108	109	110
111	112	113	114	115	116	117	118	119	120
121	122	123	124	125	126	127	128	129	130
131	132	133	134	135	136	137	138	139	140
141	142	143	144	145	146	147	148	149	150
151	152	153	154	155	156	157	158	159	160
161	162	163	164	165	166	167	168	169	170
171	172	173	174	175	176	177	178	179	180
181	182	183	184	185	186	187	188	189	190
191	192	193	194	195	196	197	198	199	200

☐ Compte par 25 de 0 à 200.

0 ____ *25* ____ ______ ______ ______

125 ____ ______ ______ ______

☐ Compte par 25.

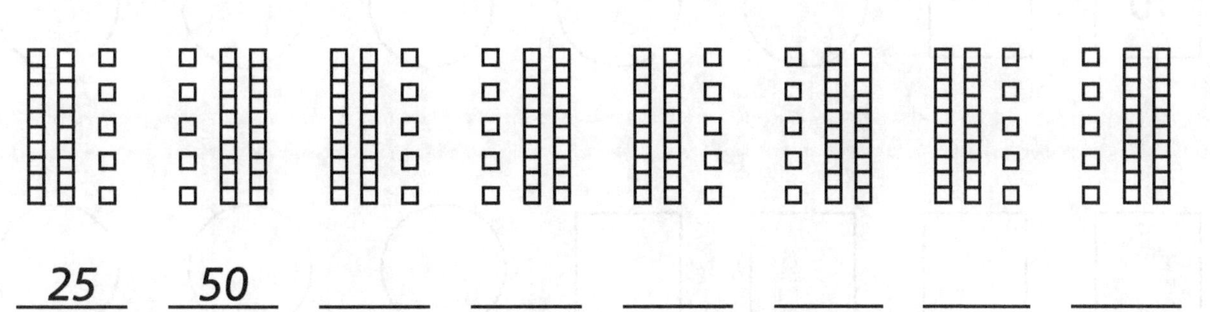

25 ____ *50* ____ ______ ______ ______ ______ ______ ______

Comptage par bonds de chiffre différents

☐ Compte par ◇5 puis par ○1.

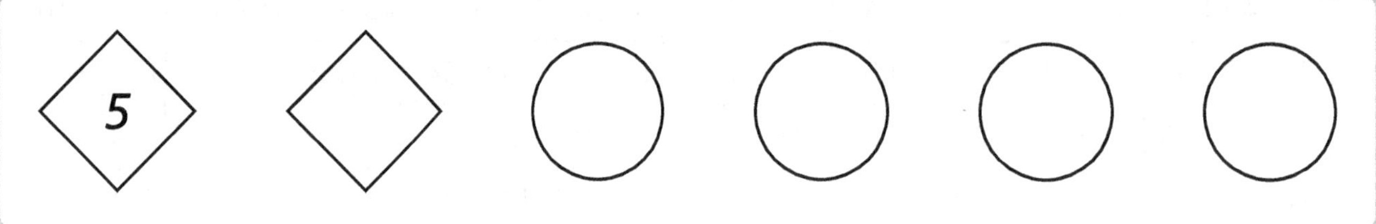

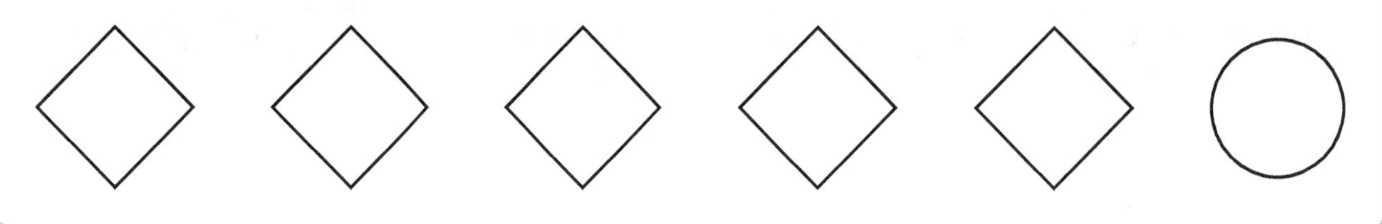

☐ Compte par □10 puis par ○1.

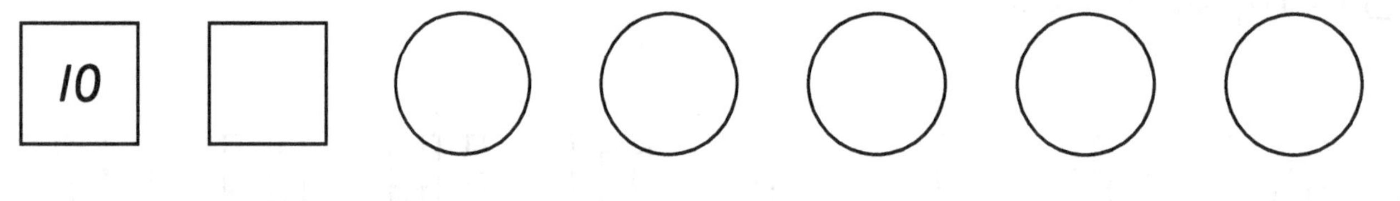

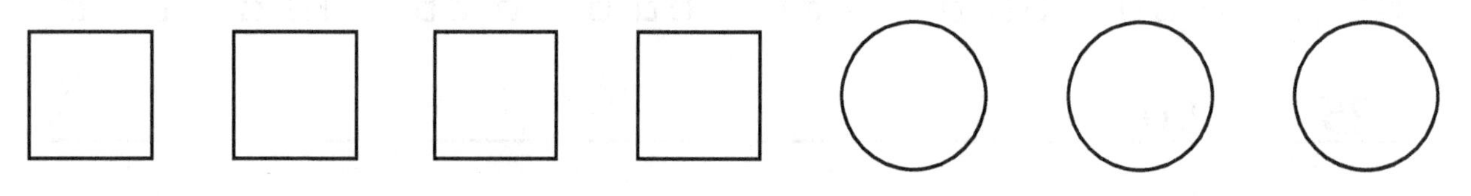

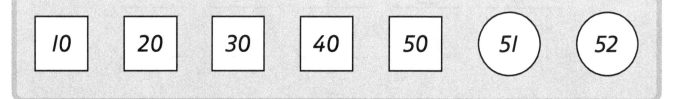

Compte par 10 puis par 5.

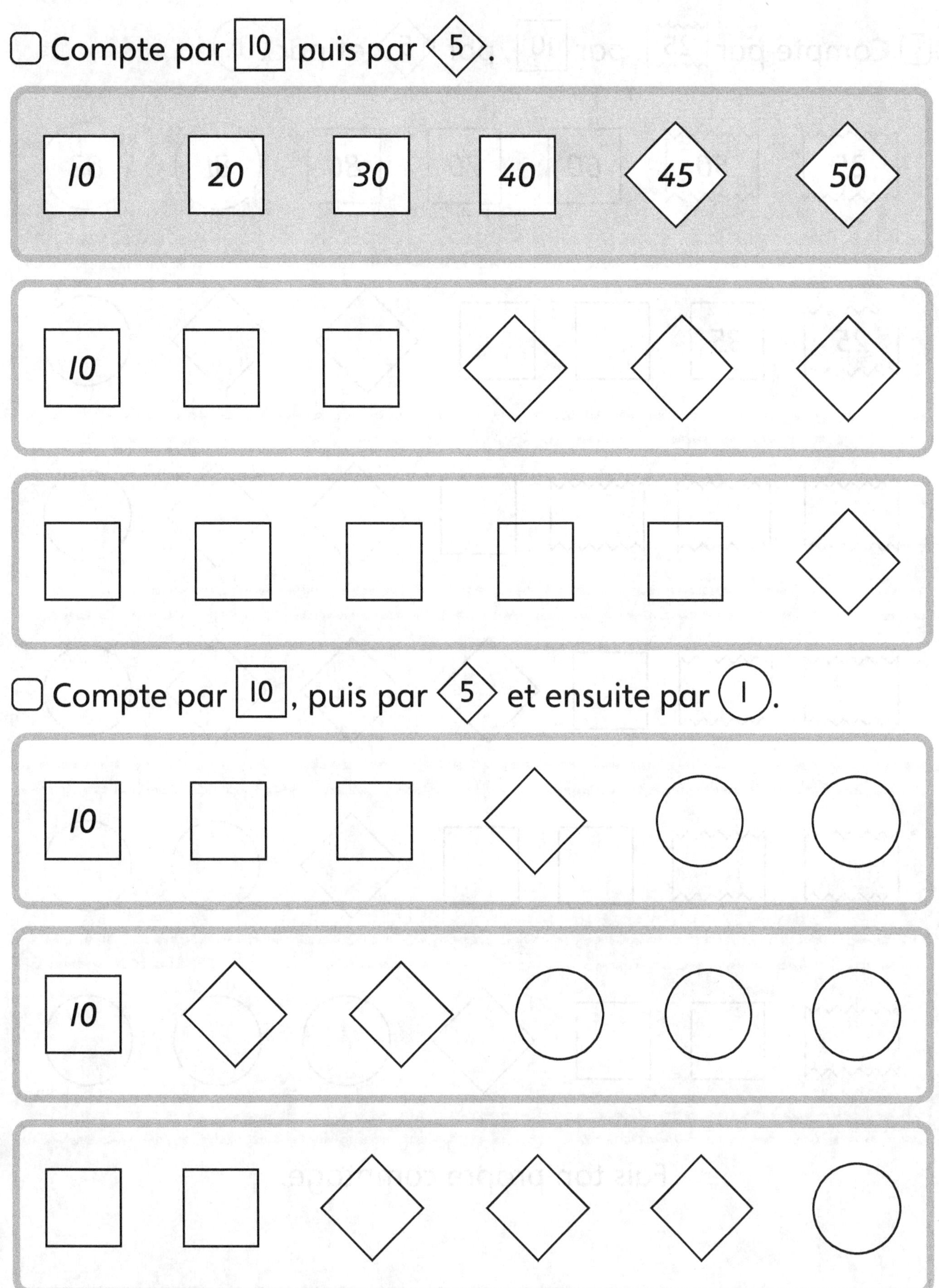

Compte par 10, puis par 5 et ensuite par 1.

☐ Compte par 25, par 10, par 5 et par 1.

25	*50*	*60*	*70*	*80*	*81*	*82*

25	*35*					

Fais ton propre comptage.

Valeurs des pièces de monnaie

☐ Écris la **valeur** sur la pièce de monnaie.
☐ Écris le **nom** de la pièce de monnaie.

25 cents	1 dollar	10 cents
5 cents	~~1 cent~~	2 dollars

1 cent

____

____

____

____

____

Comptage des pièces de monnaie

☐ Compte par bonds selon la valeur de la pièce de monnaie.

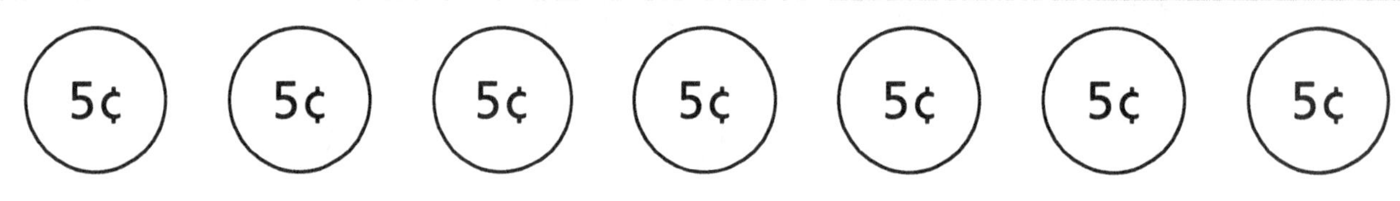

_5_ ¢ _10_ ¢ _____ ¢ _____ ¢ _____ ¢ _____ ¢ _____ ¢

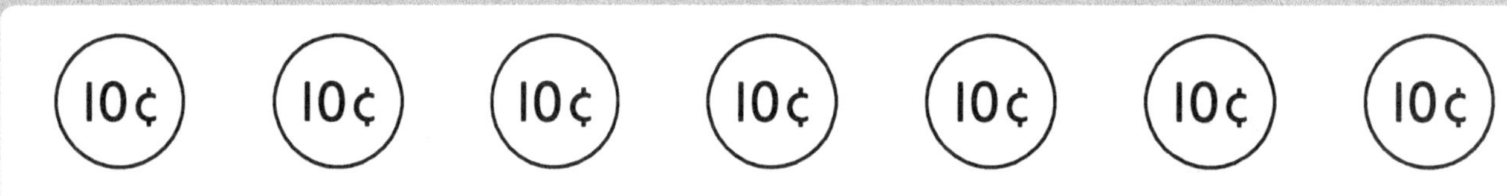

_____ ¢ _____ ¢ _____ ¢ _____ ¢ _____ ¢ _____ ¢ _____ ¢

_____ ¢ _____ ¢ _____ ¢ _____ ¢ _____ ¢ _____ ¢ _____ ¢

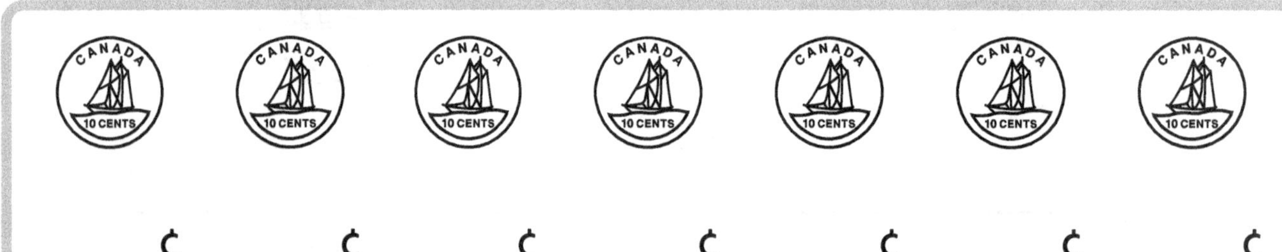

_____ ¢ _____ ¢ _____ ¢ _____ ¢ _____ ¢ _____ ¢ _____ ¢

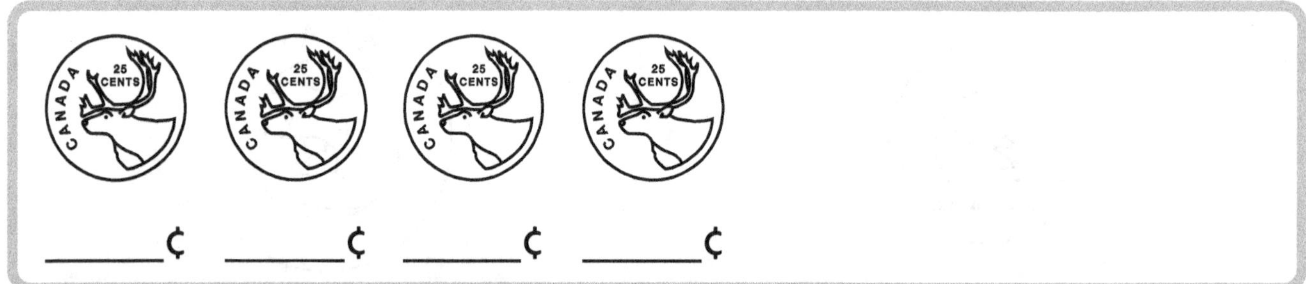

_____ ¢ _____ ¢ _____ ¢ _____ ¢

Bonus : Entoure la somme la plus importante.

☐ Compte l'argent selon la valeur de la pièce de monnaie.

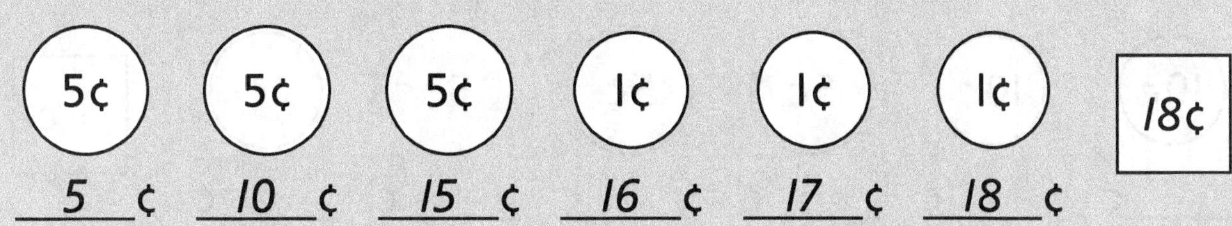

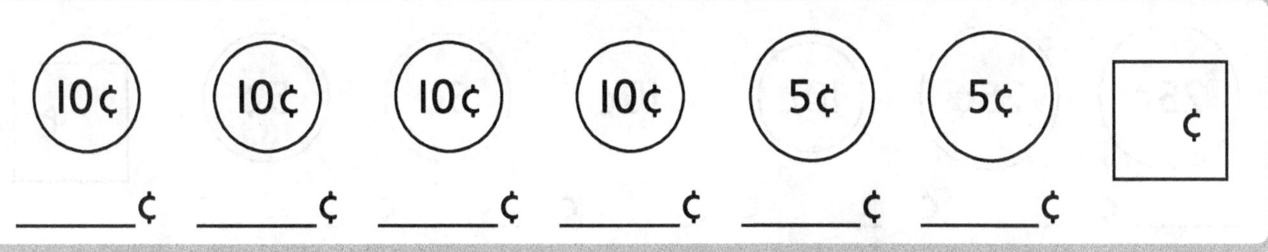

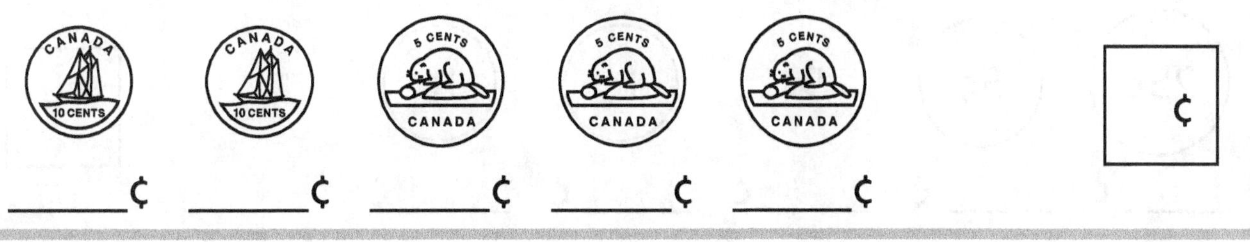

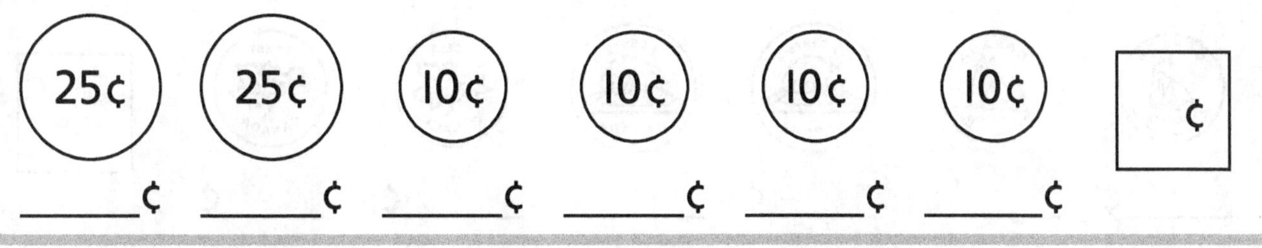

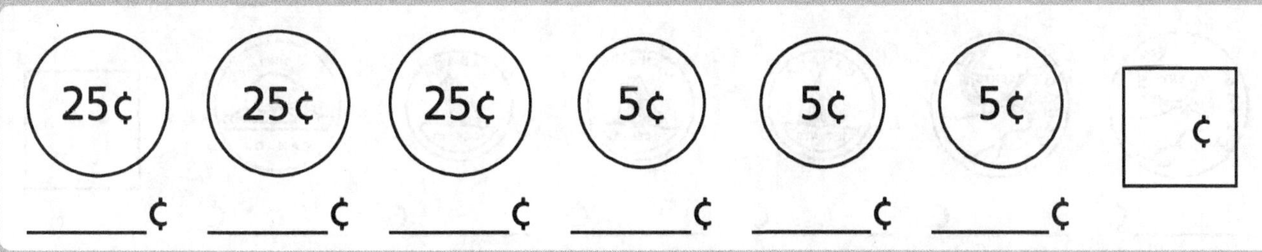

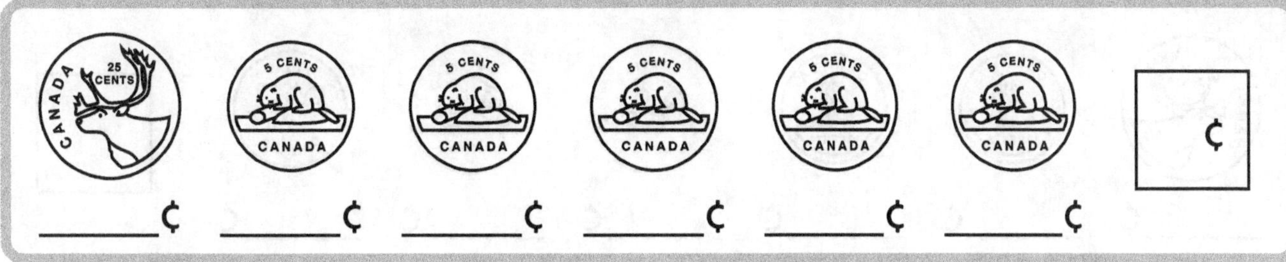

☐ Compte l'argent.

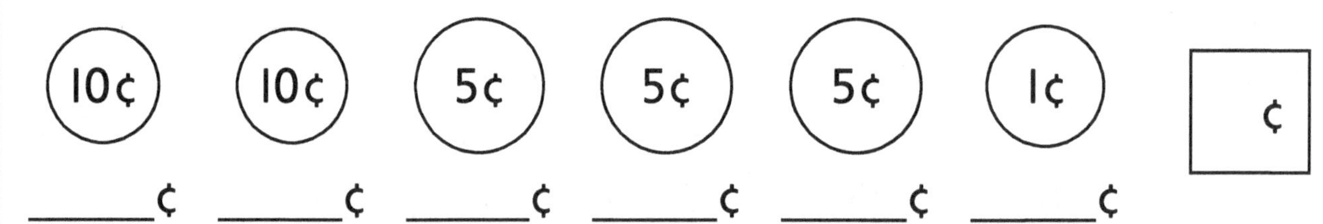

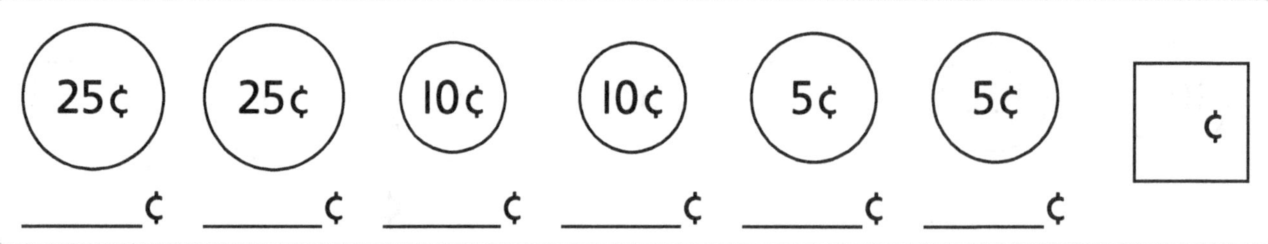

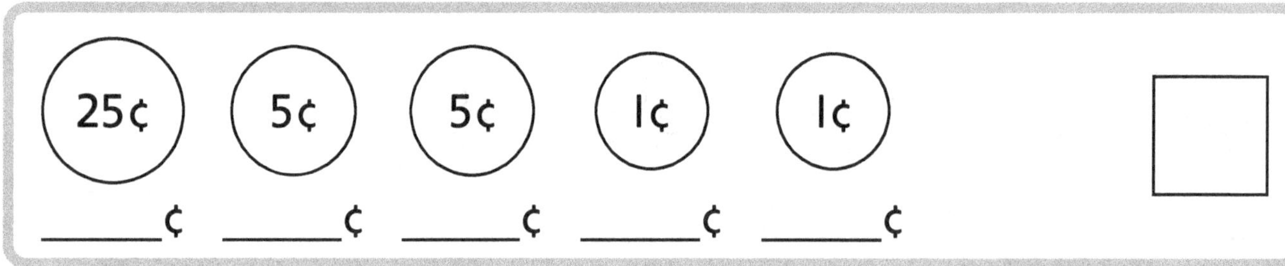

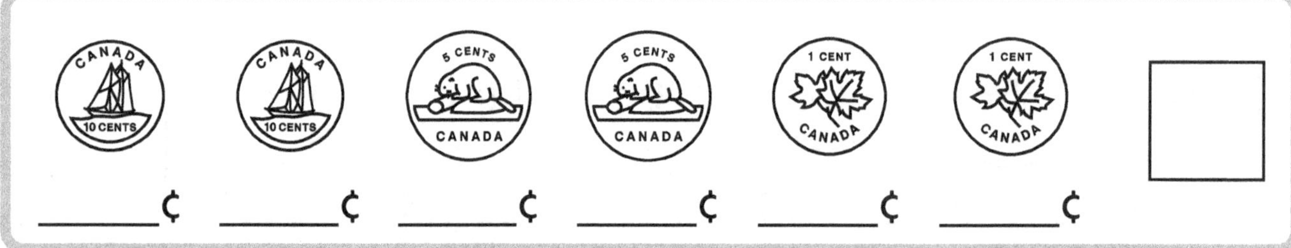

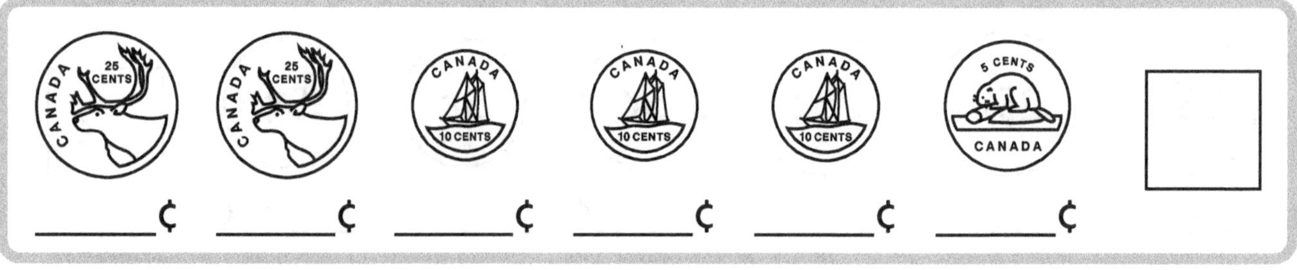

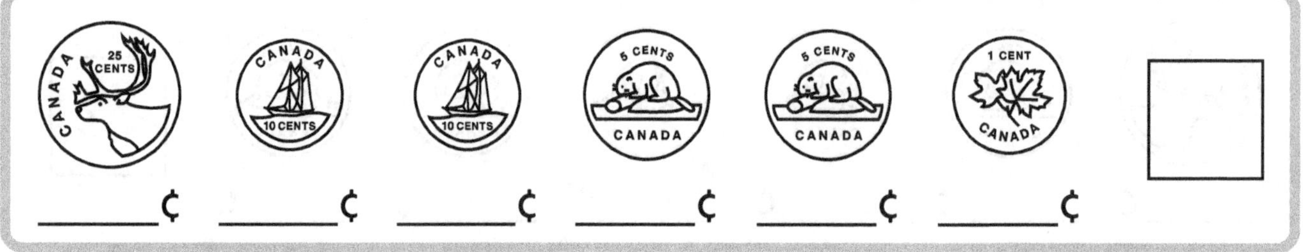

☐ Écris les valeurs des pièces de la plus grande à la plus petite.

☐ Compte l'argent.

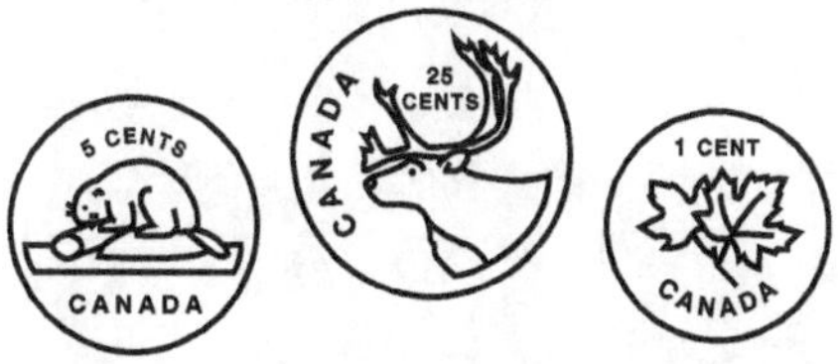

25¢

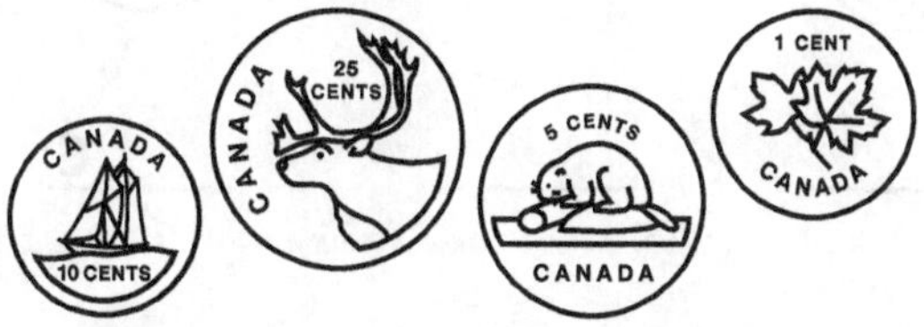

Jake a 3 vingt-cinq cents et 2 dix cents.

Combien a t-il de cents?

Bonus

Sindi a 2 vingt-cinq cents, 3 dix cents, et 2 cinq cents.

Combien a-t-elle d'argent?

Estimation et comptage d'argent

- ☐ Estime la quantité d'argent.
- ☐ Entoure en bleu les groupes de dix cents.
- ☐ Compte l'argent.

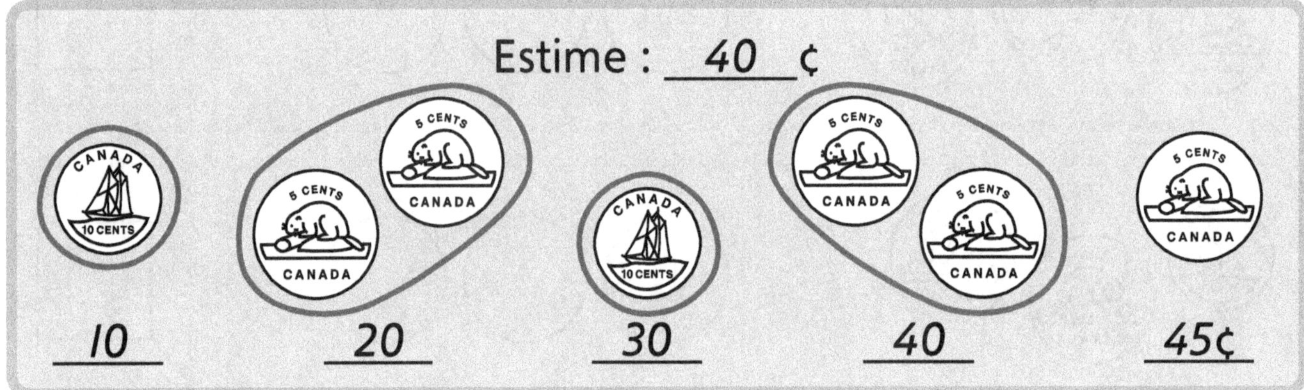

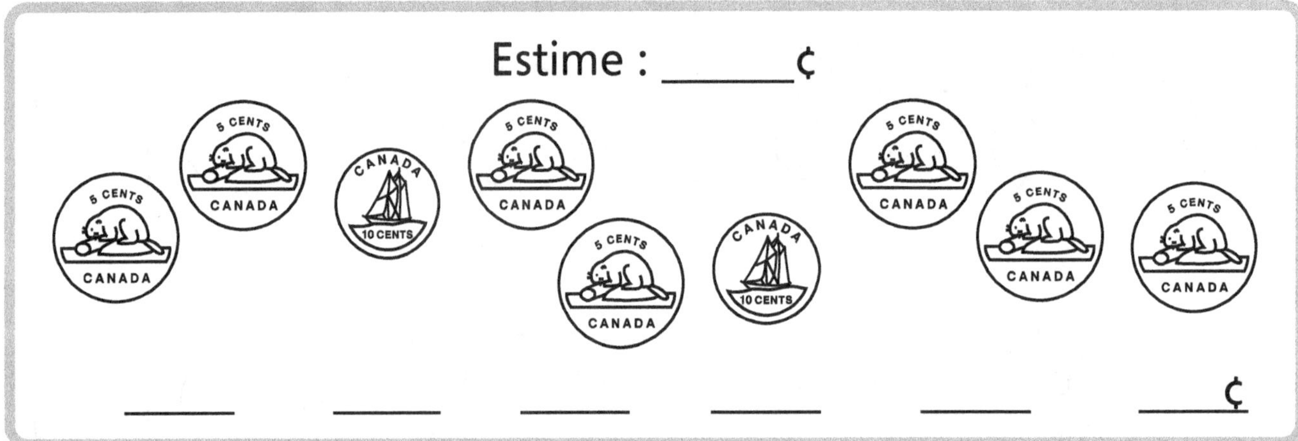

- ☐ Estime la quantité d'argent.
- ☐ Entoure en rouge les groupes de vingts-cinq cents.
- ☐ Compte l'argent.

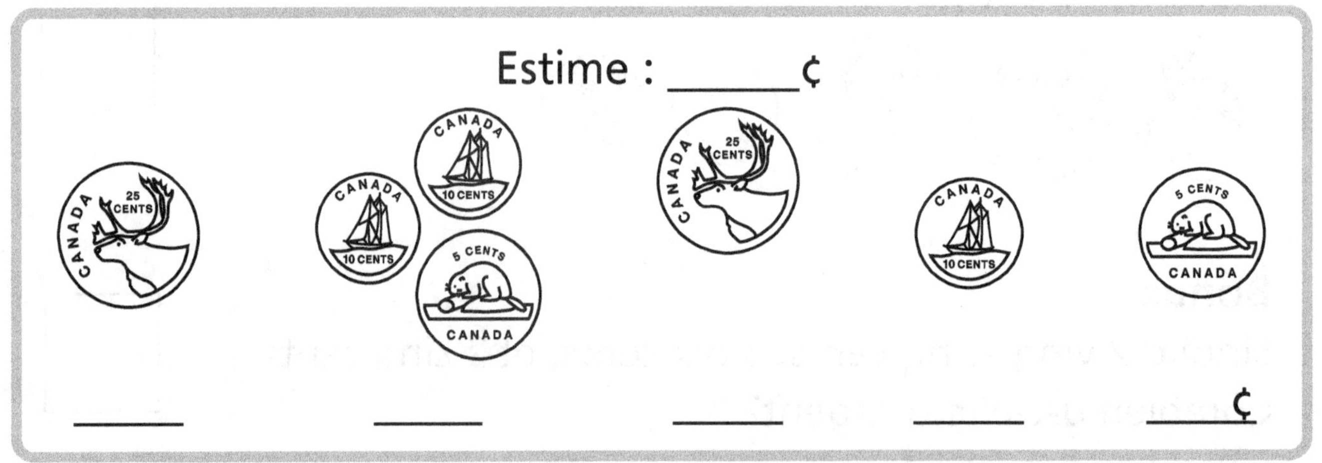

- [ ] Estime combien il y a d'argent.
- [ ] Entoure en rouge tous les groupes de vingt-cinq cents.
- [ ] Ensuite, entoure en bleu tous les groupes de dix cents.
- [ ] Compte l'argent.

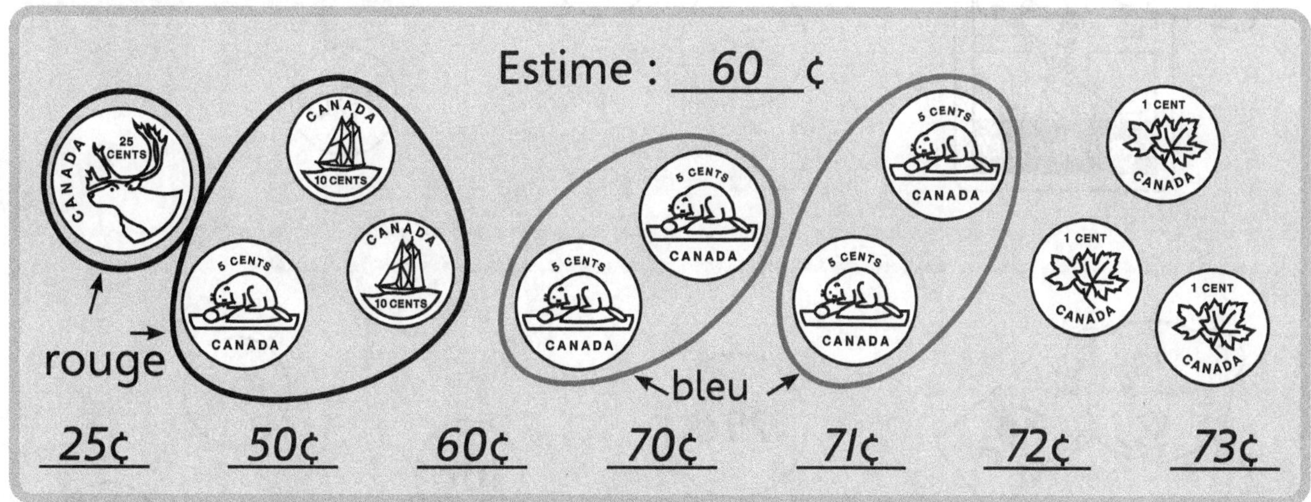

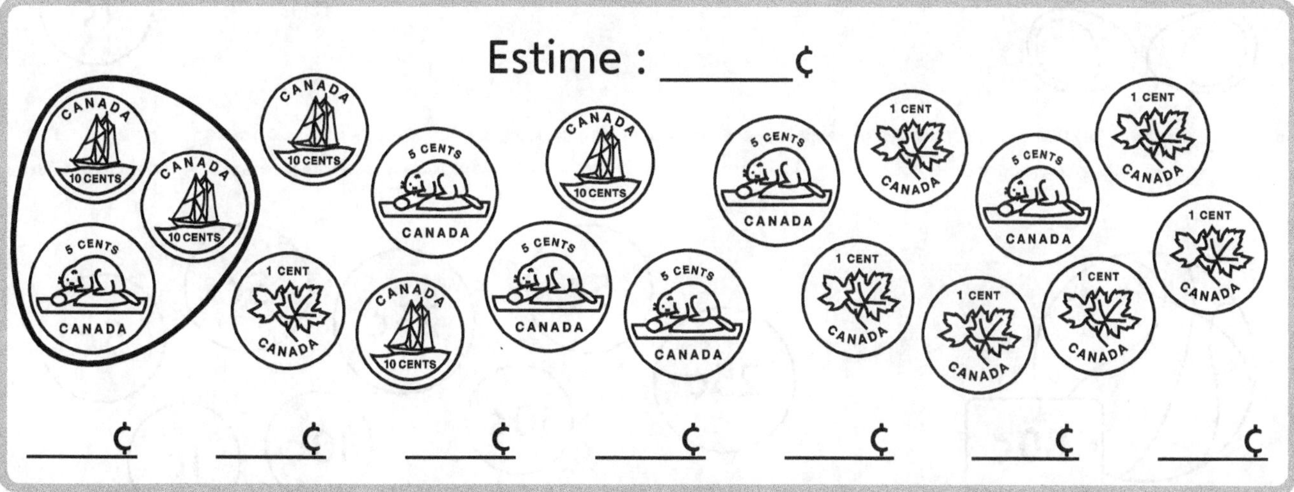

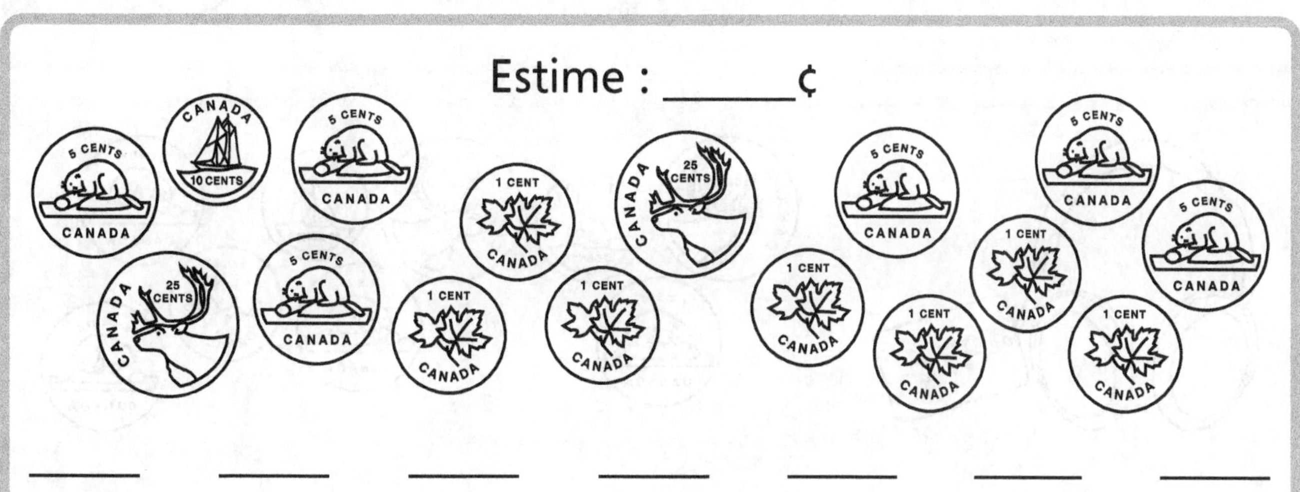

Est-ce qu'Aputik a assez d'argent?

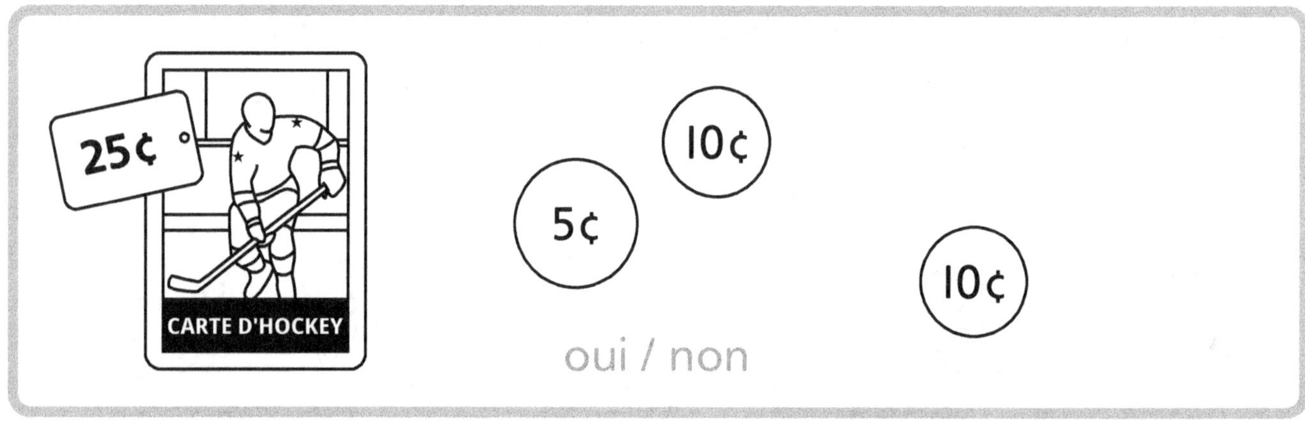

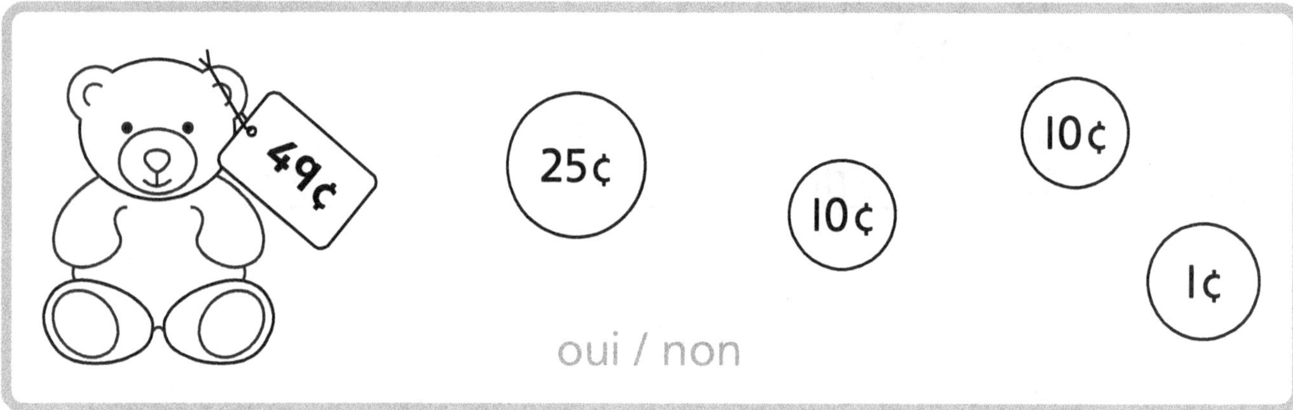

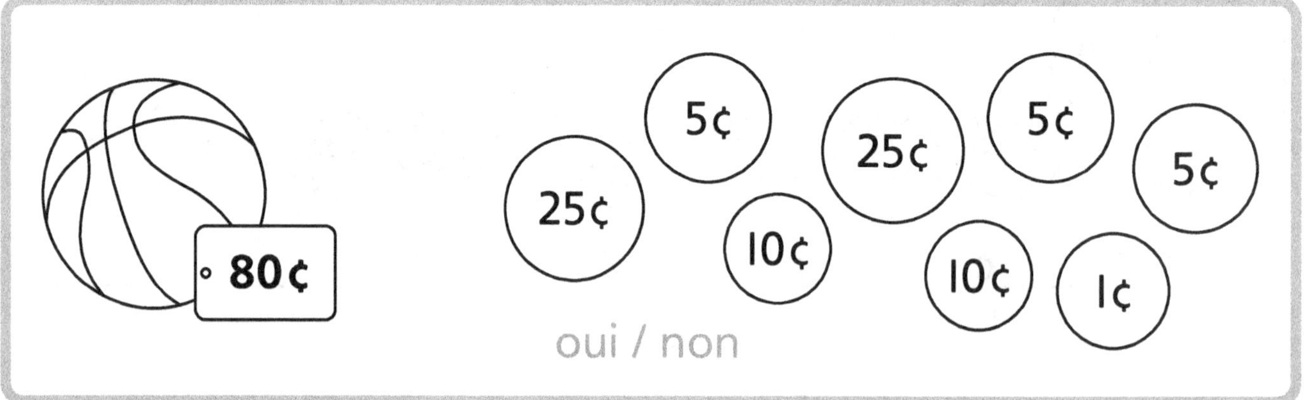

☐ Dessine des pièces de monnaie pour obtenir 12¢.

Utilise 3 pièces de monnaie.	Utilise 4 pièces de monnaie.

☐ Dessine des pièces de monnaie pour obtenir 27¢.

Utilise 3 pièces de monnaie.	Utilise 5 pièces de monnaie.
Utilise 6 pièces de monnaie.	Utilise 7 pièces de monnaie.

☐ Obtiens chaque montant en utilisant le moins de pièces posssible.

8¢ 15¢ 20¢ 60¢ 82¢

☐ Montre comment tu peux obtenir 30¢ de différentes façons en utilisant des pièces de 10 cents et de 5 cents.

Additionner de l'argent

☐ Mary ajoute de l'argent à son sac.
Combien a-t-elle d'argent maintenant?

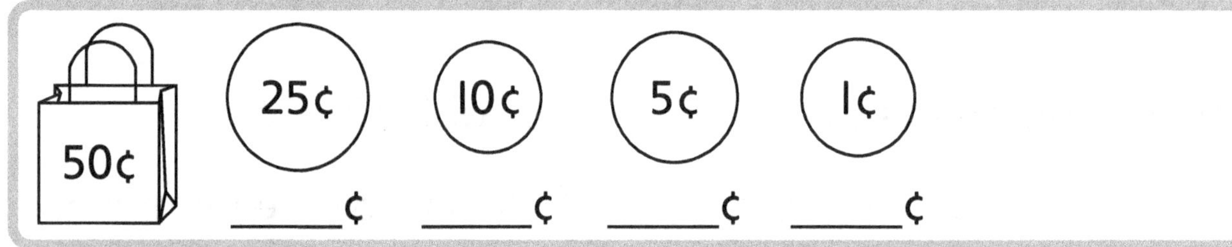

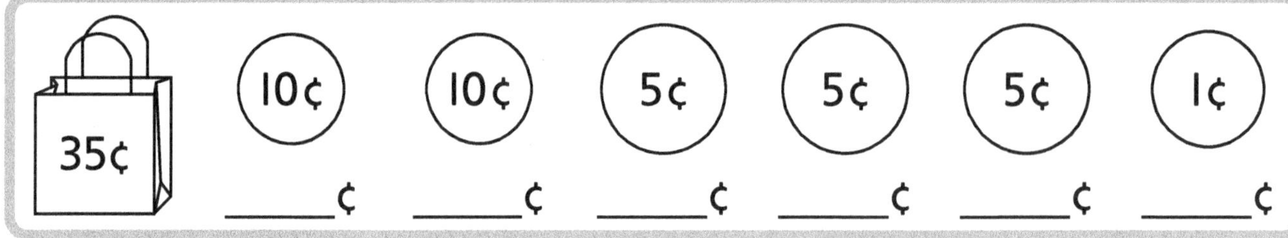

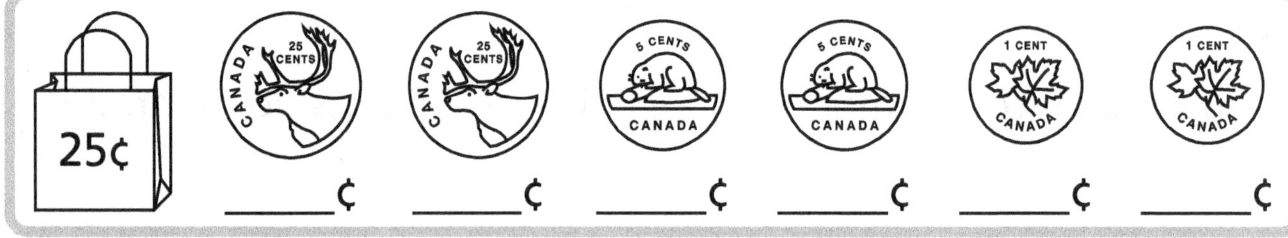

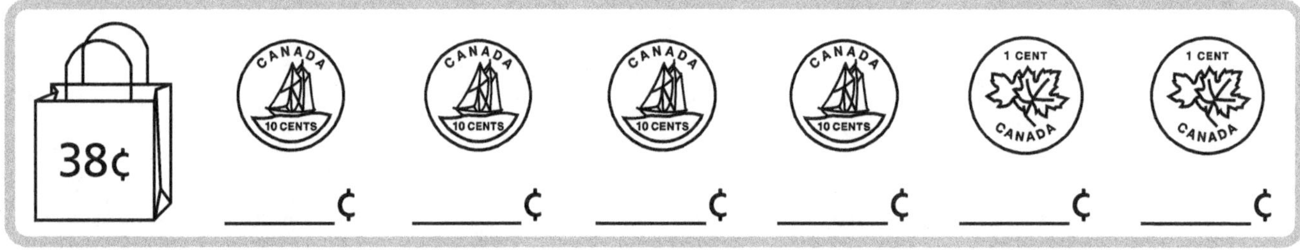

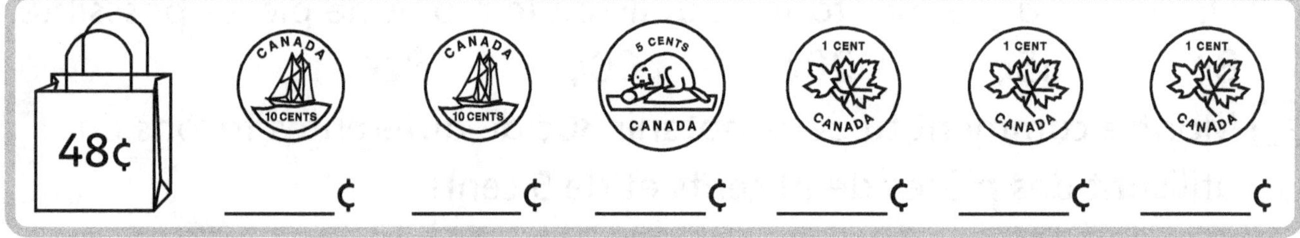

☐ Braden ajoute de l'argent à son sac.
Combien a-t-il d'argent maintenant?

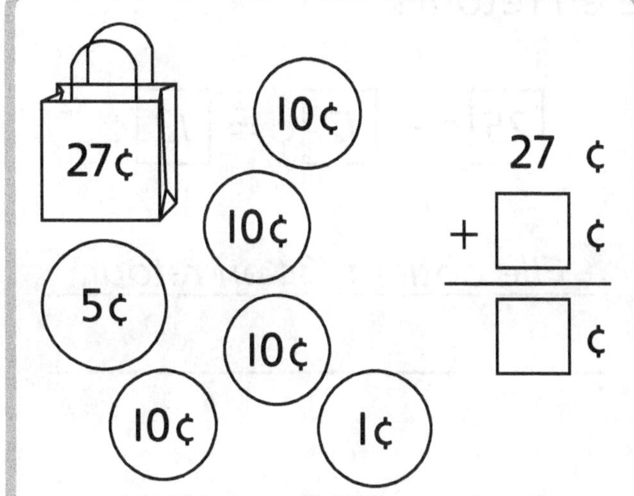

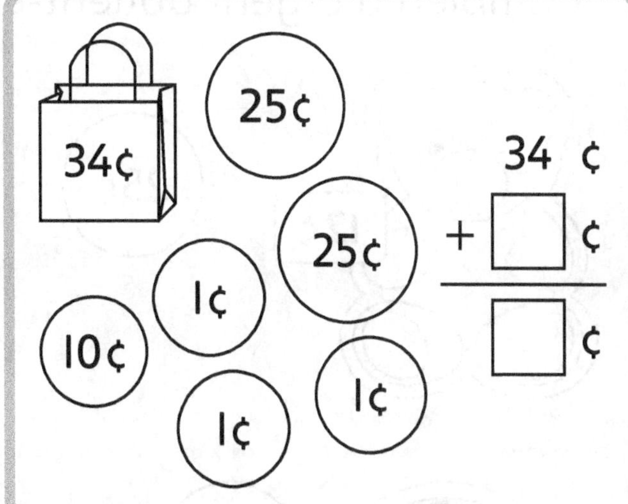

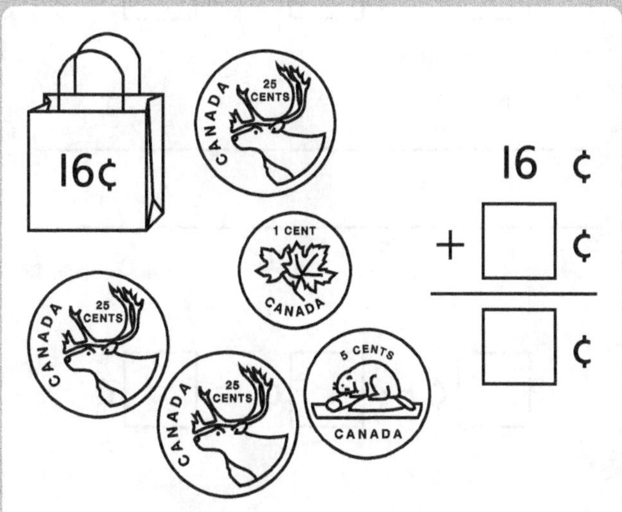

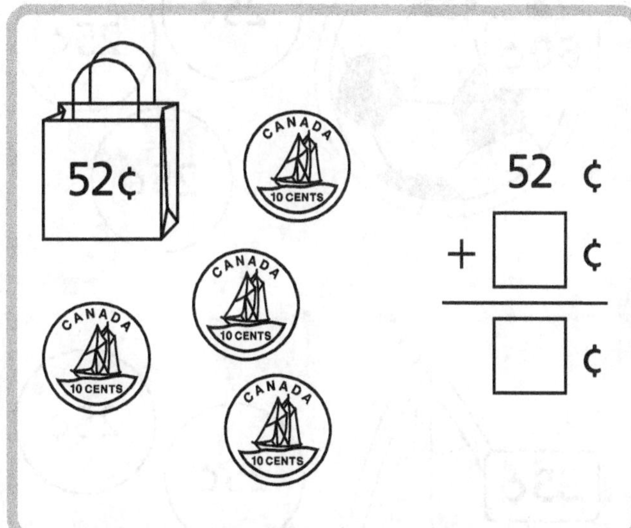

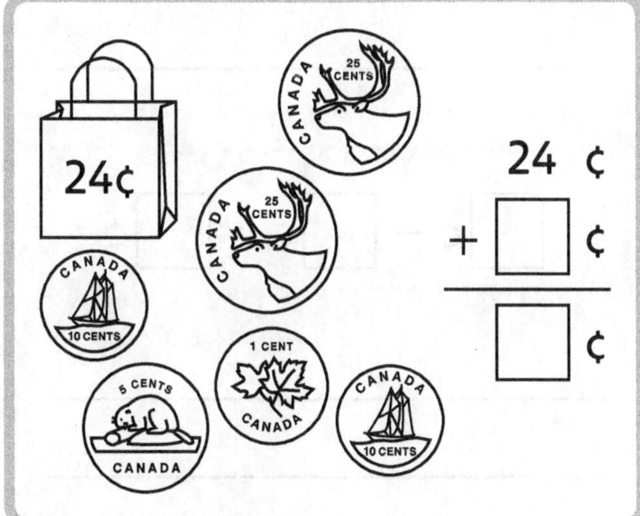

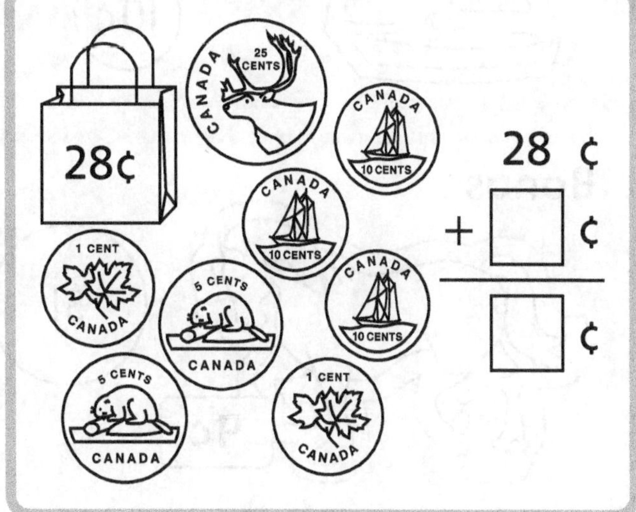

Soustraire de l'argent

☐ Kim paie pour des autocollants.
Combien d'argent obtient-elle en retour?

$\boxed{25}$¢ − $\boxed{12}$¢ = $\boxed{13}$¢

Elle obtient 13¢ en retour.

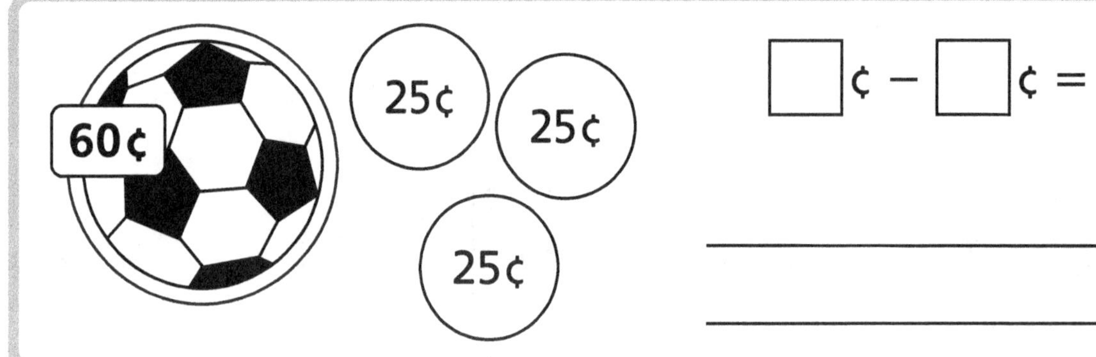

☐¢ − ☐¢ = ☐¢

____

____

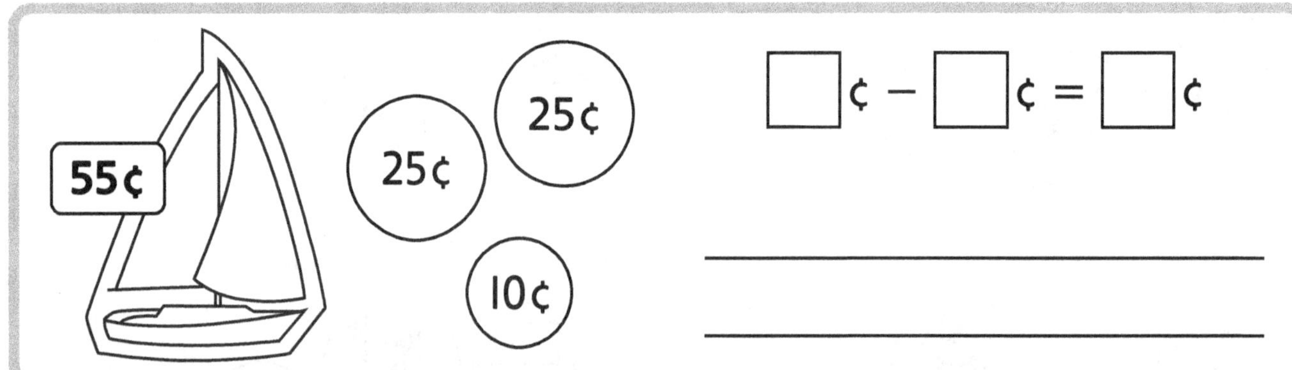

☐¢ − ☐¢ = ☐¢

____

____

Bonus

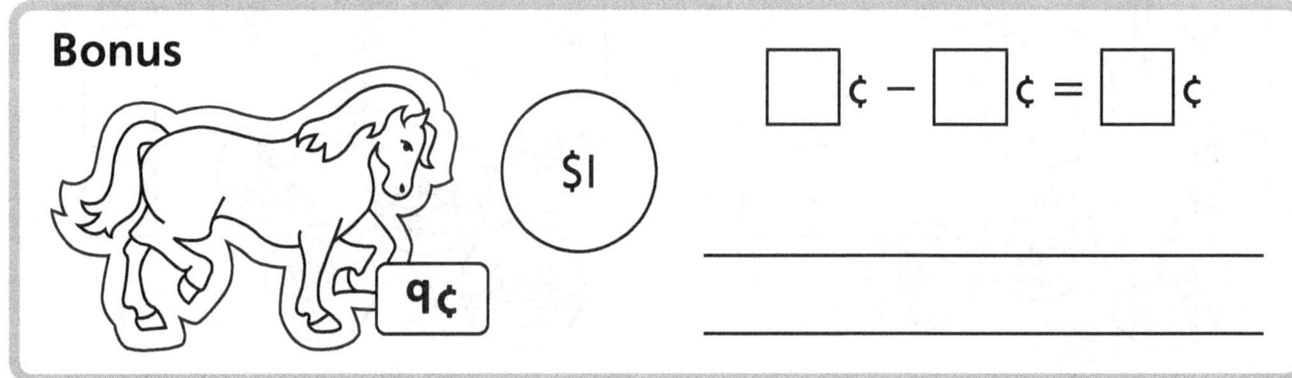

☐¢ − ☐¢ = ☐¢

____

____

☐ Écris une phrase de d'addition ou de soustraction.

☐ Résous le problème.

Jasmin a 15¢.

Elle trouve 3 pièces de dix cents.

Jasmin a maintenant ______¢.

15 (+) 30 = 45

Jun a 60¢.

Il donne 25 cents à sa soeur.

Il lui reste ______¢.

☐ ◯ ☐ = ☐

Glen a 2 dix cents et 3 cinq cents.

Ronin a 2 pièces de 25 cents.

Ronin a ______¢ de plus que Glen.

☐ ◯ ☐ = ☐

Eddy a 3 cinq cents et 1 dix cents.

Kate a 2 pièces de 25 cents.

Eddy et Kate ont ______¢ en tout.

☐ ◯ ☐ = ☐

Fractions

☐ Écris **moitié**, **tiers**, **quart** ou **cinquième**.

Voci deux parties égales.

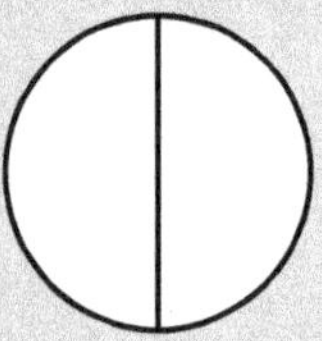

Chaque partie est une *moitié*.

Voici **trois** parties égales.

Chaque partie est un ________.

Voici **quatre** parties égales.

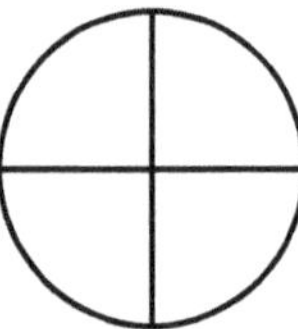

Chaque partie est un ________.

Voici **cinq** parties égales.

Chaque partie est un ________.

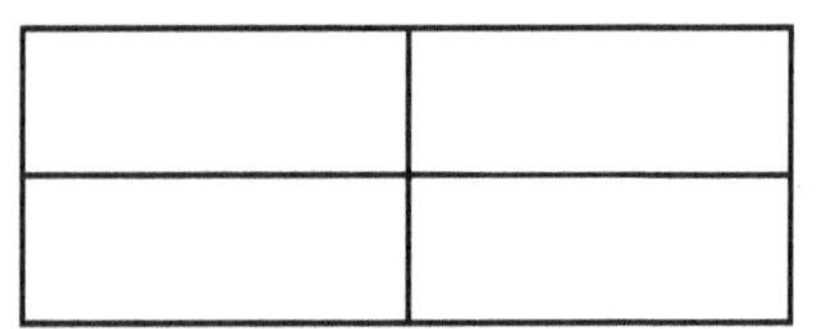

Chaque partie est un ________.

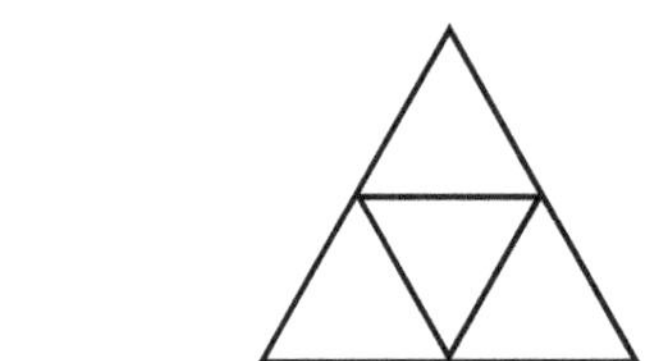

Chaque partie est un ________.

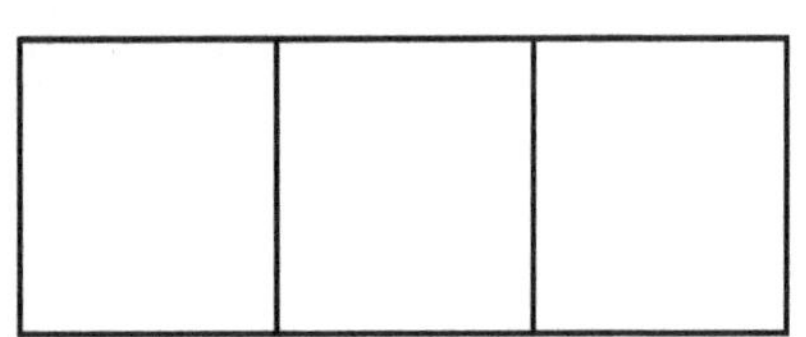

Chaque partie est un ________.

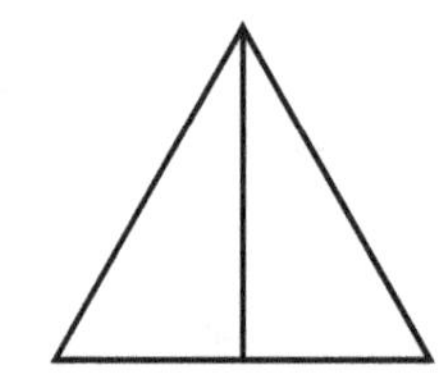

Chaque partie est une ________.

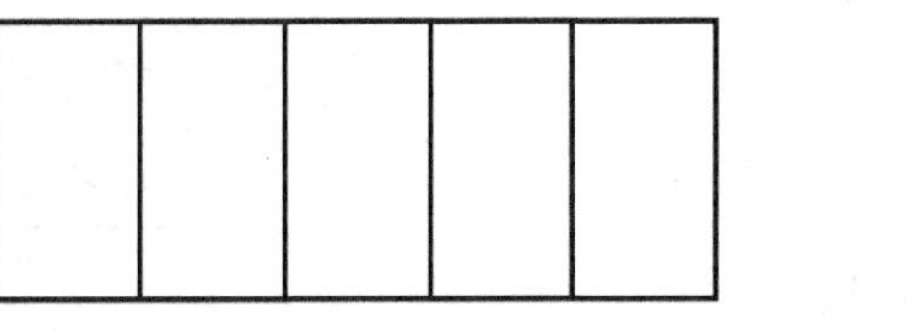

Chaque partie est un ________.

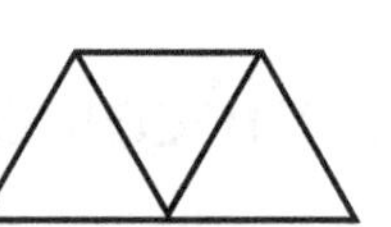

Chaque partie est un ________.

☐ Colorie la fraction.

deux tiers

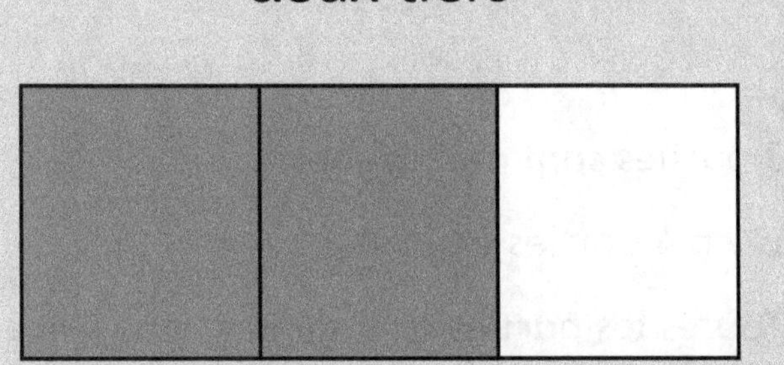

une moitié

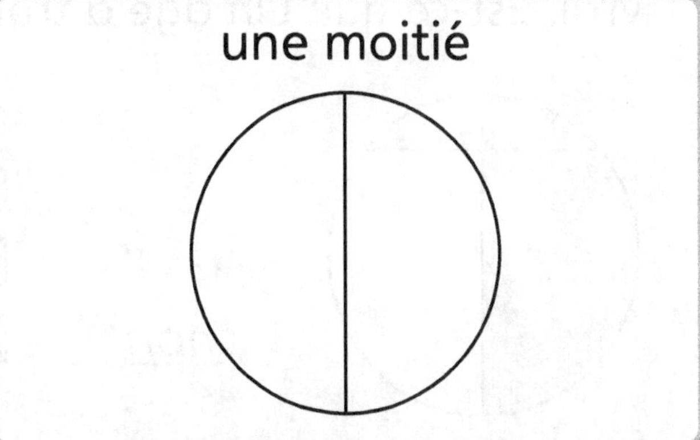

un tiers

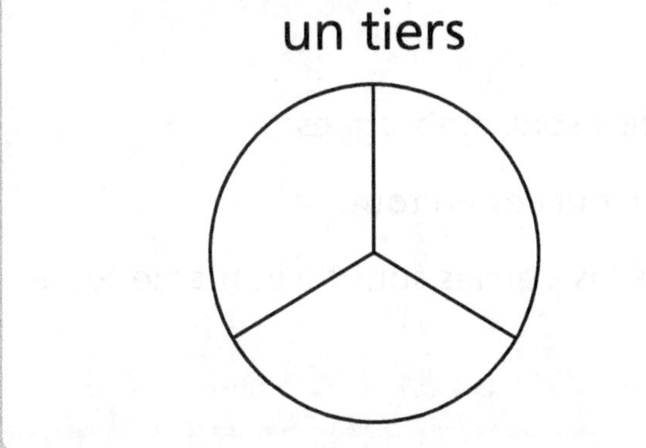

trois cinquièmes

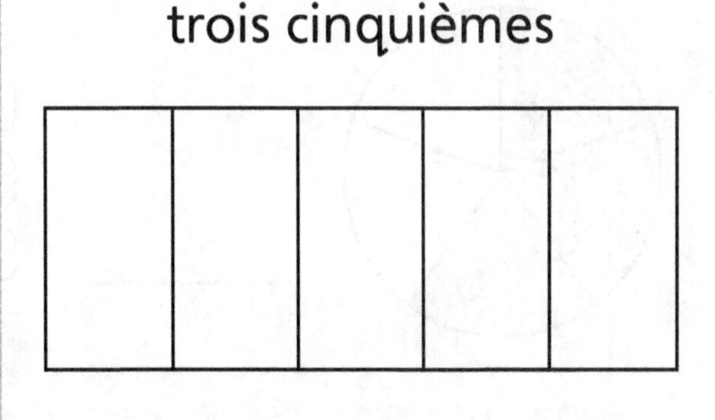

trois quarts

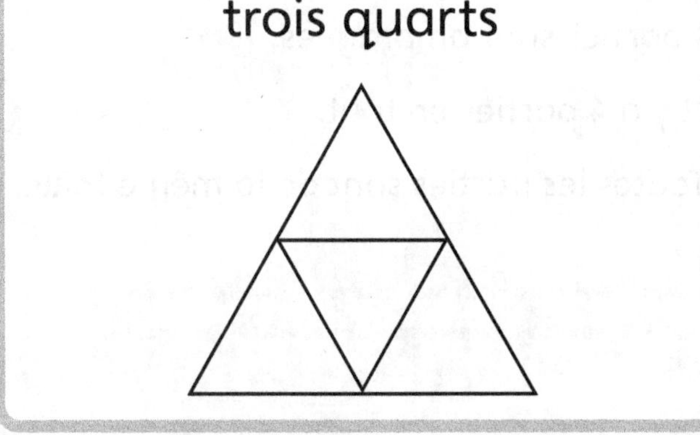

deux tiers

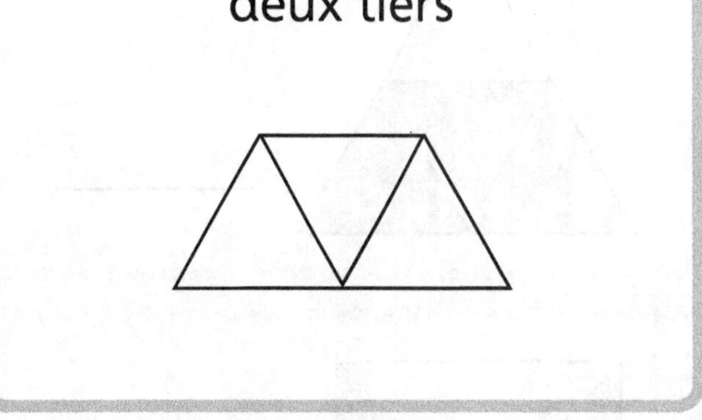

deux quarts

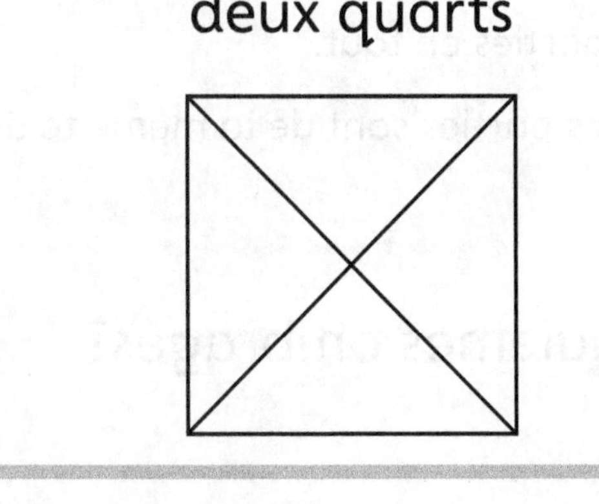

quatre cinquièmes

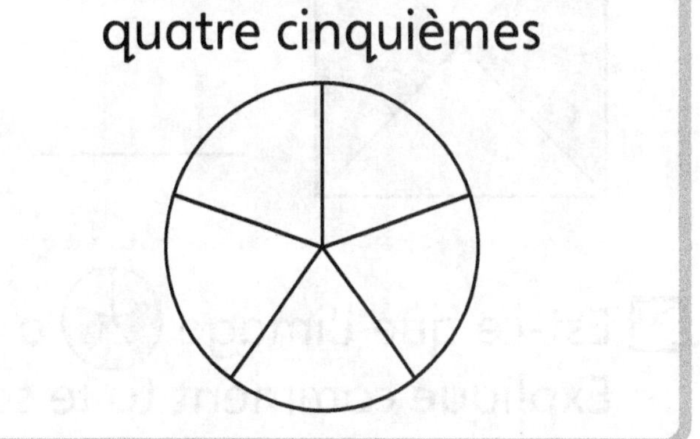

☐ Mets un ✓ pour ce qui est vrai et un ✗ pour ce qui n'est pas vrai. Est-ce que l'image a trois quarts ombragés?

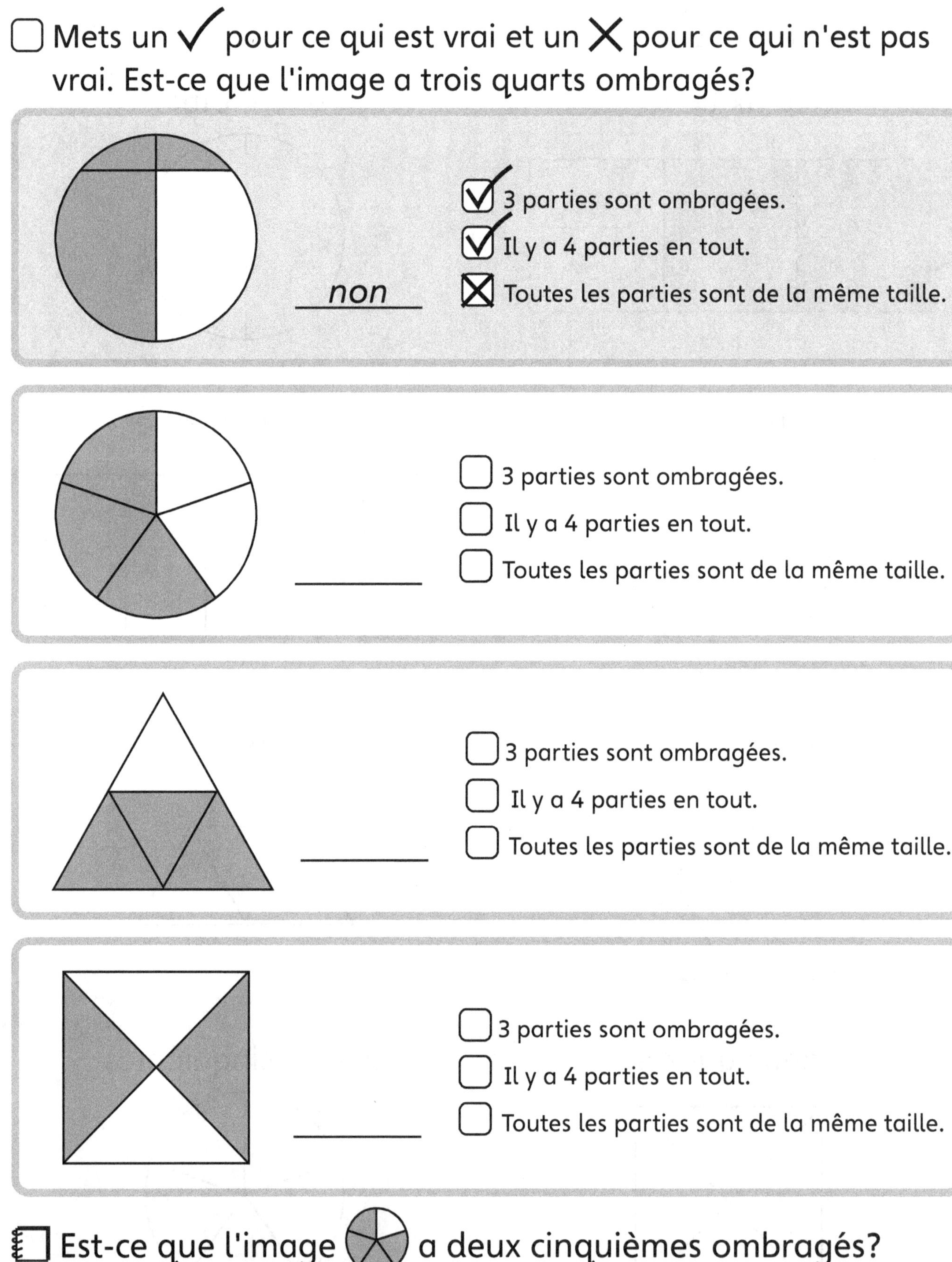

non
☑ 3 parties sont ombragées.
☑ Il y a 4 parties en tout.
☒ Toutes les parties sont de la même taille.
☐ 3 parties sont ombragées.
☐ Il y a 4 parties en tout.
☐ Toutes les parties sont de la même taille.
☐ 3 parties sont ombragées.
☐ Il y a 4 parties en tout.
☐ Toutes les parties sont de la même taille.
☐ 3 parties sont ombragées.
☐ Il y a 4 parties en tout.
☐ Toutes les parties sont de la même taille.

☐ Est-ce que l'image a deux cinquièmes ombragés? Explique comment tu le sais.

Écrire des fractions

Combien de parties sont ombragées?
Combien y a-t-il de parties en tout?
Quelle fraction est ombragée?

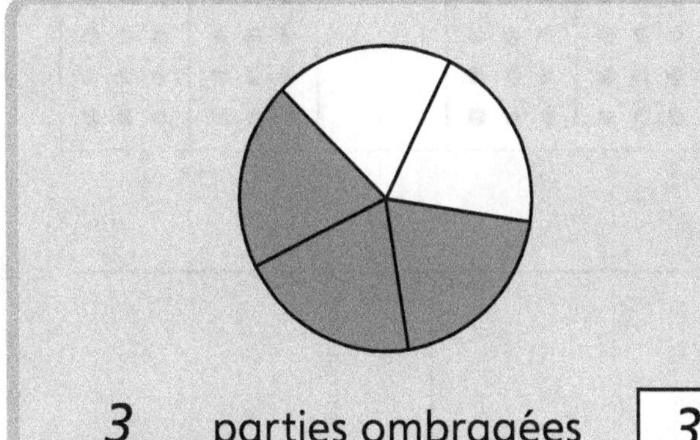

3 parties ombragées
5 parties en tout

$\frac{3}{5}$

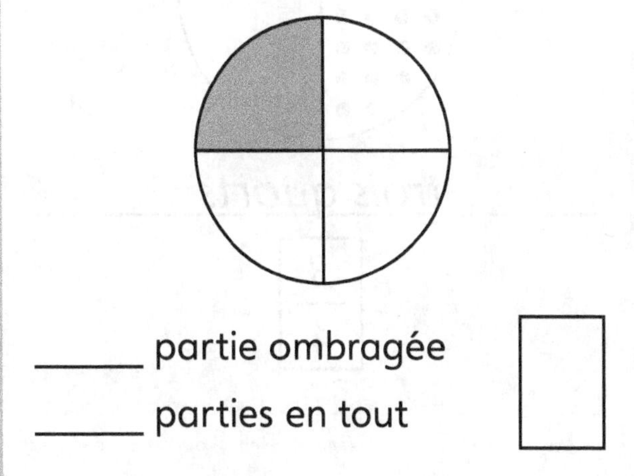

_____ partie ombragée
_____ parties en tout

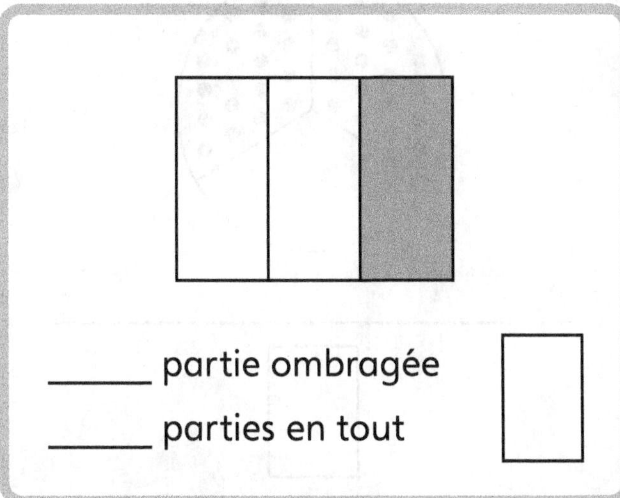

_____ partie ombragée
_____ parties en tout

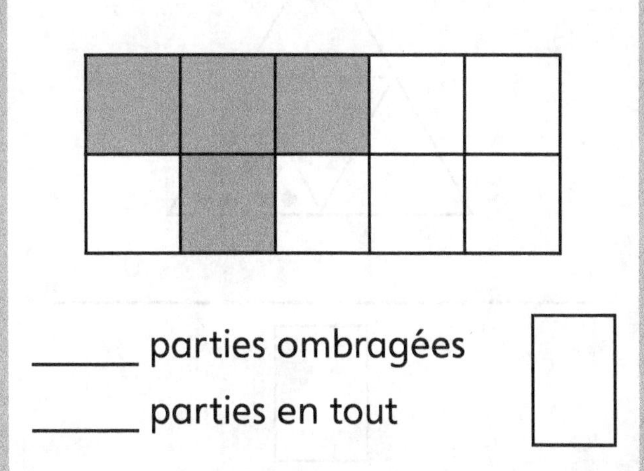

_____ parties ombragées
_____ parties en tout

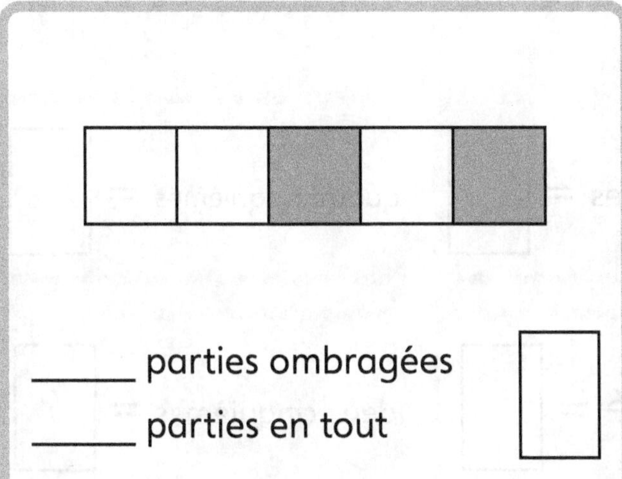

_____ parties ombragées
_____ parties en tout

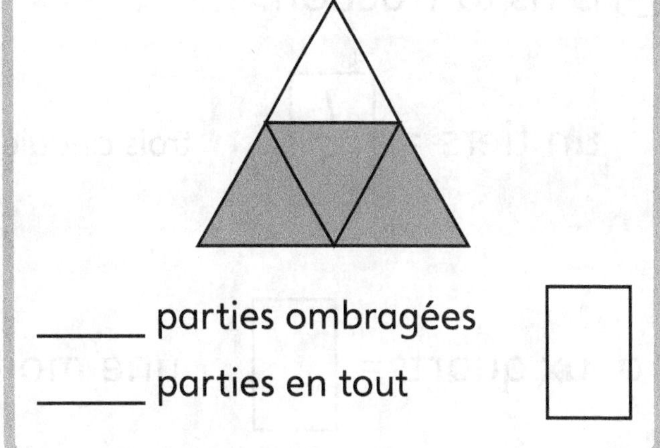

_____ parties ombragées
_____ parties en tout

☐ Quelle fraction est pointillée? Écris la fraction de 2 façons.

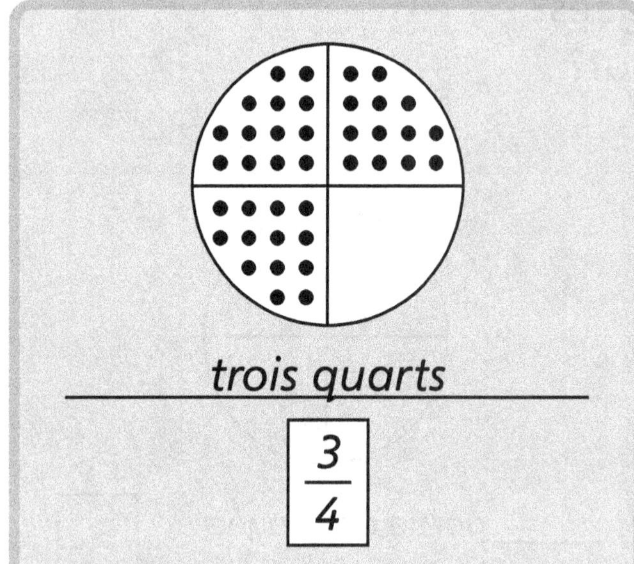

trois quarts

$\frac{3}{4}$

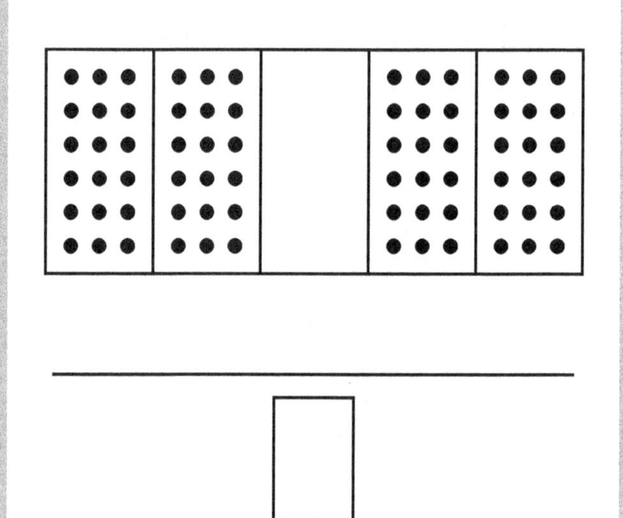

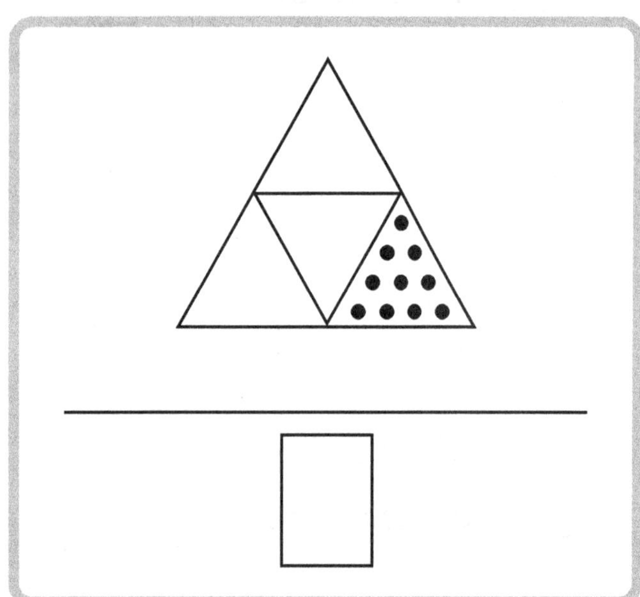

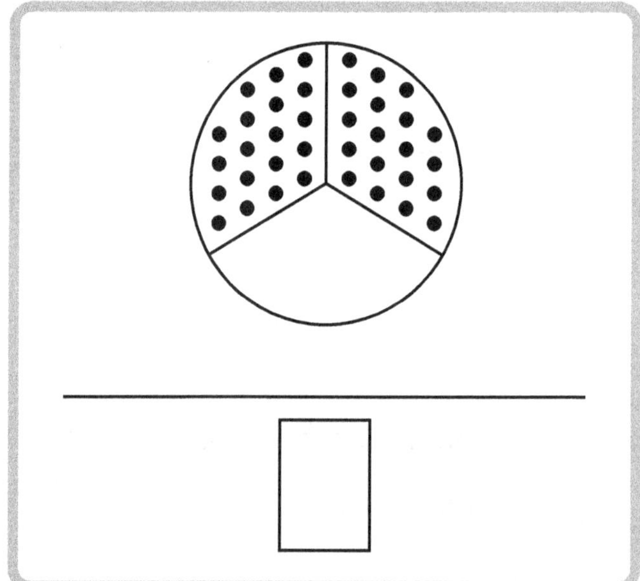

☐ Écris la fraction.

un tiers = $\frac{1}{3}$

trois cinquièmes =

quatre cinquièmes =

deux quarts =

une moitié =

deux cinquièmes =

Compaison des fractions

Qui a mangé plus de pizza?

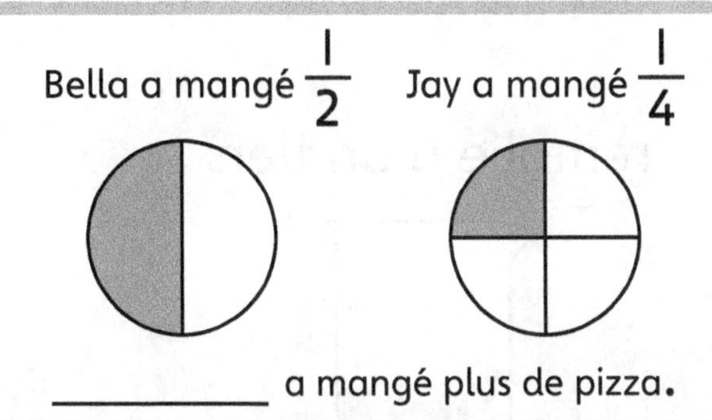

Bella a mangé $\frac{1}{2}$
Jay a mangé $\frac{1}{4}$
_______ a mangé plus de pizza.

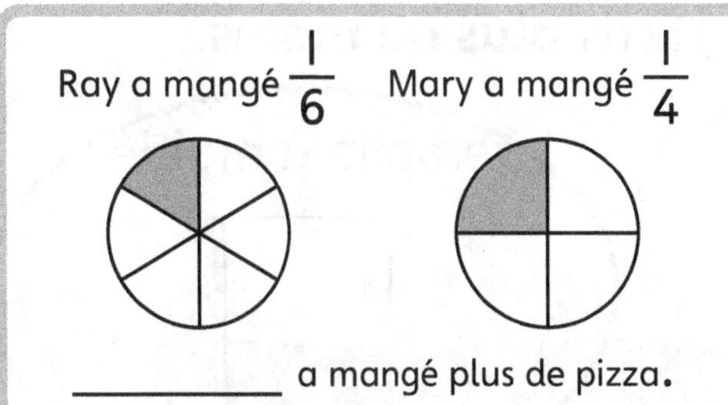

Ray a mangé $\frac{1}{6}$
Mary a mangé $\frac{1}{4}$
_______ a mangé plus de pizza.

- [ ] Colorie 1 partie dans chaque image.
- [ ] Écris **plus** ou **moins**.

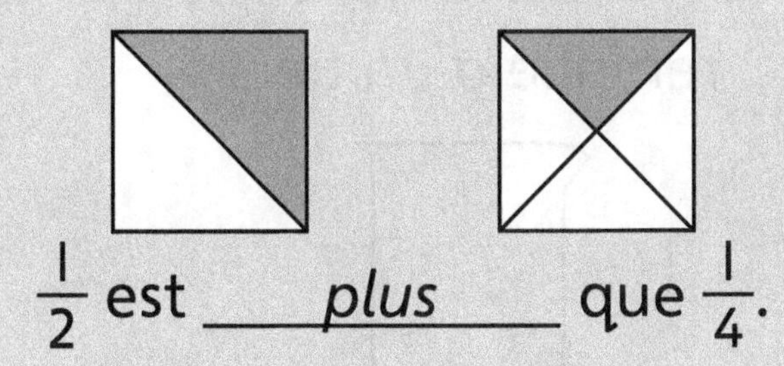

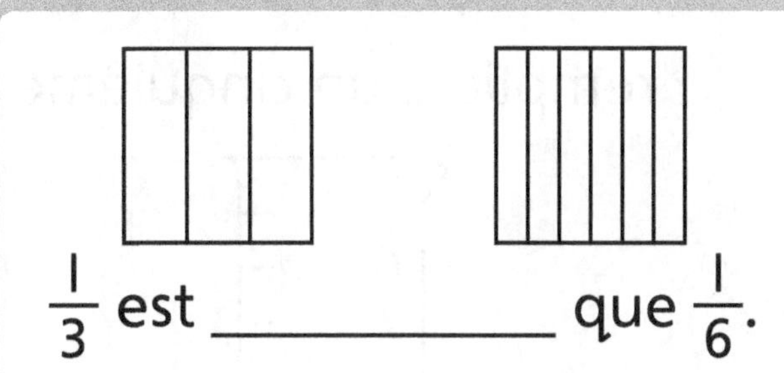

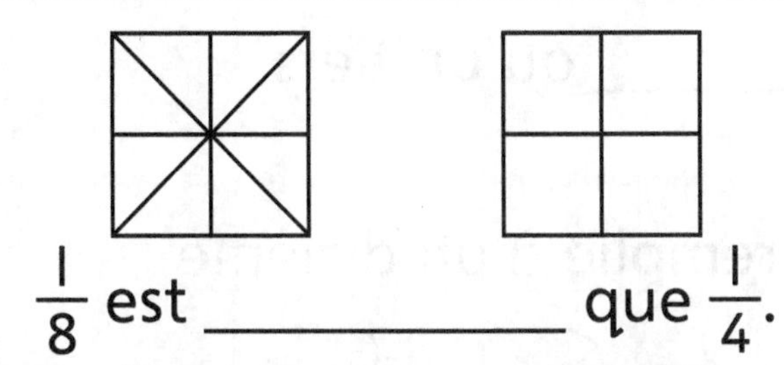

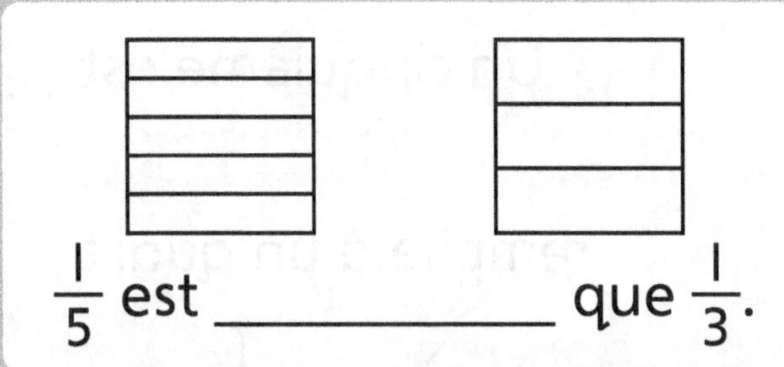

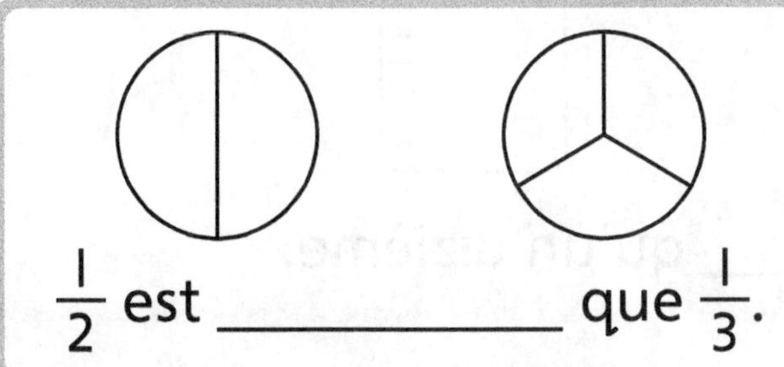

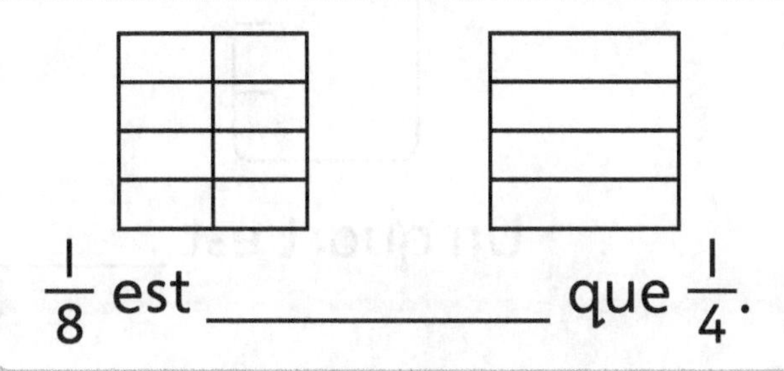

- [ ] Entoure les 2 questions qui ont comparé les mêmes fractions.

  As-tu obtenu la même réponse? _______

☐ Remplis les tasses à mesurer avec la bonne quantité.
☐ Entoure la tasse la plus remplie.
☐ Écris **plus** ou **moins**.

remplie à moitié | remplie à un tiers

Une moitié est _plus_ qu'un tiers.

remplie à un cinquième | remplie à un tiers

Un cinquième est ____________ qu'un tiers.

remplie à un quart | remplie à un dizième

Un quart est ____________ qu'un dizième.

☐ Diviser quelque chose en plusieurs parties rend chaque partie

__________________________.
plus petite / plus grande

Chaque image montre quel type de fraction?
Quelle fraction est plus?

deux tiers

trois quarts

Trois quarts est plus que deux tiers.

Plus qu'un entier

Hanna a coupé les pizzas en quarts.

11 pièces sont ombragées.

11 quarts ou $\frac{11}{4}$ sont ombragés.

Quelle fraction est ombragée?

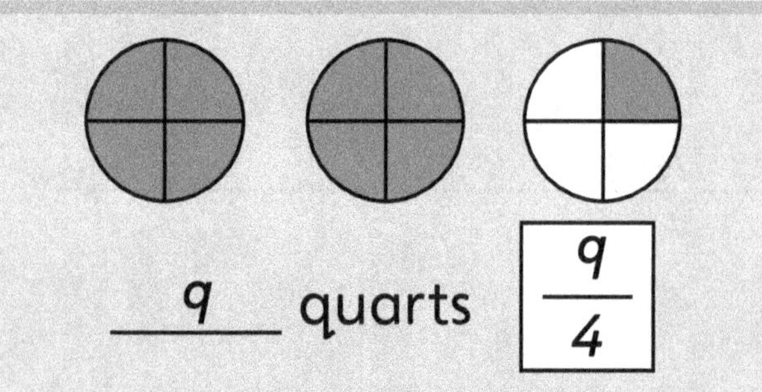

__9__ quarts $\frac{9}{4}$

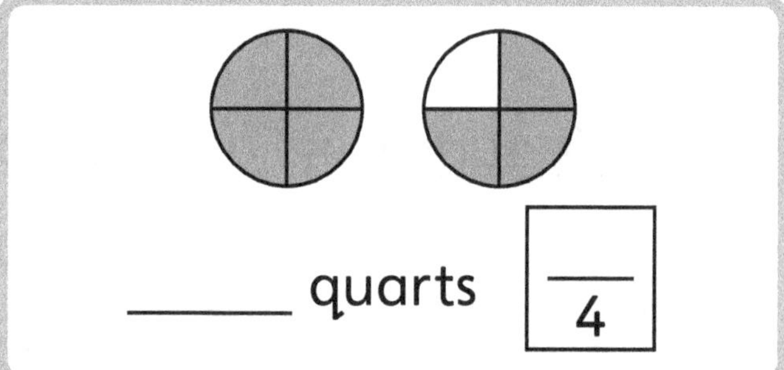

______ quarts $\frac{\_\_}{4}$

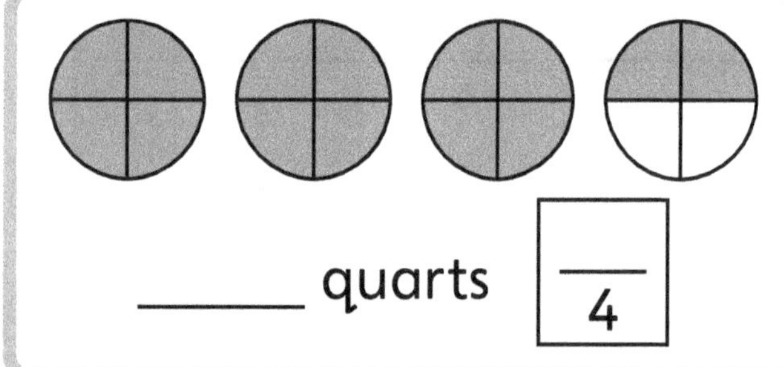

______ quarts $\frac{\_\_}{4}$

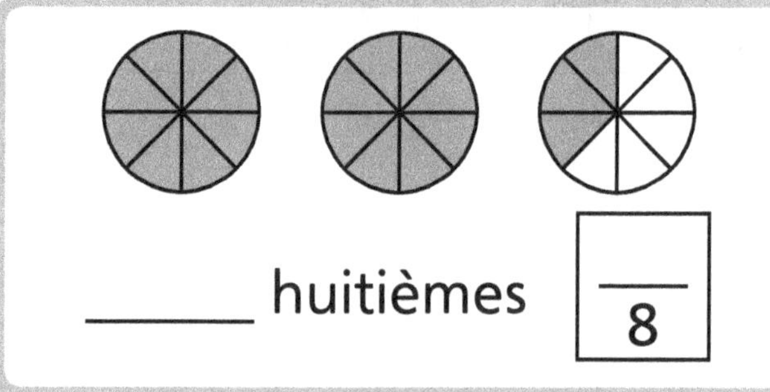

______ huitièmes $\frac{\_\_}{8}$

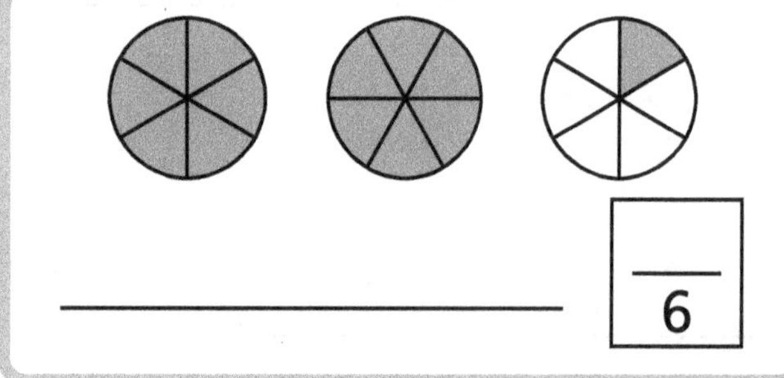

________________ $\frac{\_\_}{6}$

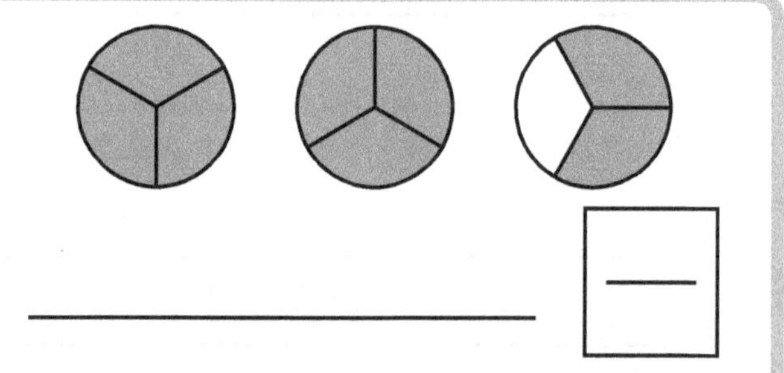

________________ $\frac{\_\_}{\_\_}$

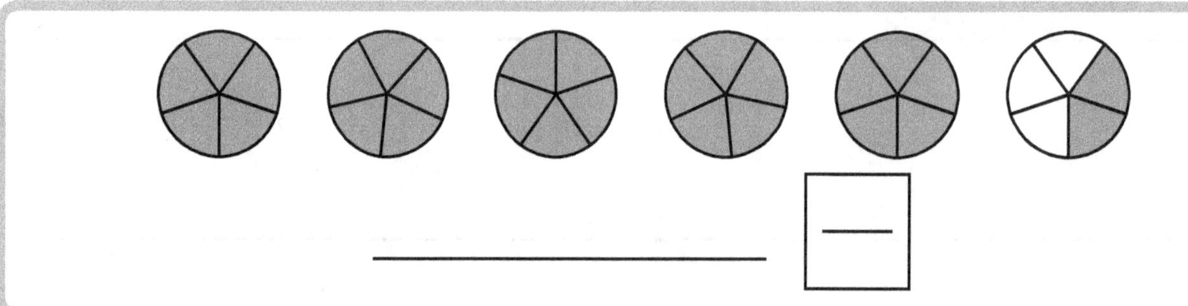

________________ $\frac{\_\_}{\_\_}$

Combien de parties sont ombragées pour obtenir un entier?

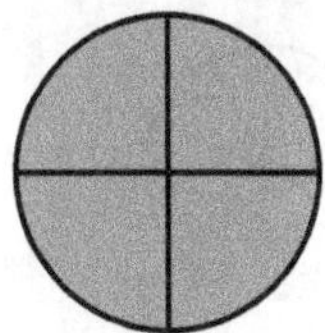

$1 = \frac{\square}{4}$

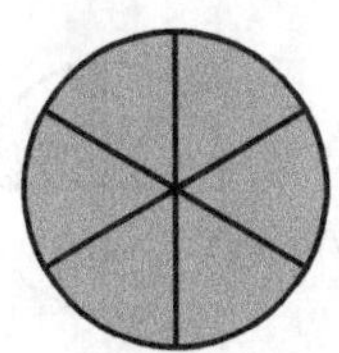

$1 = \frac{\square}{6}$

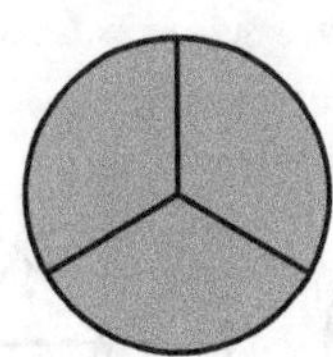

$1 = \frac{\square}{3}$

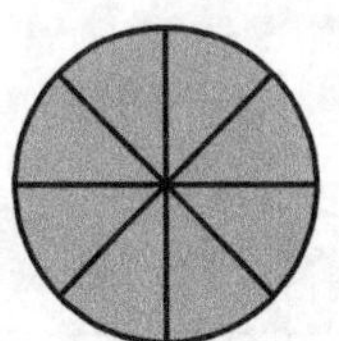

$1 = \frac{\square}{8}$

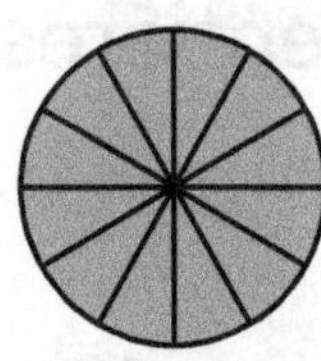

$1 = \frac{\square}{12}$

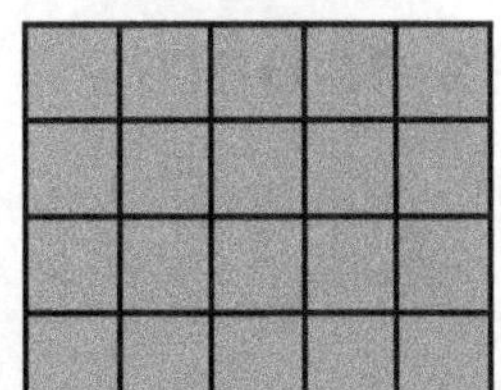

$1 = \frac{\square}{20}$

☐ Écris le chiffre manquant.

$1 = \frac{\square}{5}$

$1 = \frac{\square}{7}$

$1 = \frac{\square}{10}$

$1 = \frac{9}{\square}$

$1 = \frac{11}{\square}$

$1 = \frac{17}{\square}$

Bonus

$1 = \frac{19}{\square} = \frac{\square}{16} = \frac{15}{\square} = \frac{\square}{21}$

Combien de tartes entières sont ombragées?

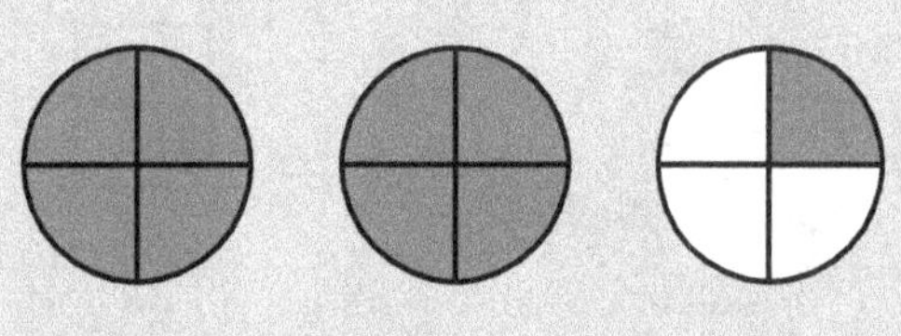

__2__ tartes entières

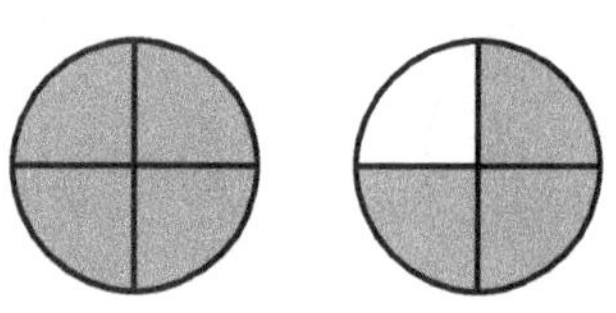

_____ tarte entière

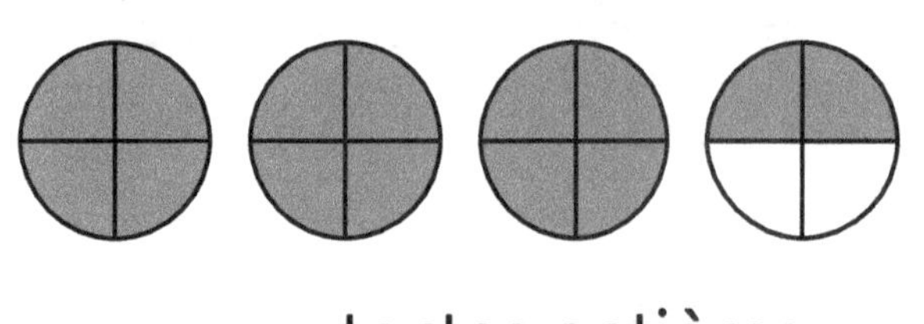

_____ tartes entières

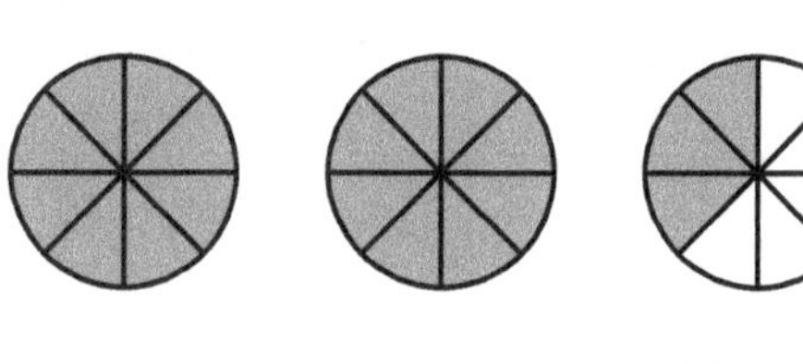

_____ tartes entières

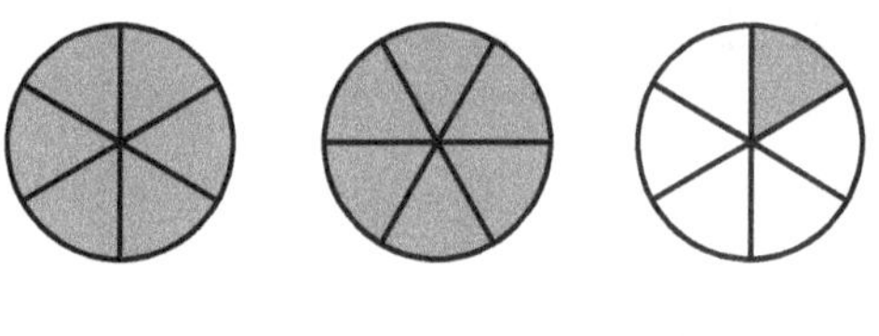

_____ tartes entières

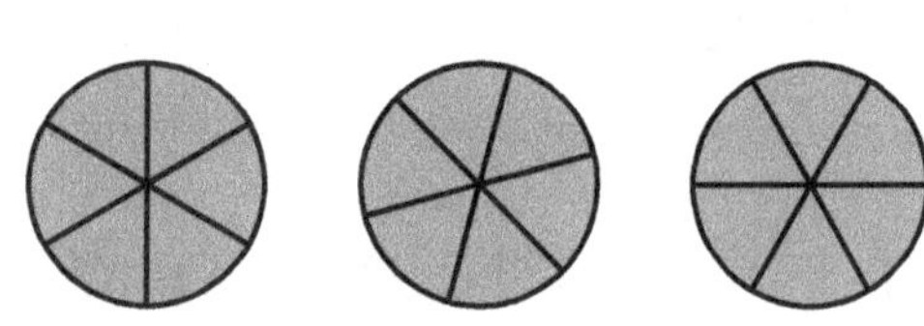

_____ tartes entières

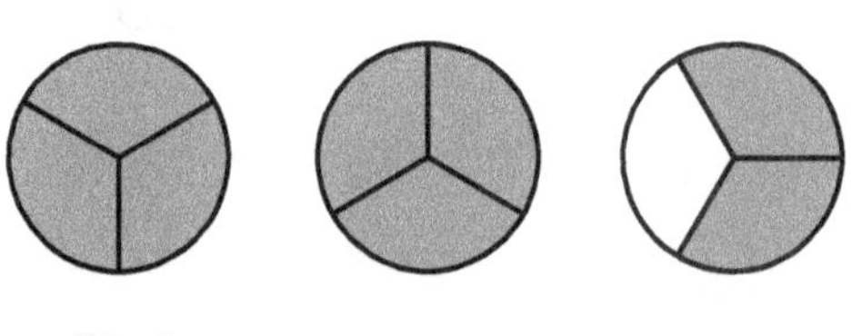

_____ tartes entières

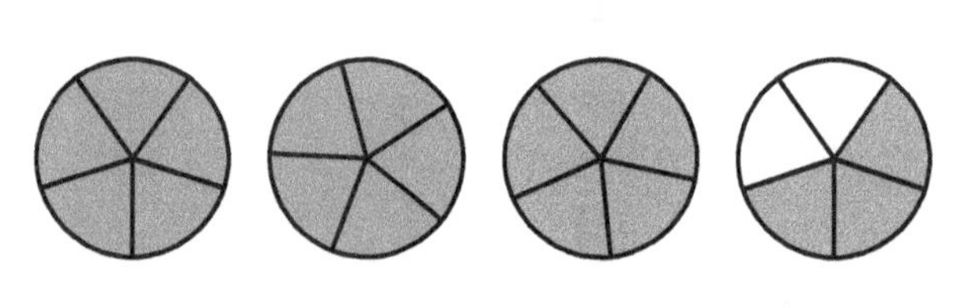

_____ tartes entières

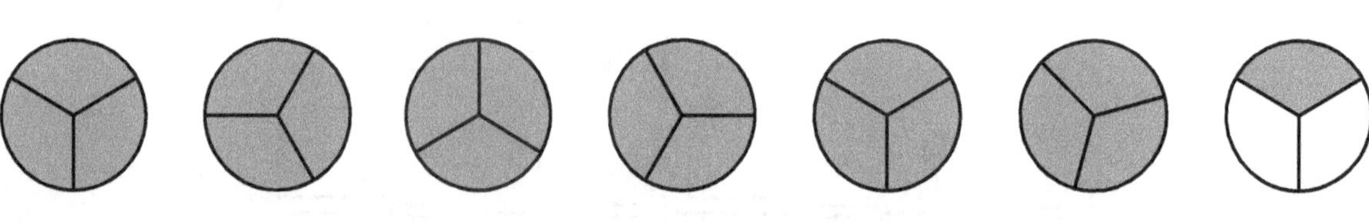

_____ tartes entières

Hanna et ses amis ont coupé les pizzas en quarts.

Il leur reste 2 pizzas et 3 quarts.

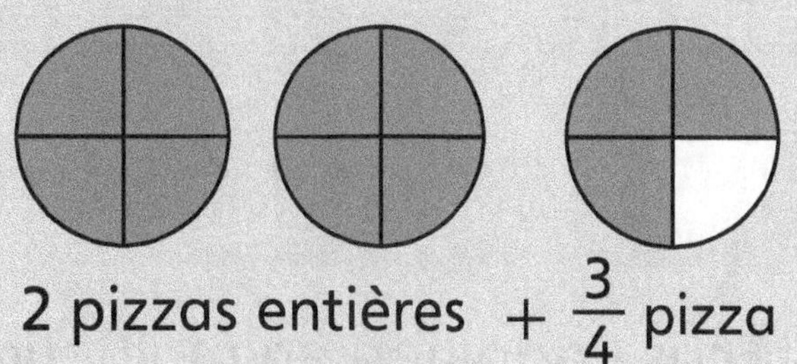

2 pizzas entières + $\frac{3}{4}$ pizza

Combien reste-t-il de pizza?

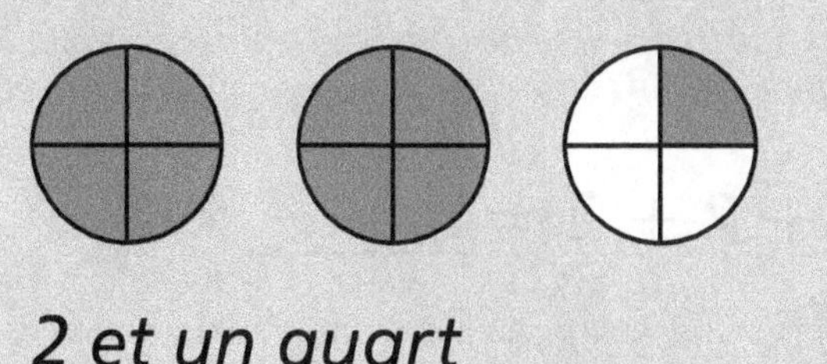

2 et un quart ___________

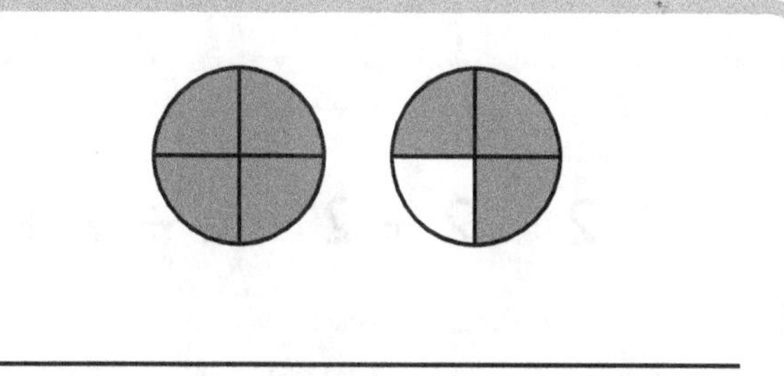

____

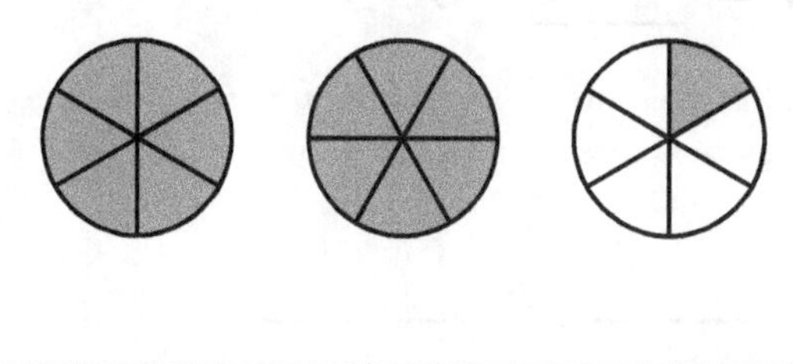

____

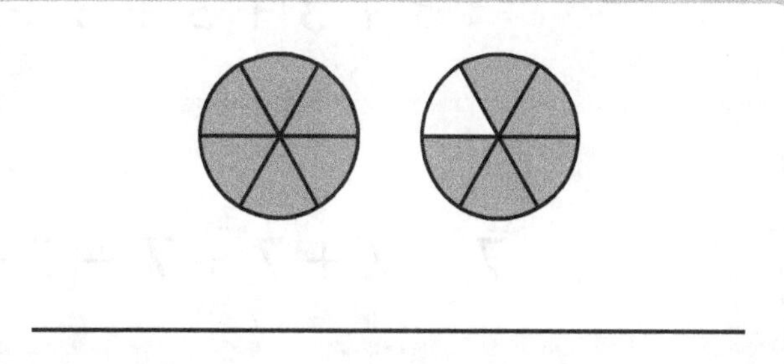

____

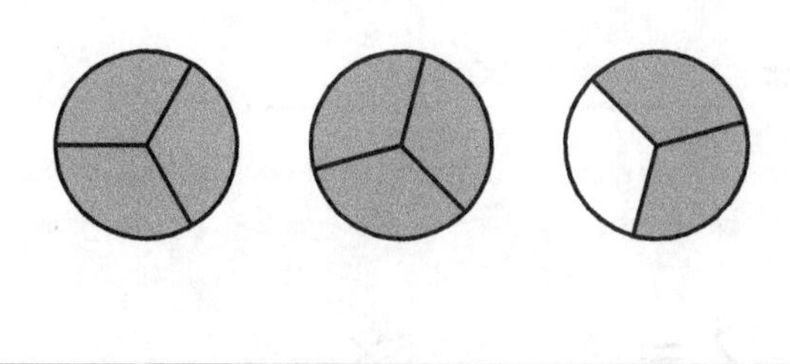

____

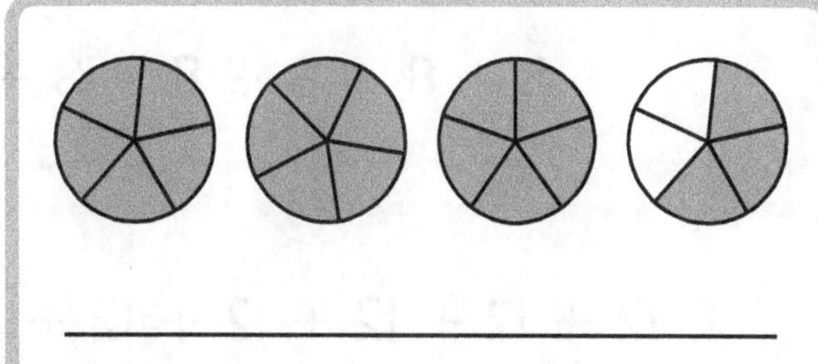

____

Bonus

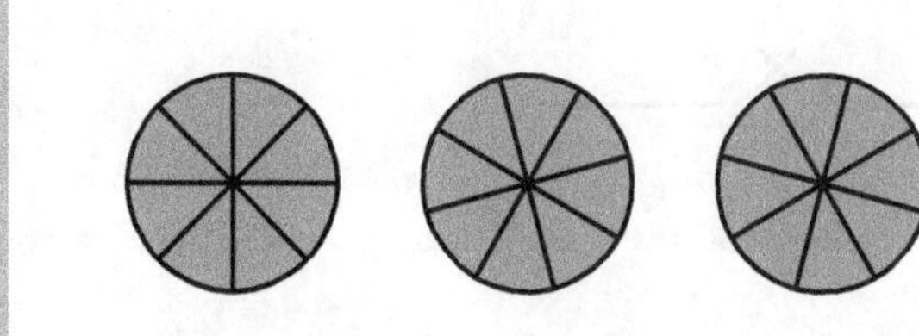

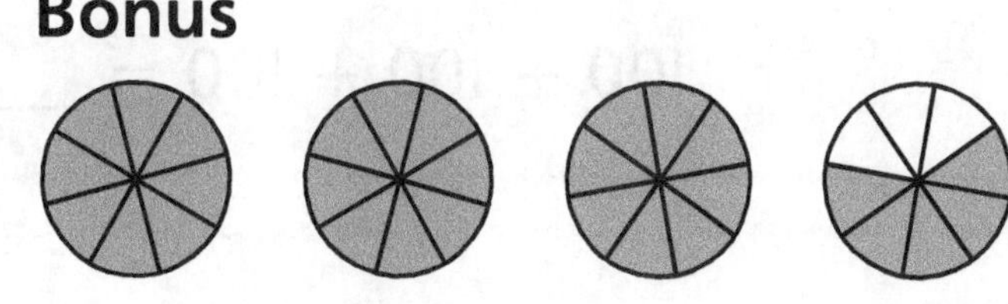

____

Multiplication

$2 + 2 + 2 + 2 + 2 = 5 \times 2 =$ 5 fois 2

☐ Écris l'addition en multiplication

$2 + 2 + 2 + 2 =$ ______ $\times 2$

$2 + 2 + 2 =$ ______ $\times 2$

$2 + 2 + 2 + 2 + 2 + 2 + 2 + 2 + 2 =$ ______ $\times 2$

$3 + 3 + 3 + 3 + 3 + 3 =$ ______ $\times 3$

$7 + 7 + 7 + 7 + 7 + 7 =$ ______ $\times$ ______

$8 + 8 + 8 + 8 + 8 + 8 =$ ______ $\times$ ______

$12 + 12 + 12 + 12 + 12 + 12 + 12 =$ ______ $\times$ ______

$100 + 100 + 100 =$ ______ $\times$ ______

$10 + 10 + 10 + 10 + 10 + 10 + 10 + 10 =$ ______ $\times$ ______

☐ Multiplie en comptant les points.

$$\begin{array}{r} 4 \\ +\ 4 \\ \hline \end{array}$$

$2 \times 4 = \square$

rangées — dans chaque rangée

$$\begin{array}{r} 6 \\ +\ 6 \\ \hline \end{array}$$

$2 \times 6 = \square$

$$\begin{array}{r} 4 \\ 4 \\ +\ 4 \\ \hline \end{array}$$

$3 \times 4 = \square$

$$\begin{array}{r} 3 \\ 3 \\ +\ 3 \\ \hline \end{array}$$

$3 \times 3 = \square$

$$\begin{array}{r} 7 \\ +\ 7 \\ \hline \end{array}$$

$2 \times 7 = \square$

$$\begin{array}{r} 3 \\ 3 \\ 3 \\ +\ 3 \\ \hline \end{array}$$

$4 \times 3 = \square$

☐ Dessine les points, puis multiplie.

$$\begin{array}{r} 2 \\ 2 \\ +\ 2 \\ \hline \end{array}$$

$3 \times 2 = \square$

$$\begin{array}{r} 5 \\ +\ 5 \\ \hline \end{array}$$

$2 \times 5 = \square$

☐ Couvre la grille pour multiplier.

$2 \times 3 =$ ______

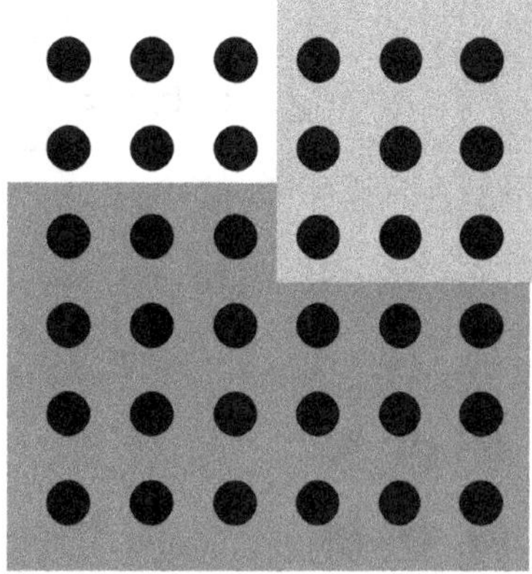

$4 \times 2 =$ ______

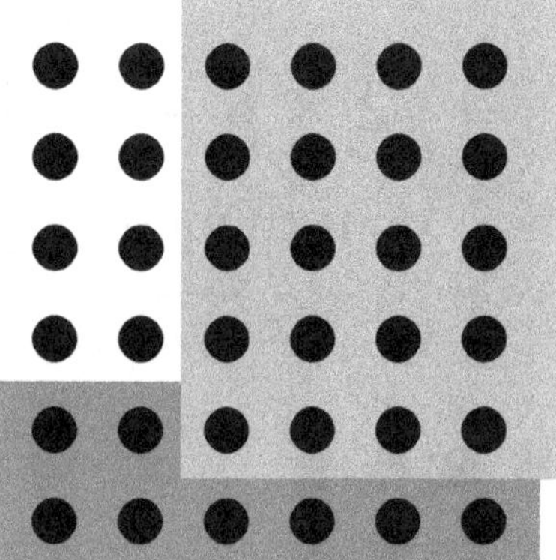

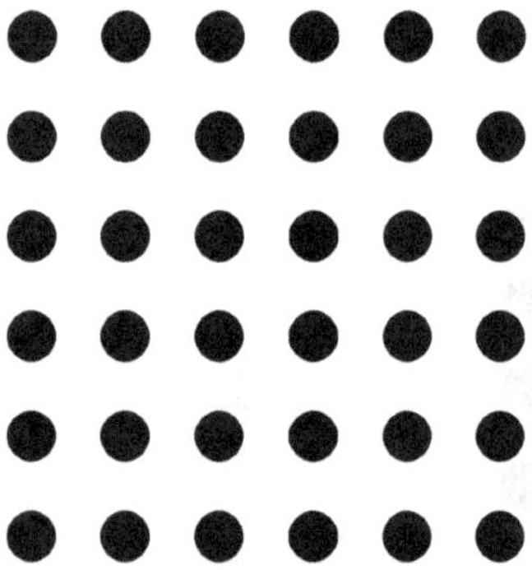

$5 \times 2 =$ ______

$4 \times 1 =$ ______

$1 \times 6 =$ ______

$2 \times 6 =$ ______

$4 \times 3 =$ ______

$3 \times 2 =$ ______

$2 \times 5 =$ ______

$3 \times 6 =$ ______

$4 \times 4 =$ ______

$3 \times 3 =$ ______

Multiplication en comptant par bonds

☐ Garde une trace au fur et à mesure que tu avances.

6 | 9 | 12 | 15

$5 \times 3 =$ 3 + 3 + 3 + 3 + 3 = 15

$4 \times 5 =$ ____ + ____ + ____ + ____ = ☐

$6 \times 10 =$ ____ + ____ + ____ + ____ + ____ + ____ = ☐

$6 \times 2 =$ ____ + ____ + ____ + ____ + ____ + ____ = ☐

$5 \times 4 =$ ____ + ____ + ____ + ____ + ____ = ☐

$4 \times 3 =$ ____ + ____ + ____ + ____ = ☐

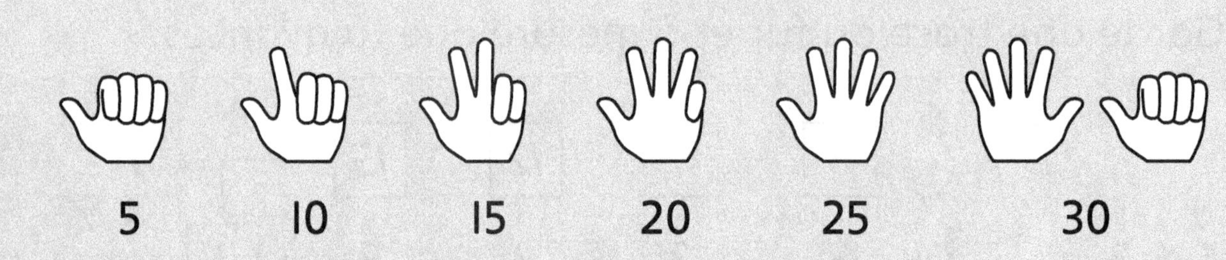

☐ Multiplie.

3 × 5 = ______	4 × 5 = ______	5 × 5 = ______
1 × 5 = ______	6 × 5 = ______	9 × 5 = ______

☐ Compte par 3.

3 ______ ______ ______ ______ ______

☐ Multiplie.

2 × 3 = ______	4 × 3 = ______	1 × 3 = ______
6 × 3 = ______	3 × 3 = ______	10 × 3 = ______

Division

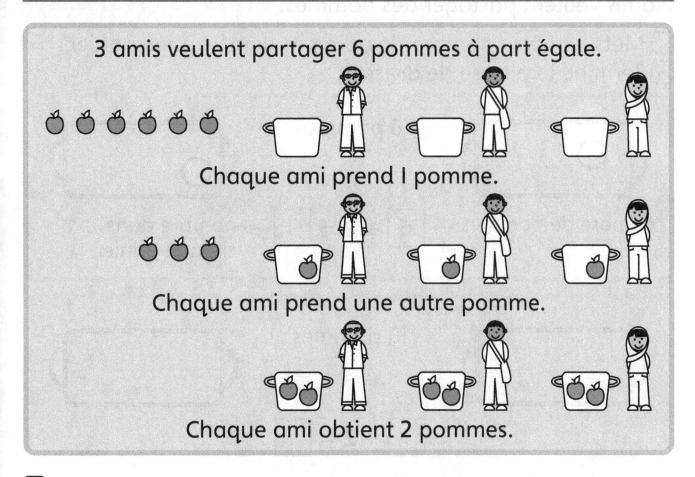

3 amis veulent partager 6 pommes à part égale.

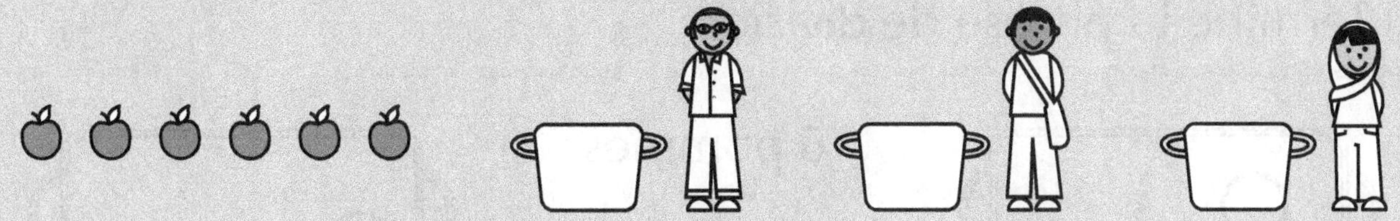

Chaque ami prend I pomme.

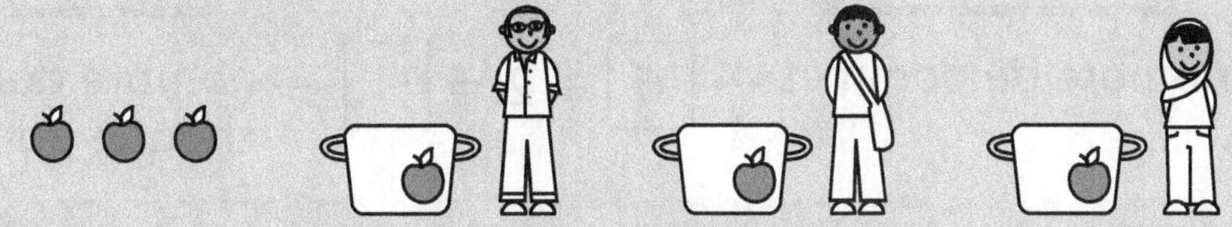

Chaque ami prend une autre pomme.

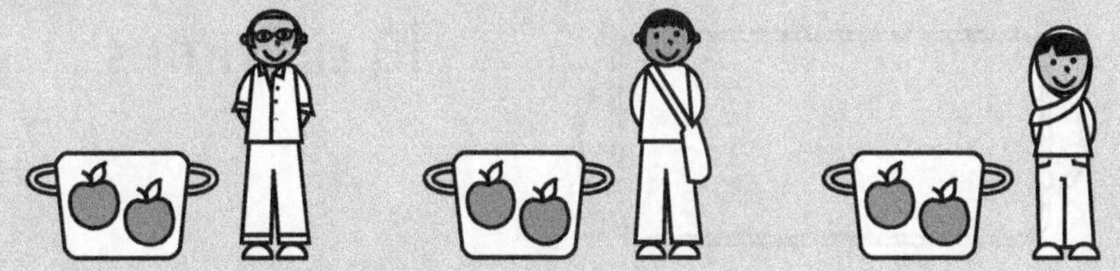

Chaque ami obtient 2 pommes.

☐ Mets une pomme dans chaque panier jusqu'à ce que toutes les pommes soient partagées. Dessine des cercles pour les pommes.

Combien de pommes obtient chaque personne?

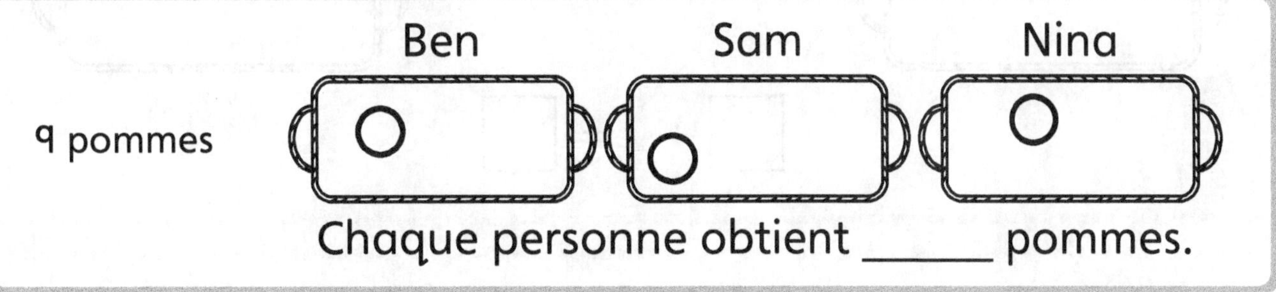

Chaque personne obtient _____ pommes.

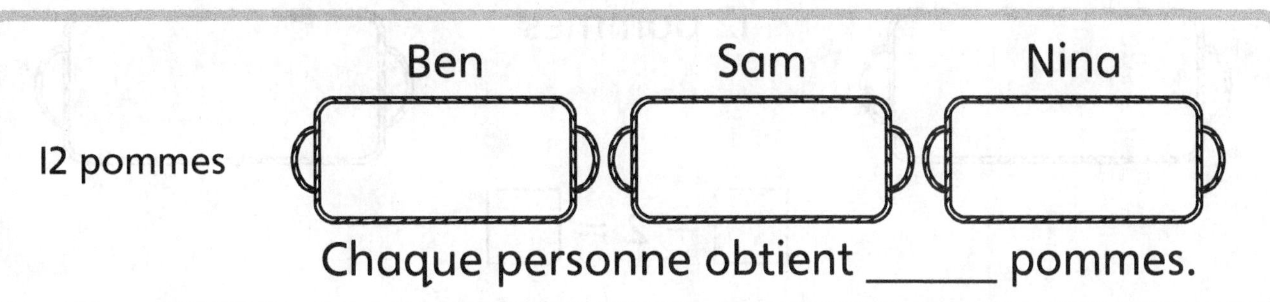

Chaque personne obtient _____ pommes.

2 amis veulent partager des pommes.

- ☐ Mets le même nombre de pommes dans chaque panier.
- ☐ Termine la phrase de division.

6 pommes

nombre de pommes → 6 ÷ 2 = ☐ ← nombre dans chaque panier

10 pommes

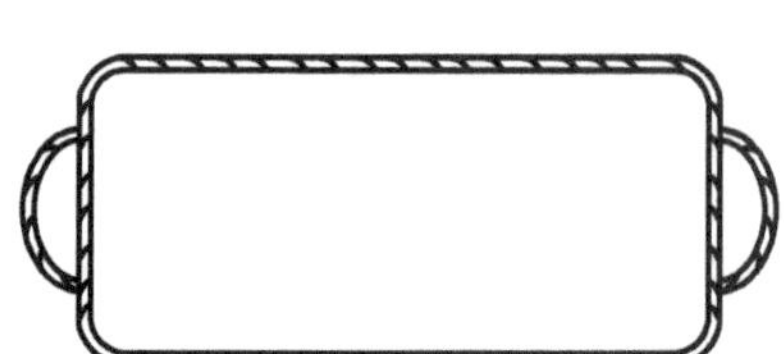

☐ ÷ 2 = ☐

8 pommes

☐ ÷ 2 = ☐

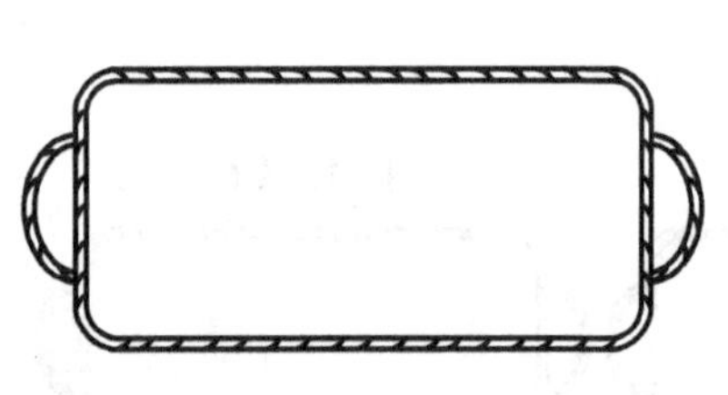

12 pommes

☐ ÷ 2 = ☐

☐ Mets le même nombre de pommes dans chaque panier.
☐ Écris la phrase de division.

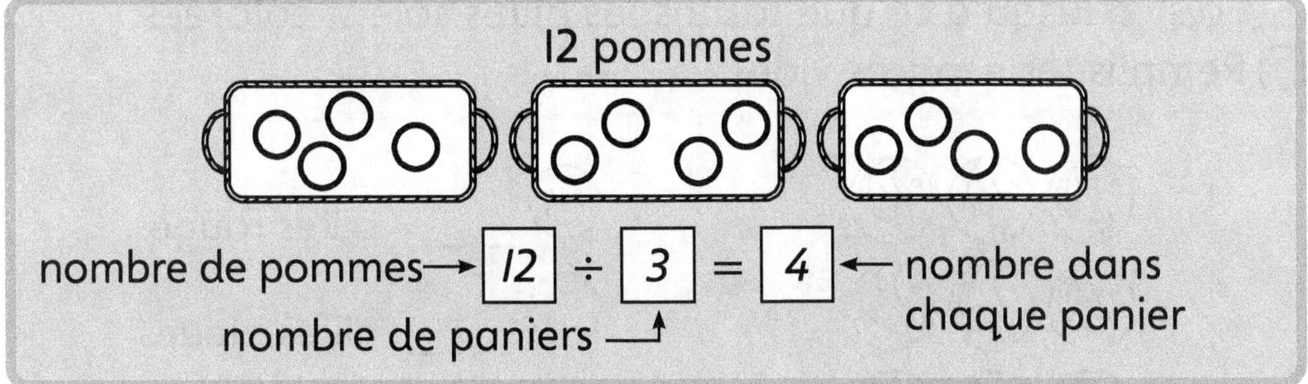

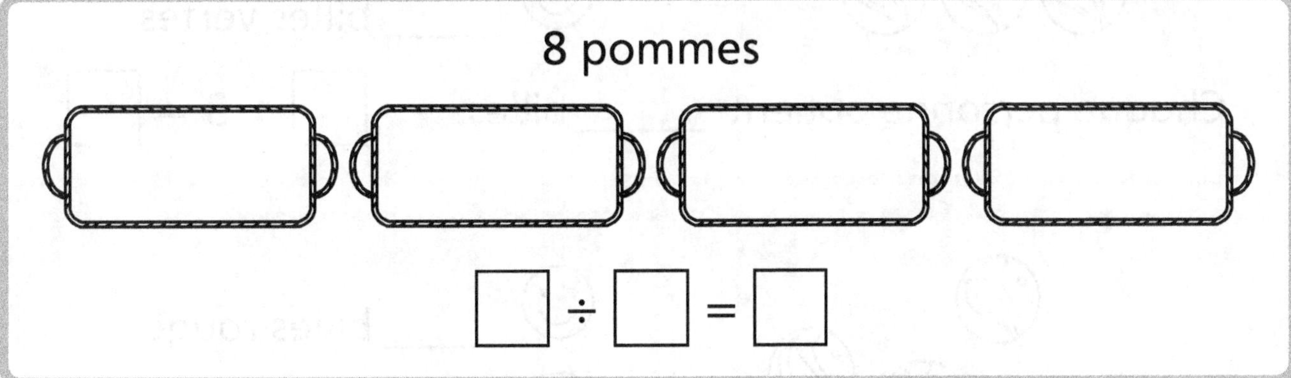

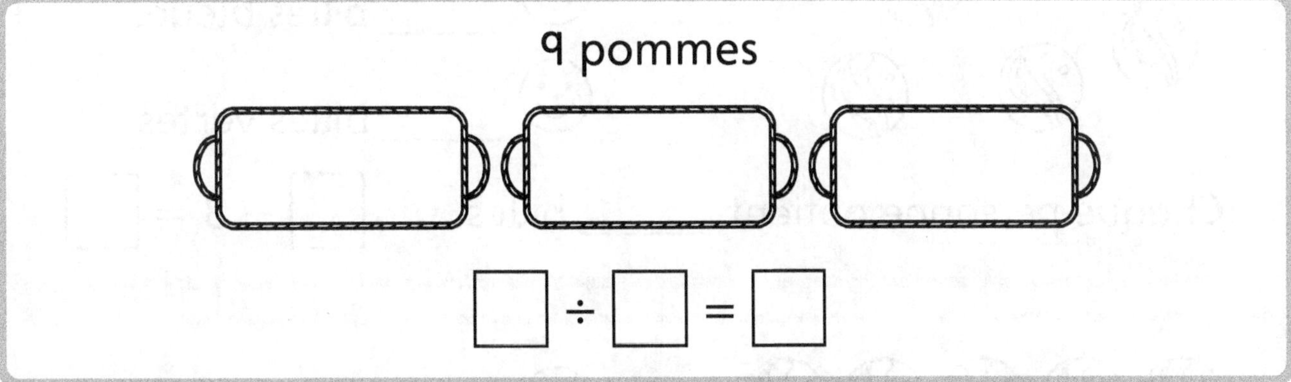

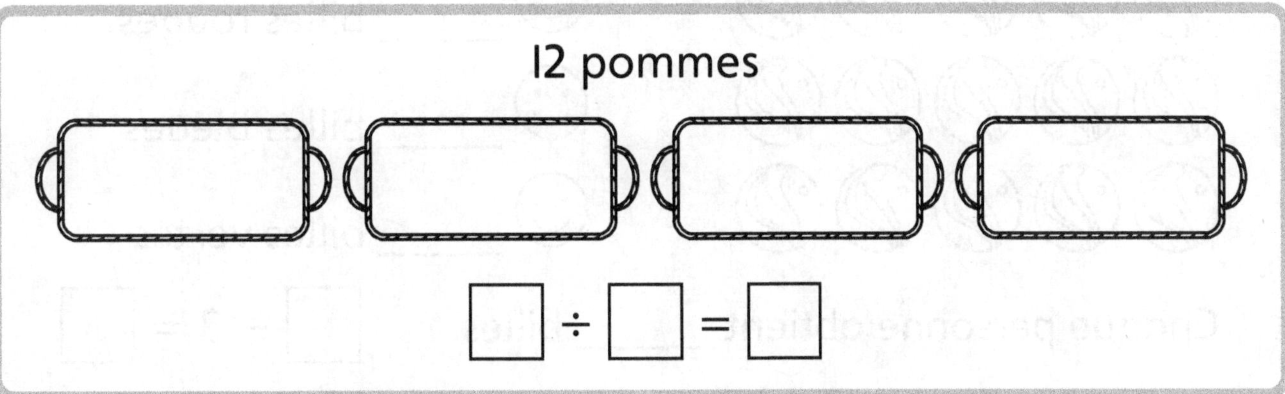

- ☐ Divise les bille de manière égale.
- ☐ Colorie I bille en rouge, I en bleu et I en vert. Fais ça jusqu'à ce que toutes les billes soient colorées.
- ☐ Remplis les espaces vides.

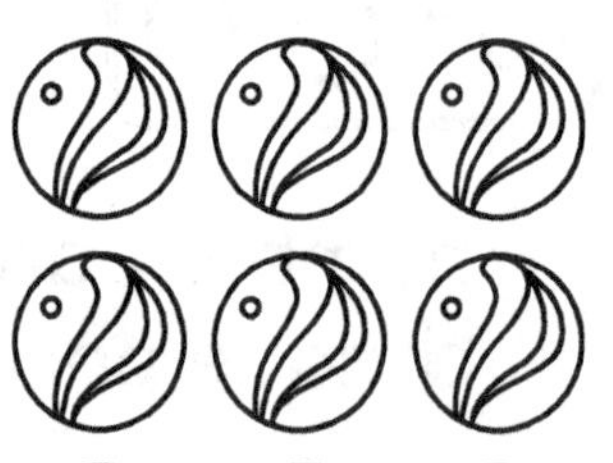

_____ billes rouges

_____ billes bleues

_____ billes vertes

Chaque personne obtient _____ billes. ☐ ÷ 3 = ☐

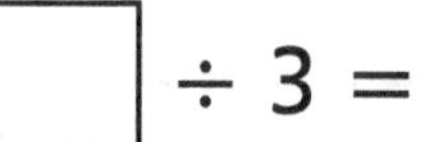

_____ billes rouges

_____ billes bleues

_____ billes vertes

Chaque personne obtient _____ billes. ☐ ÷ 3 = ☐

_____ billes rouges

_____ billes bleues

_____ billes vertes

Chaque personne obtient _____ billes. ☐ ÷ 3 = ☐

Combien de groupes?

☐ Divise les personnes en groupes de 3.

Combien de groupes? ______

Combien de groupes? ______

Combien de groupes? ______

Combien de groupes? ______

Combien de groupes? ______

▢ Trouve combien il y a de groupes.

Combien de groupes de 2? __4__

Combien de groupes de 5? ______

Combien de groupes de 4? ______

Combien de groupes de 2? ______

Combien de groupes de 4? ______

Combien de groupes de 2? ______

Mesure du temps

☐ Chante l'alphabet pendant que ton partenaire fait l'activité.

☐ À la fin de l'activité, écris la dernière lettre de l'alphabet que tu as dite.

5 sauts avec écarts

J

tourne en rond 3 fois

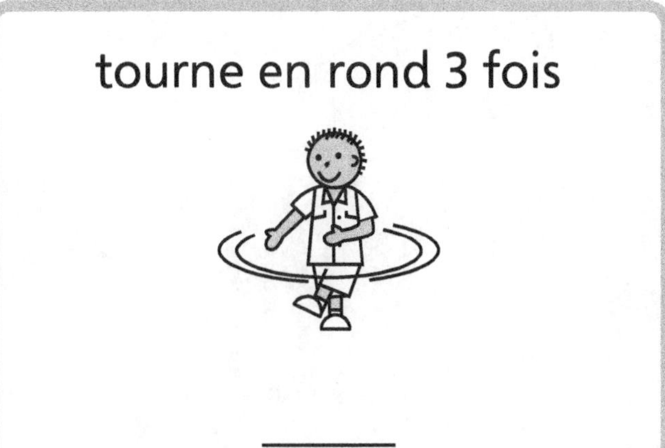

_____

trace ces formes

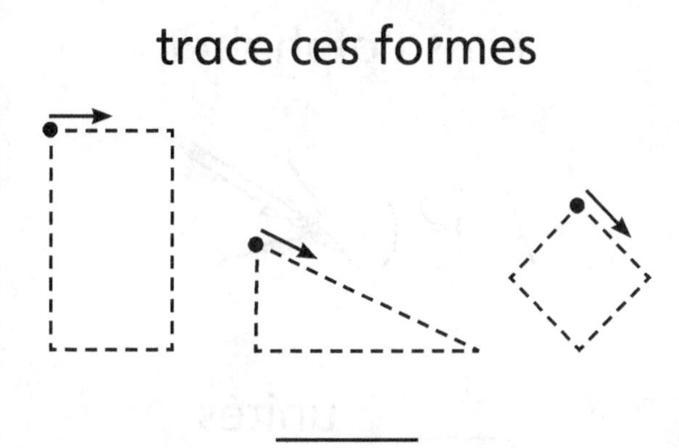

_____

se lève et s'assoit

_____

écrit "bonjour" à l'envers

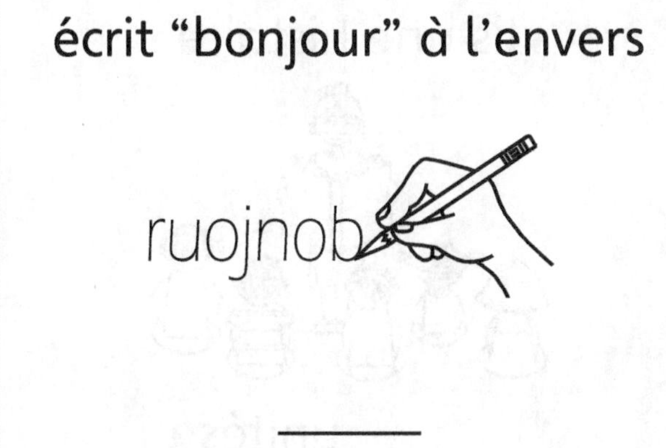

_____

écrit son nom
à l'envers

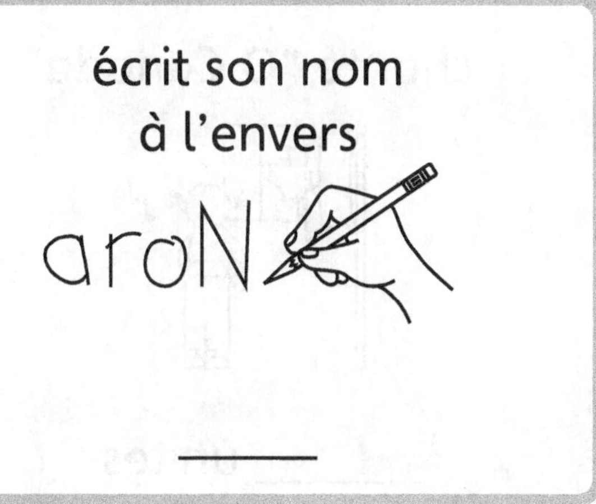

_____

Qu'est-ce qui a pris le plus de temps? ____________

Qu'est-ce qui a pris le moins de temps? ____________

☐ Dessine et décris ton unité de mesure.

☐ Mesure en utilisant ton unité de mesure.

assieds-toi et lève-toi

_____ unités

écris l'alphabet

_____ unités

chante "O Canada"

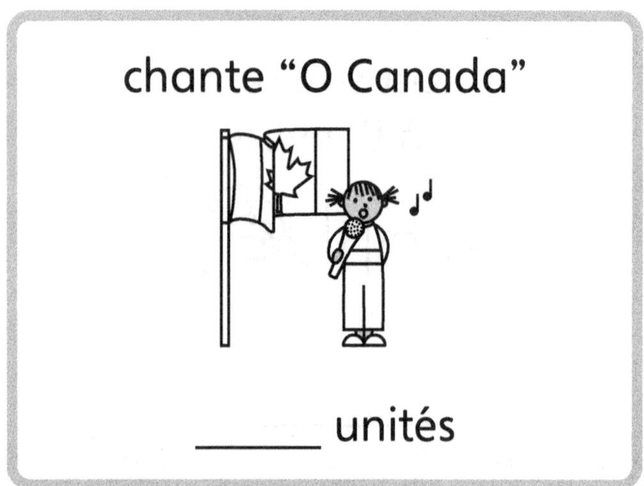

_____ unités

lis une histoire

_____ unités

Est-ce que ton unité de mesure est meilleure pour mesurer des tâches qui prennent plus de temps ou moins de temps? Explique.

Cadrans d'horloge

Ceci est un cadran d'horloge.
Les chiffres commencent à partir de 1,
et le dernier est 12.

☐ Remplis les 3, 6, 9 ou 12 manquants.

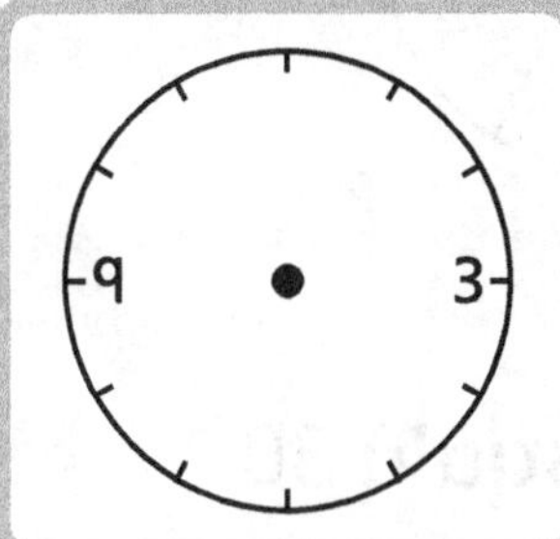

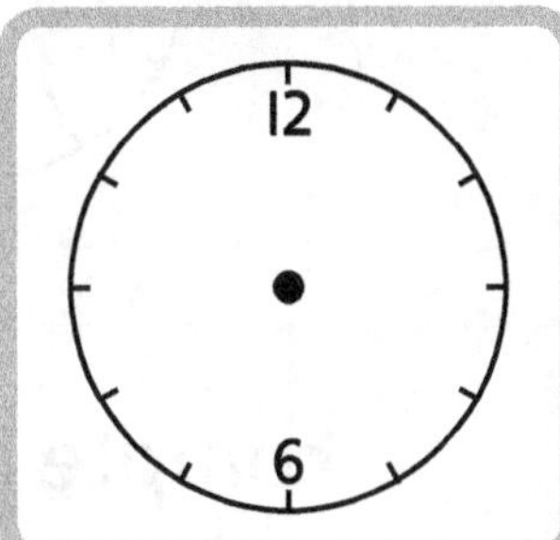

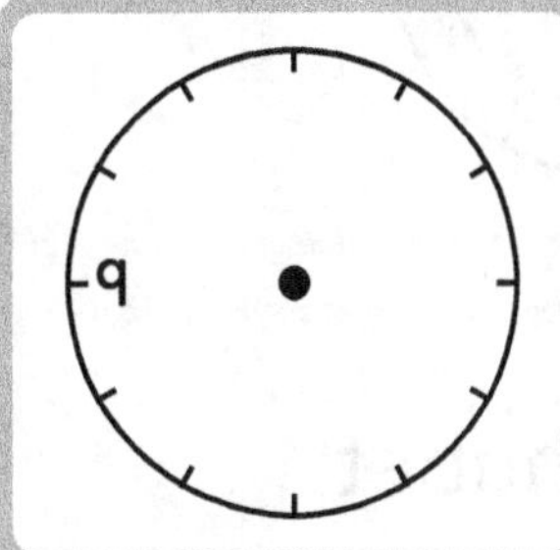

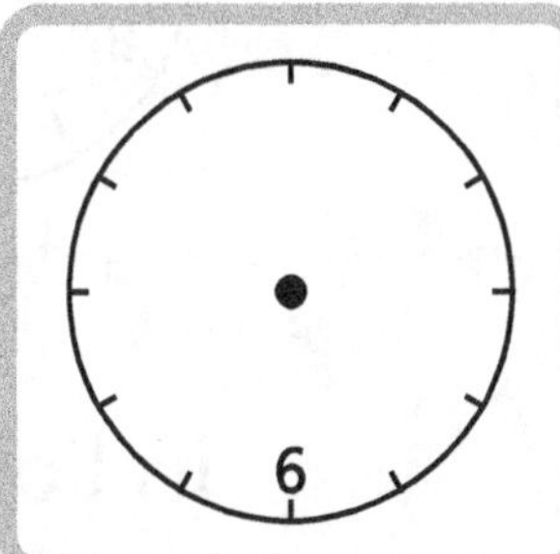

☐ Remplis les chiffres manquants. Commence avec 3, 6, 9 et 12.

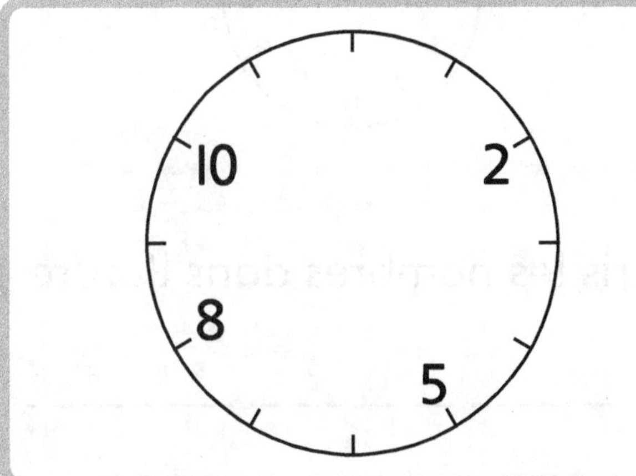

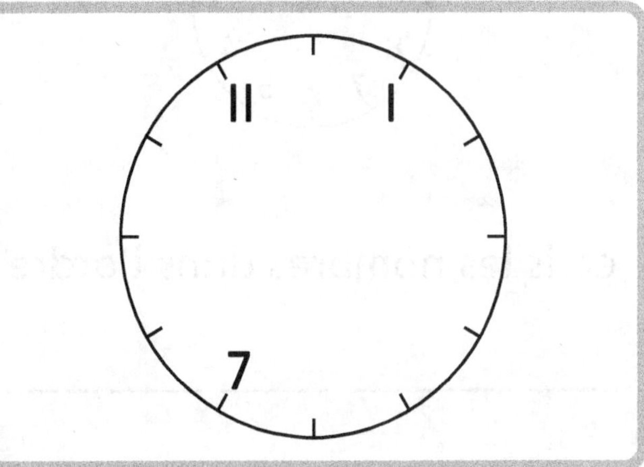

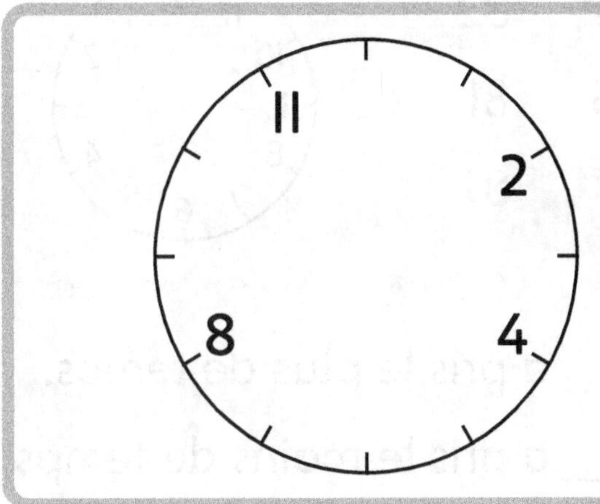

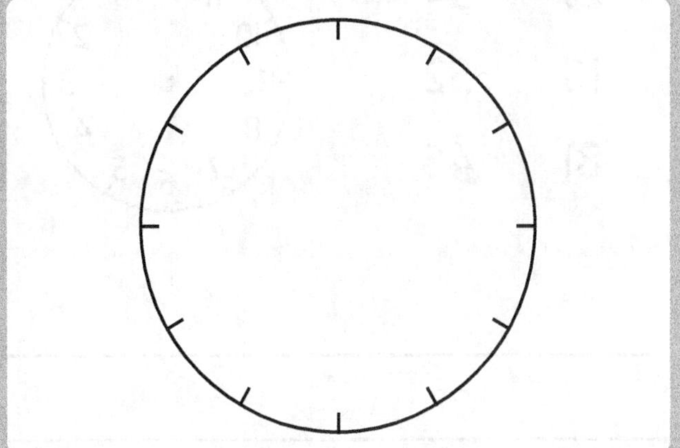

Mesure du temps avec des horloges

Commence quand l'aiguille rapide est au 12.

☐ Dessine l'aiguille rapide quand tu as terminé.

écris ton nom : ________

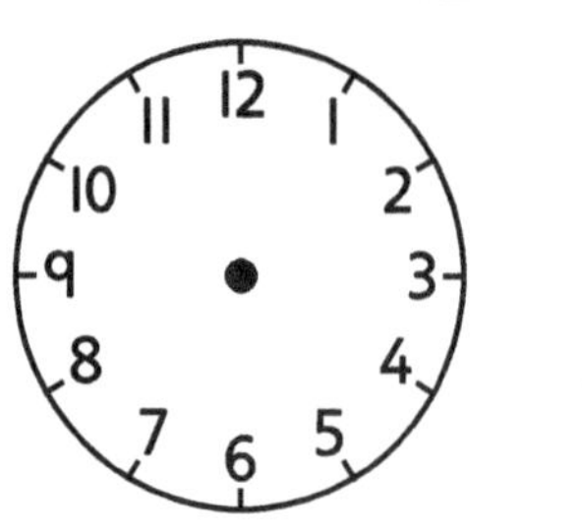

efface ton nom

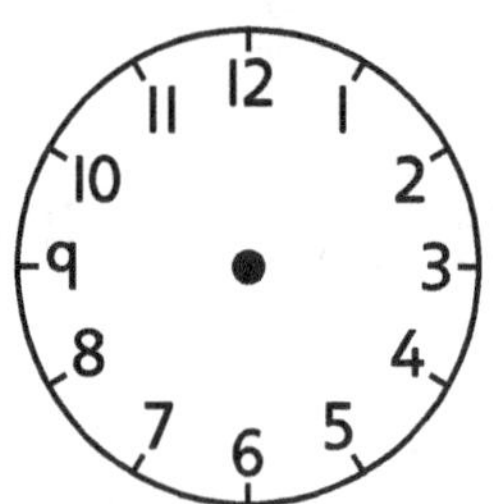

dis l'alphabet

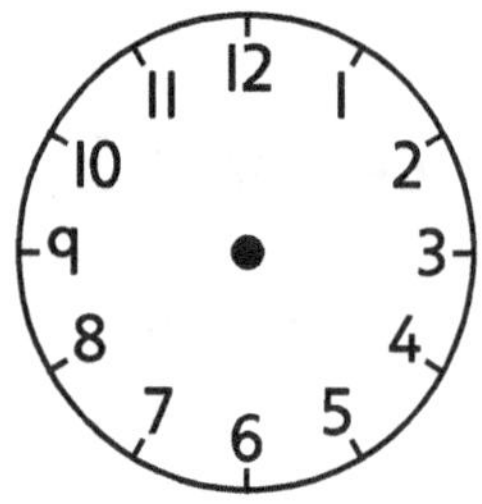

compte jusqu'à 30

écris les nombres dans l'ordre

____ ____ ____ ____ ____ ____

27 34

16 52

81 45

écris les nombres dans l'ordre

____ ____ ____ ____ ____ ____

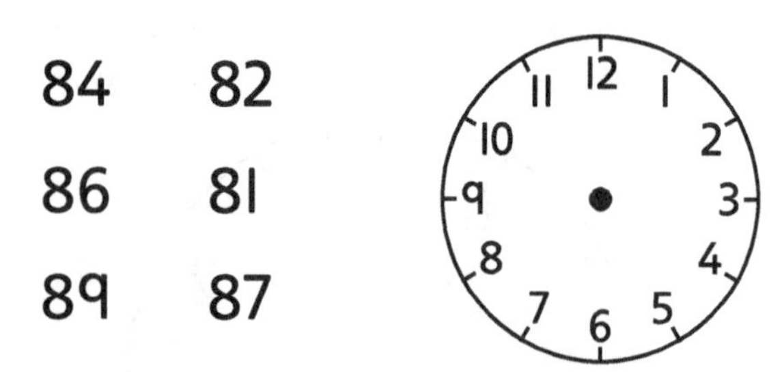

________________________ a pris le plus de temps.

________________________ a pris le moins de temps.

Josh jongle.

Il fait tomber les balles.

Combien de temps a-t-il jonglé?

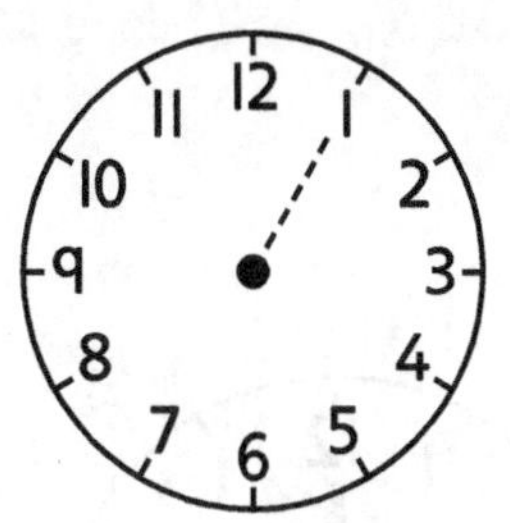

début

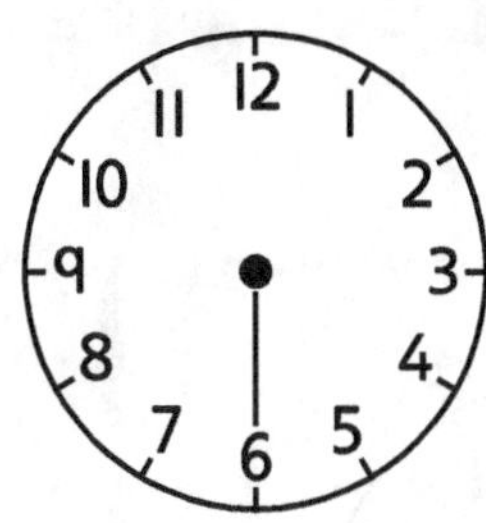

fin

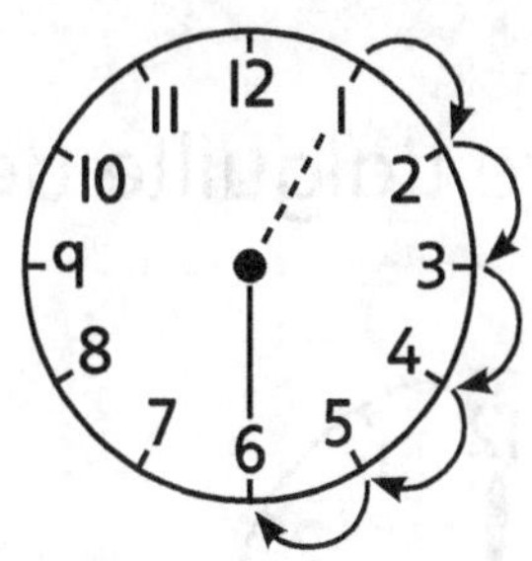

Josh a jonglé pendant _____ 

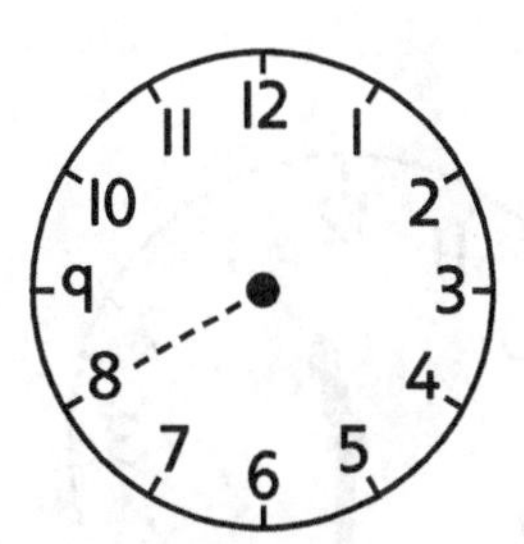

début

fin

Josh a jonglé pendant _____ 

☐ Est-ce que Josh a mieux réussi la deuxième fois? Explique ta réponse. ______________________

____

____

____

L'heure par heure

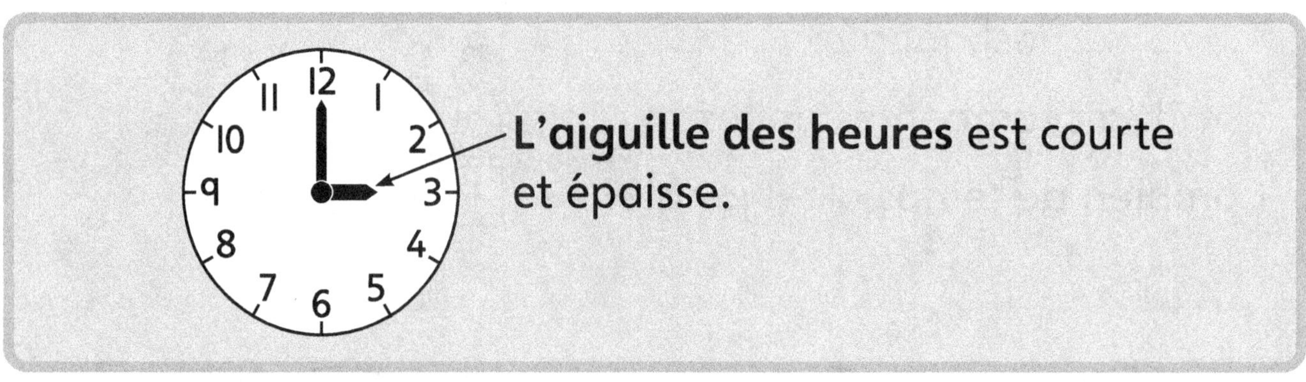

L'aiguille des heures est courte et épaisse.

☐ Entoure l'aiguille des heures.

Quand l'aiguille des minutes atteint 12, on dit "**heures**".

heures

pas heures

☐ Est-ce qu'on doit dire "heures"? Écris **oui** ou **non**.

______

______

______

______

______

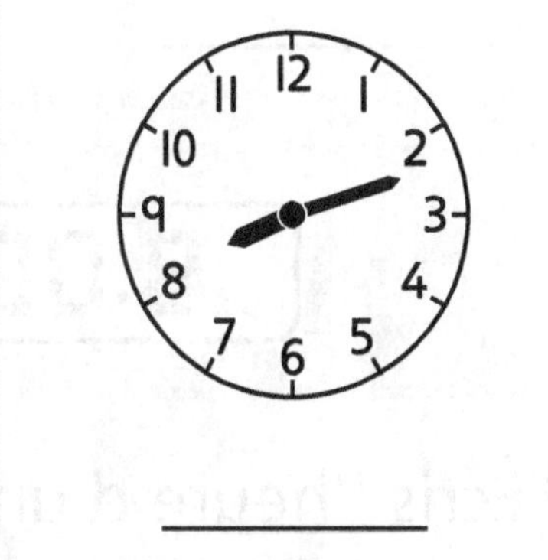

______

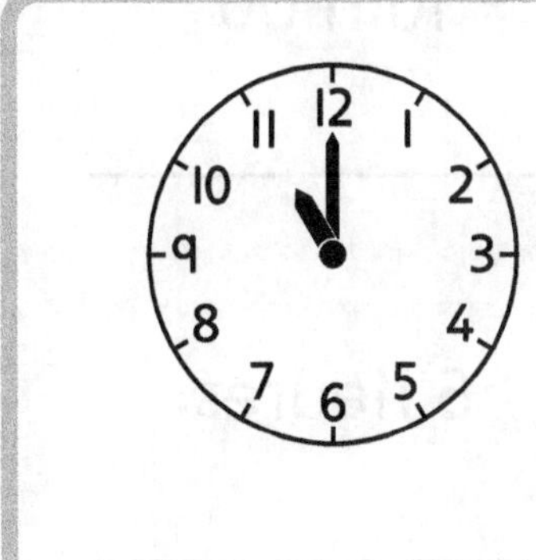

______

______

______

Une **horloge numérique** montre l'heure uniquement avec des chiffres.

Quand l'horloge numérique montre h 00 minute, on dit "**heures**".

☐ Est-ce qu'on doit dire "heures"? Écris **oui** ou **non**.

oui

non

____

4:00

____

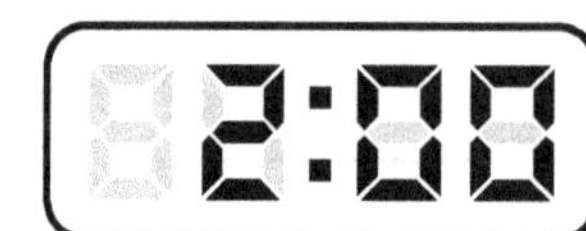

____

____

9:00 Il est **9 heures** ou **9 h 00**.

☐ Écris l'heure d'une autre façon.

1 h 00	8 h 00	10 h 00
1 heure	________	________

11 heures	7 heures	6 heures
11 h 00	________	________

Il est **9 heures** ou **9 h 00**.

☐ Écris l'heure de deux façons.

6 heures

6 h 00

_____ heures

_____ h 00

_____ heures

_____ h 00

____

_____ h _____

____

_____ h _____

____

_____ h _____

☐ Utilise une horloge-jouet pour montrer ces heures.

☐ Entoure deux qui sont identiques.

7 h 00	3 heures	5 h 00
1 h 00	6 heures	1 heure

Demi-heure

☐ Écris l'heure.

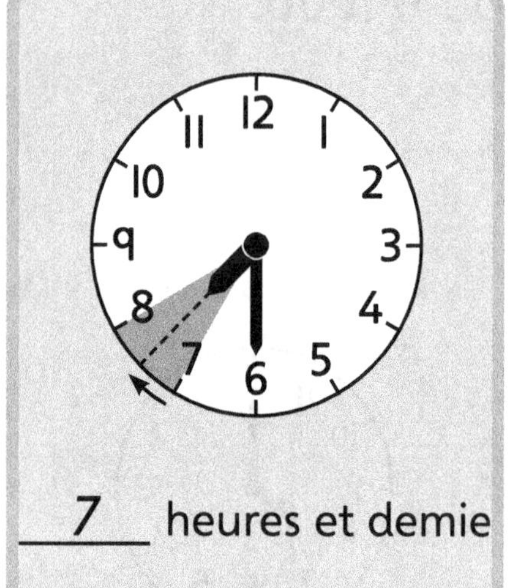

7 heures et demie

_____ heure et demie

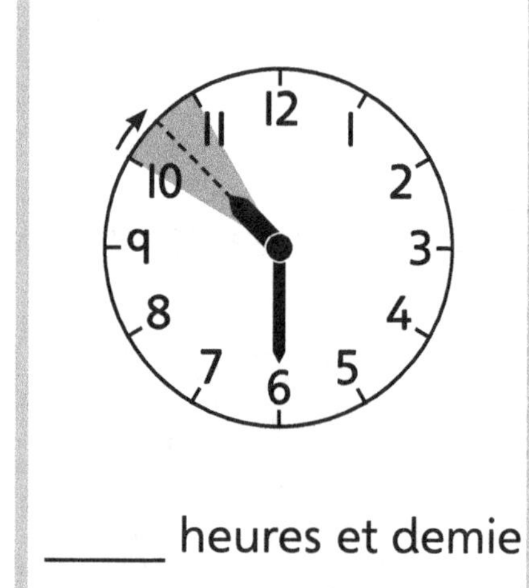

_____ heures et demie

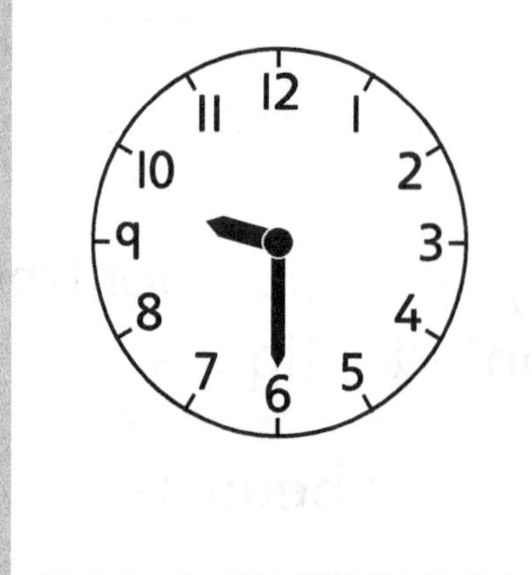

Quelle heure est-il?

10 heures

et demie

7 heures

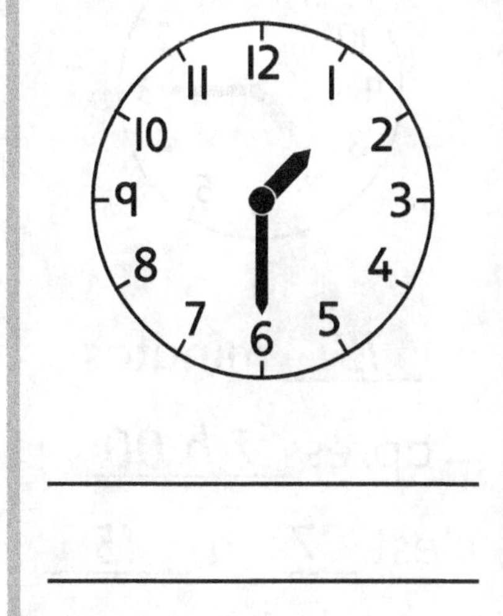

L'heure par demi-heure

Combien y a-t-il de minutes après 10 h 00?

15 minutes

______ minutes

après 10 h 00

______ minutes

après 10 h 00

______ minutes

après 10 h 00

☐ Écris l'heure.

15 minutes

après *7 h 00*

c'est *7* h *15*

______ minutes

après ________

c'est ____ h ______

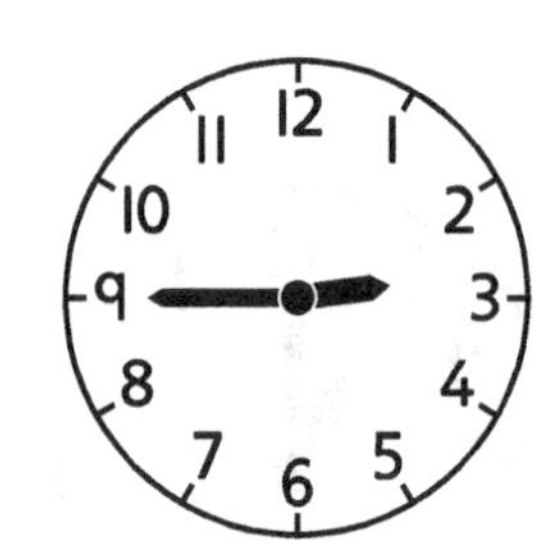

______ minutes

après ________

c'est ____ h ______

Il est une demi-heure après 8 h 00 ou 30 minutes après 8 h 00.

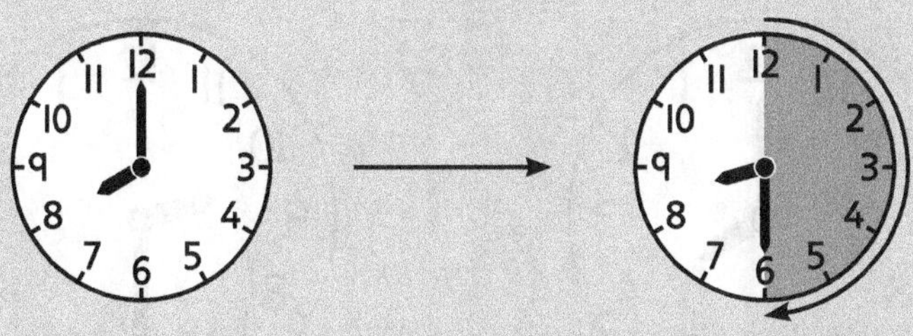

8 heures et demie **8 h 30**

☐ Écris l'heure de deux façons.

_____ heures et demie

_____ h 30

_____ heures et demie

_____ h 30

_____ heures et demie

_____ h 30

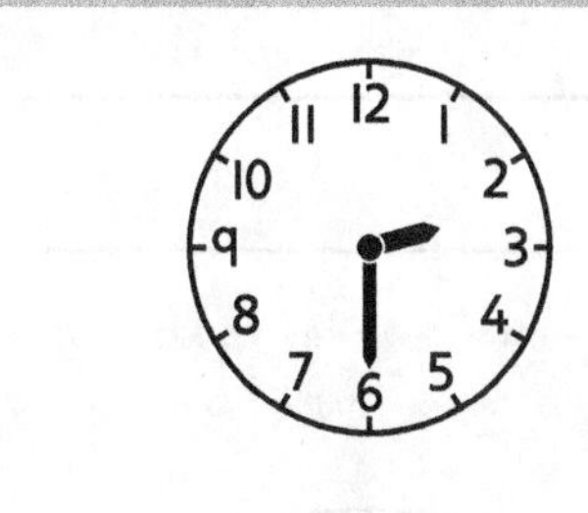

____

_____ h _____

____

_____ h _____

____

_____ h _____

☐ Utilise une horloge-jouet pour montrer ces heures.

☐ Entoure deux qui sont identiques.

12 h 30	2 heures et demie	4 h 30
5 h 30	9 heures et demie	12 heures et demie

☐ Écris l'heure.

2 heures

et demie

4 heures

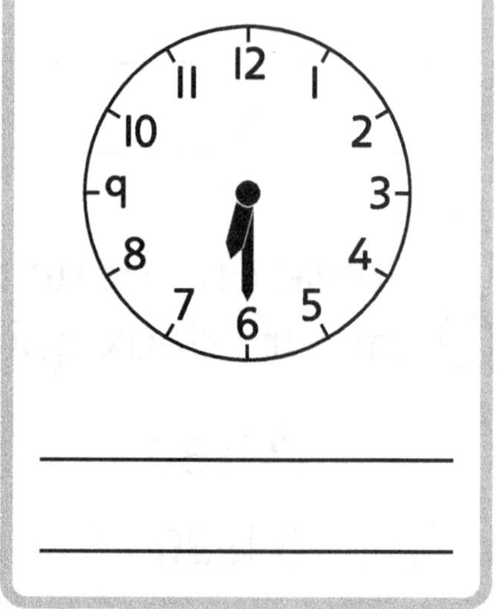

Un quart passé

Il est un quart d'heure après 7 h 00 ou 15 minutes après 7 h 00.

7 heures et quart **7 h 15**

☐ Écris l'heure de deux façons.

_1_ et quart

_1_ h _15_

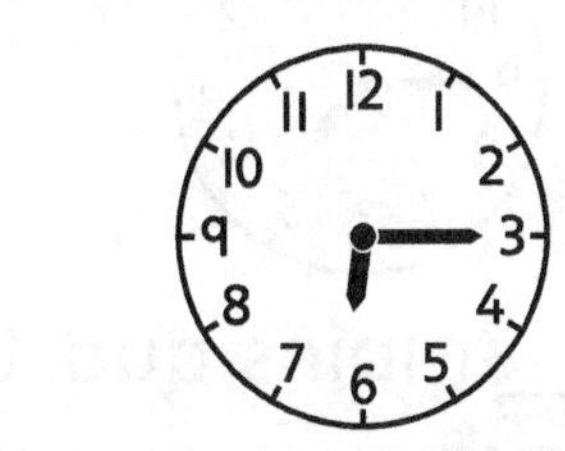

____ et quart

____ h ____

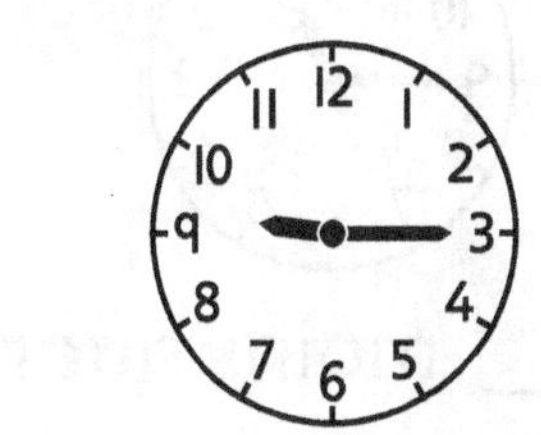

____ et quart

____ h ____

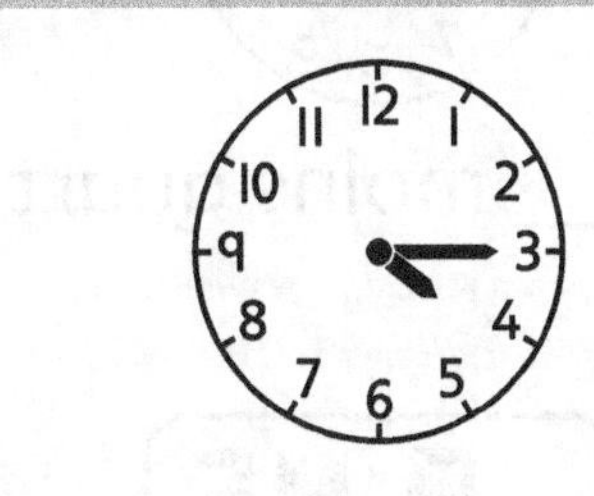

____

____ h ____

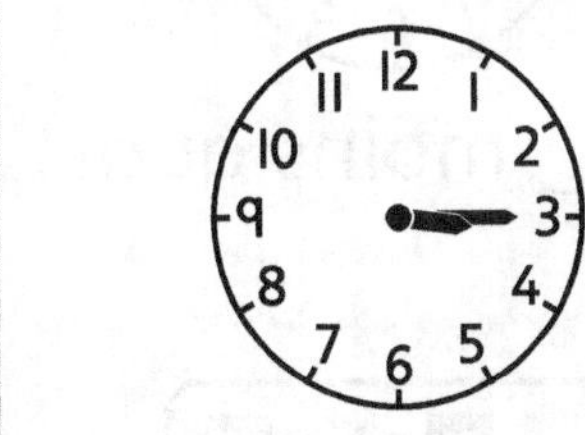

____

____ h ____

____

____ h ____

☐ Utilise une horloge-jouet pour montrer ces heures.

☐ Entoure deux qui sont identiques.

11 h 15	7 heures et quart	2 heures et quart
9 heures et quart	8 h 15	7 h 15

Moins quart

Il est 3 quarts d'heure après 4 heures ou un quart d'heure avant 5 heures.

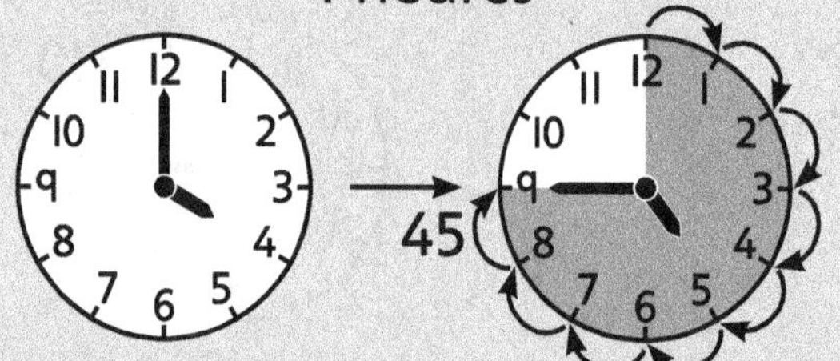

45 minutes après 4 h 00 ou 4 h 45

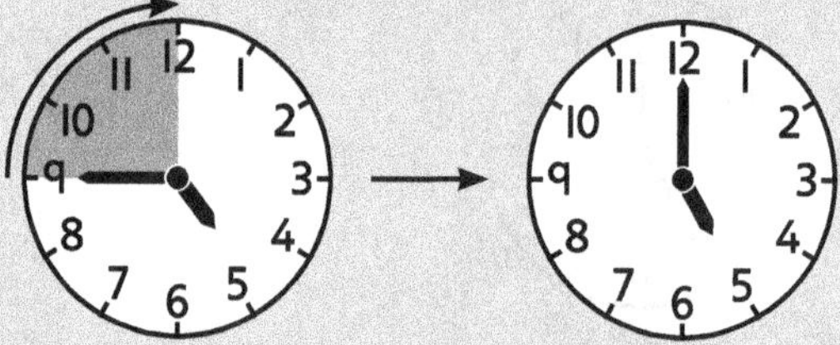

5 heures moins quart

_____ moins quart

_____ moins quart

_____ moins quart

_____ moins quart

_____ moins quart

_____ moins quart

_____ moins quart

_____ moins quart

_____ moins quart

3:45

_____ moins quart

9:45

_____ moins quart

6:45

_____ moins quart

☐ Entoure les heures qui sont identiques.

Un quart d'heure **avant** 4 h 00 c'est 4 heures **moins quart**.
Un quart d'heure **après** 4 h 00 c'est 4 heures **et quart**.

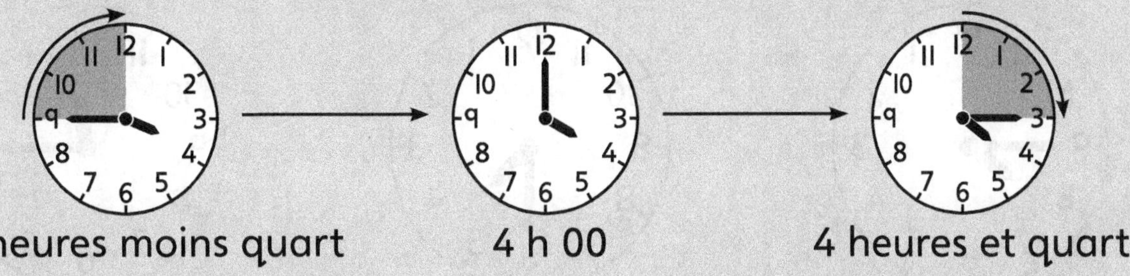

4 heures moins quart — 4 h 00 — 4 heures et quart

☐ Écris l'heure.

7 heures _et_ quart

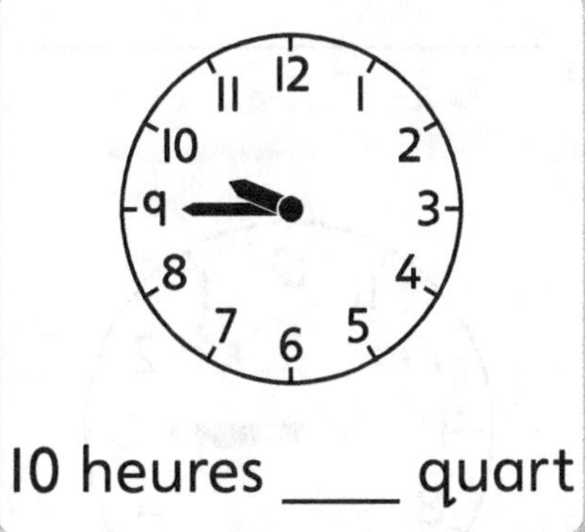

10 heures ____ quart

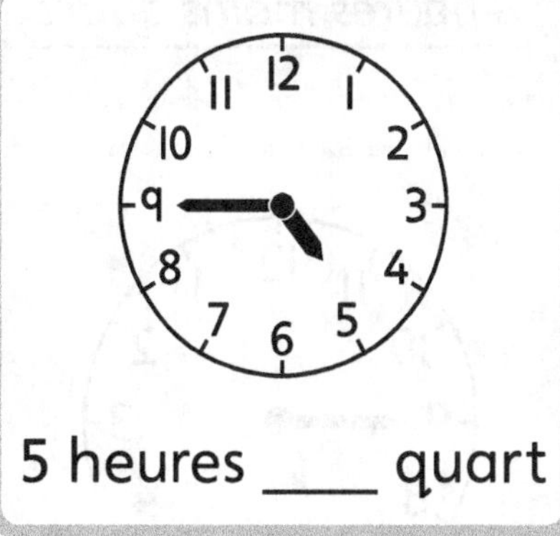

5 heures ____ quart

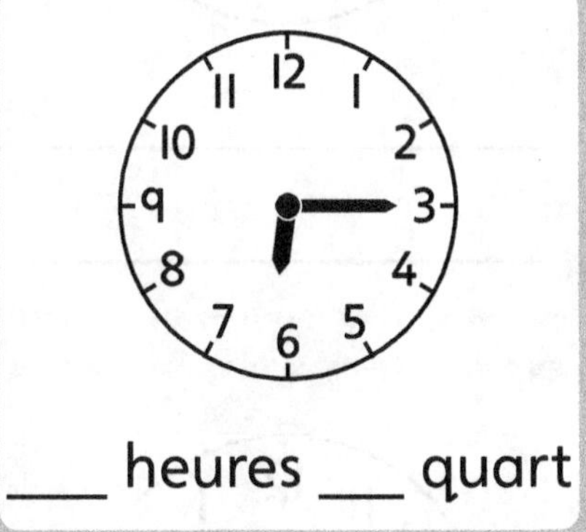

____ heures ___ quart

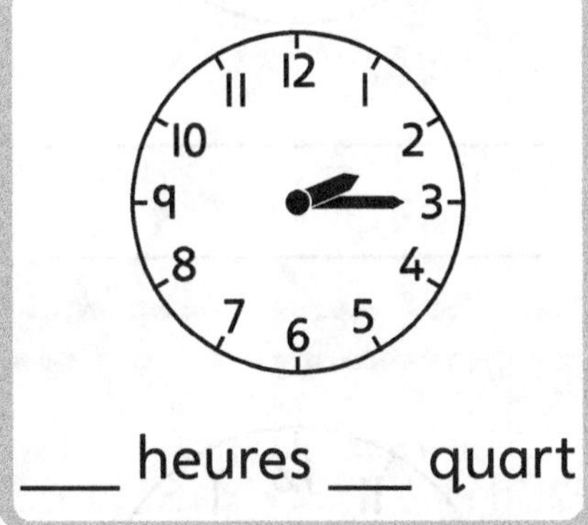

____ heures ___ quart

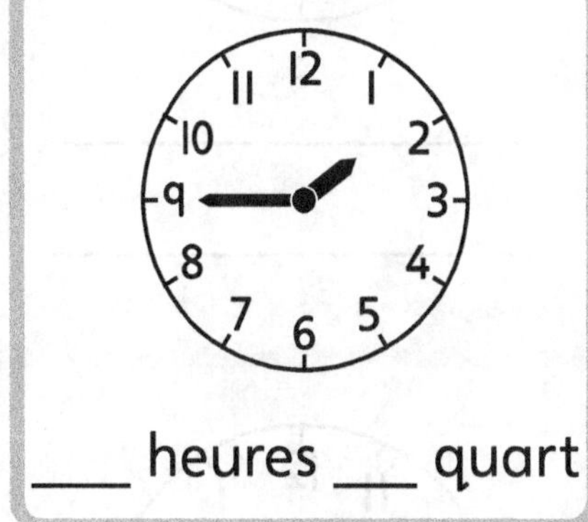

____ heures ___ quart

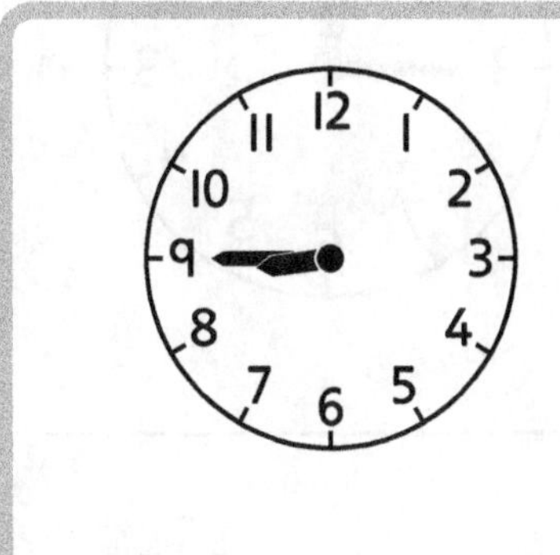

____

____

____

☐ Écris l'heure de deux façons.

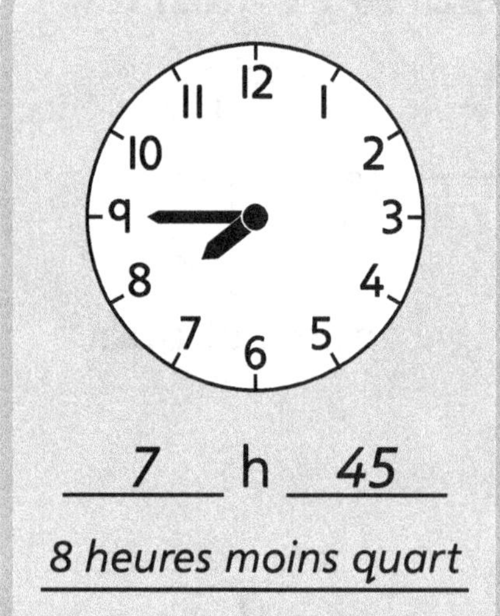

7 h 45

8 heures moins quart

_____ h _____

____

_____ h _____

____

____

____

____

____

____

____

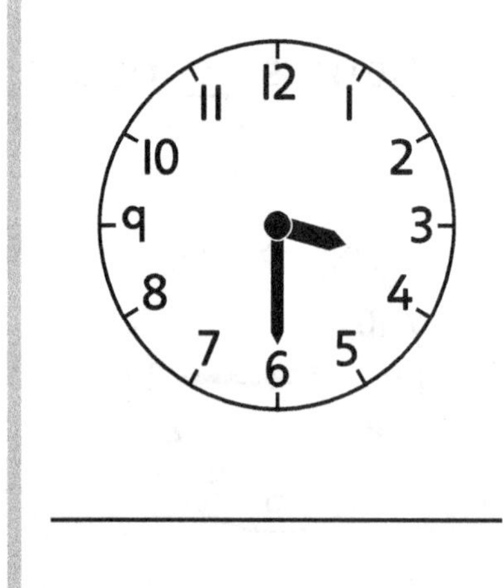

____

____

____

____

____

____

Graphiques à barres

Combien?

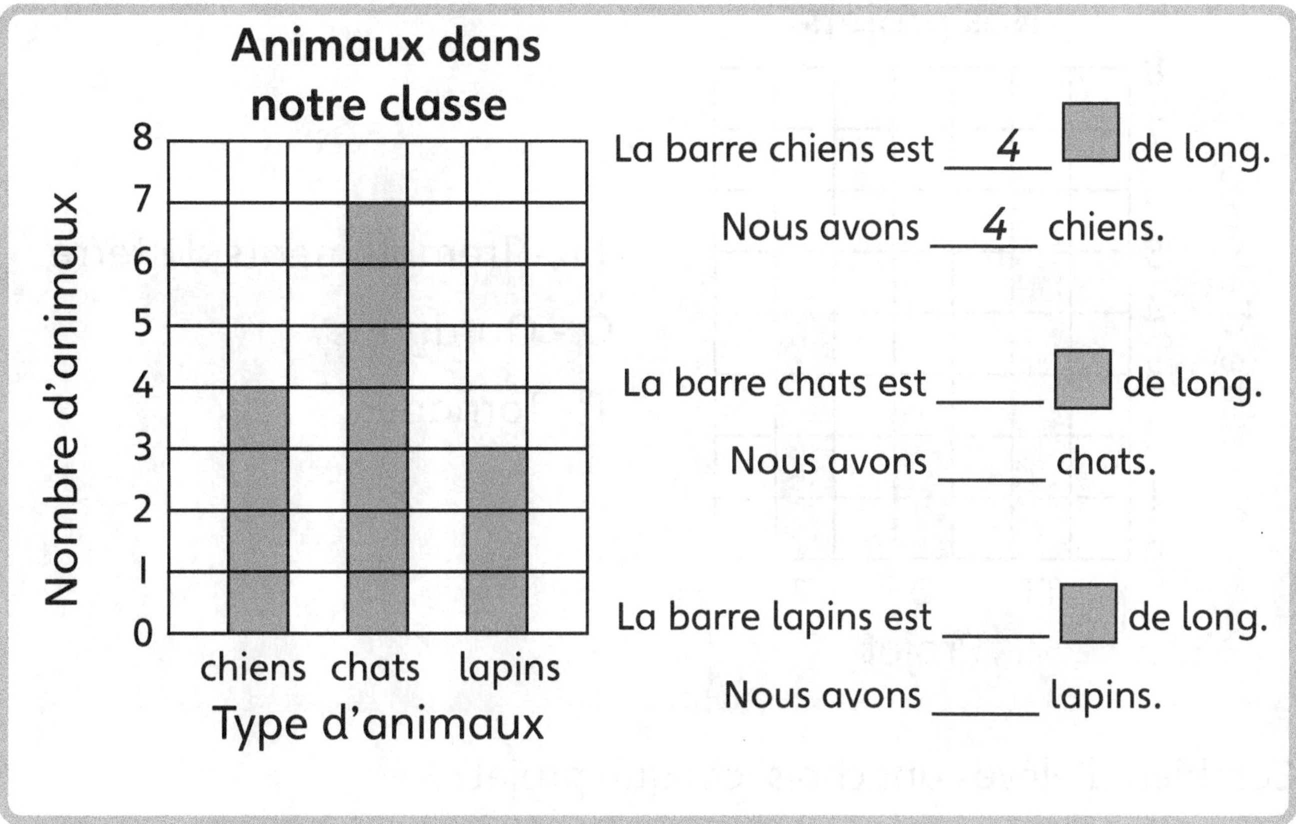

Animaux dans notre classe
Nombre d'animaux
8
7
6
5
4
3
2
1
0
chiens chats lapins
Type d'animaux
La barre chiens est 4 de long.
Nous avons 4 chiens.
La barre chats est ____ de long.
Nous avons ____ chats.
La barre lapins est ____ de long.
Nous avons ____ lapins.

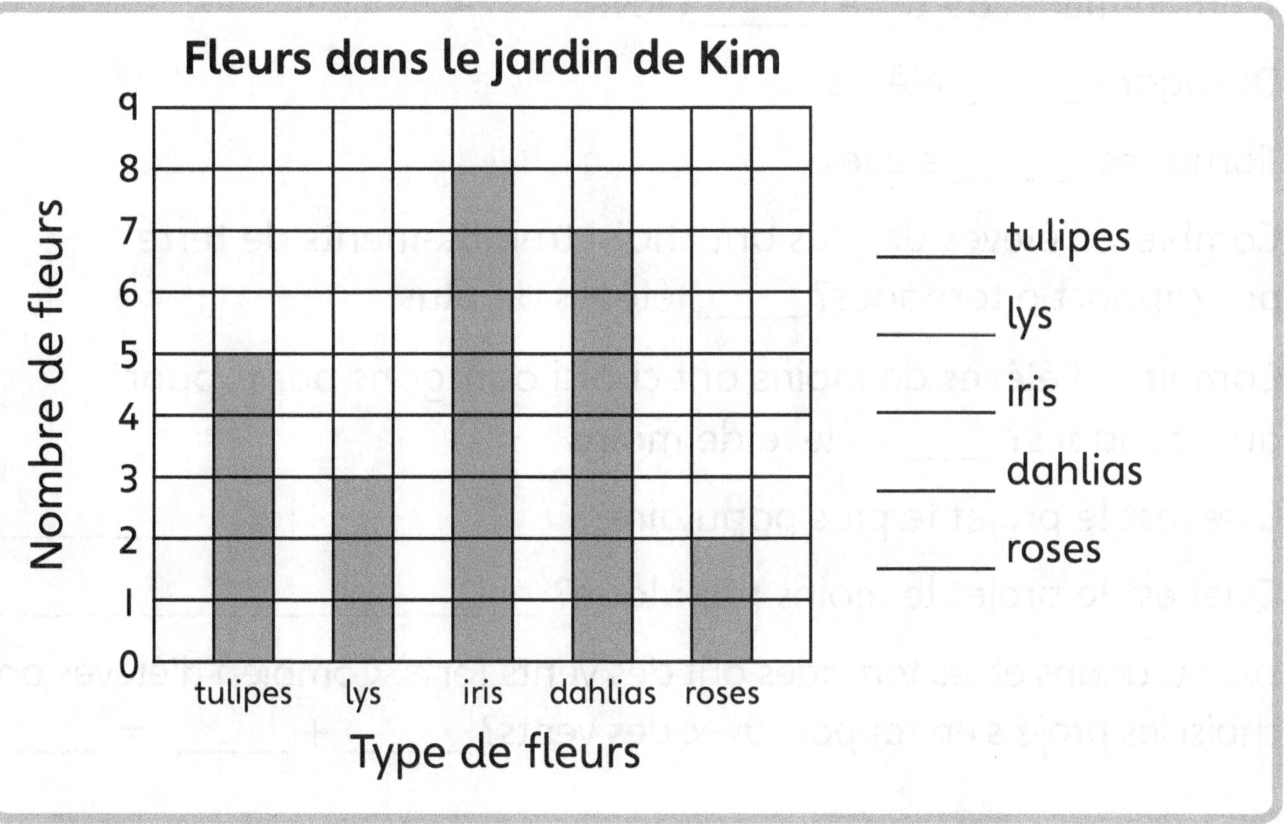

☐ Utilise le graphique pour répondre aux questions.

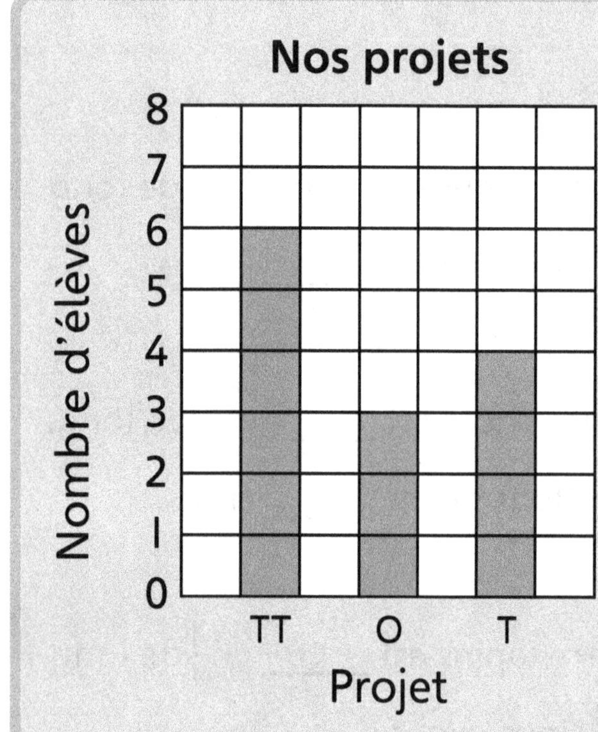

TT - Tremblements de terre

O - Ouragans

T - Tornades

Combien d'élèves ont choisi chaque projet?

Tremblements de **t**erre _____ élèves

Ouragans _____ élèves

Tornades _____ élèves

Combien d'élèves de plus ont choisi tremblements de terre par rapport à tornades?_____ élèves de plus

Combien d'élèves de moins ont choisi ouragans par rapport aux tornades? _____ élève de moins

Quel est le projet le plus populaire? ____________________

Quel est le projet le moins populaire? ____________________

Les ouragans et les tornades ont des vents forts. Combien d'élèves ont choisi les projets en rapport avec des vents? _____ + _____ = _____

- [ ] Utilise les données pour terminer le graphique à barres.
- [ ] Réponds aux questions.

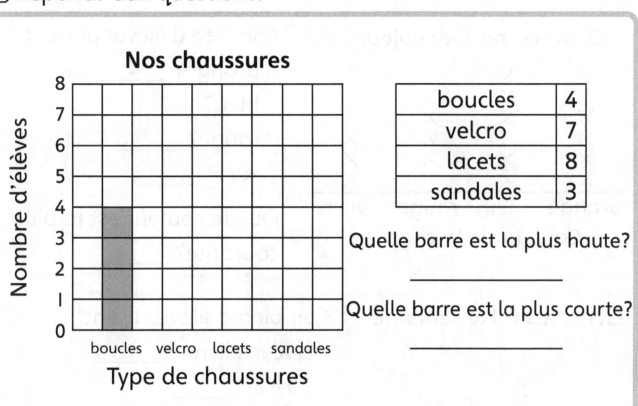

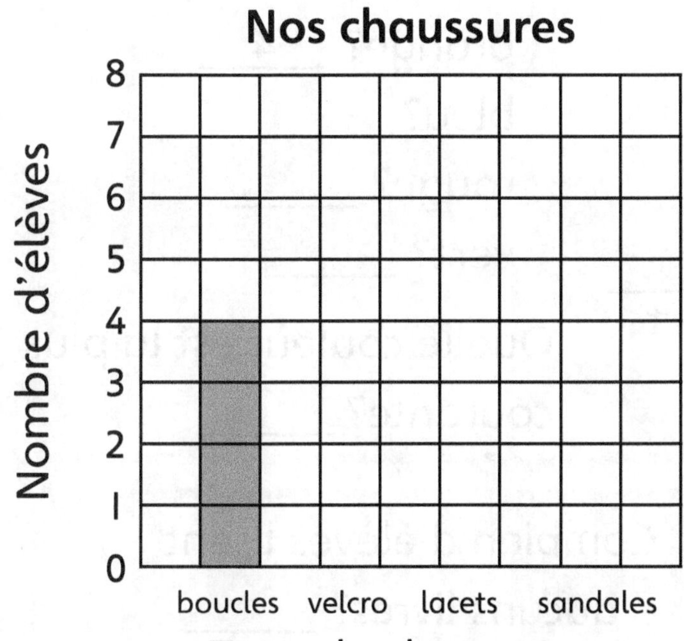

boucles	4
velcro	7
lacets	8
sandales	3

Quelle barre est la plus haute?

____

Quelle barre est la plus courte?

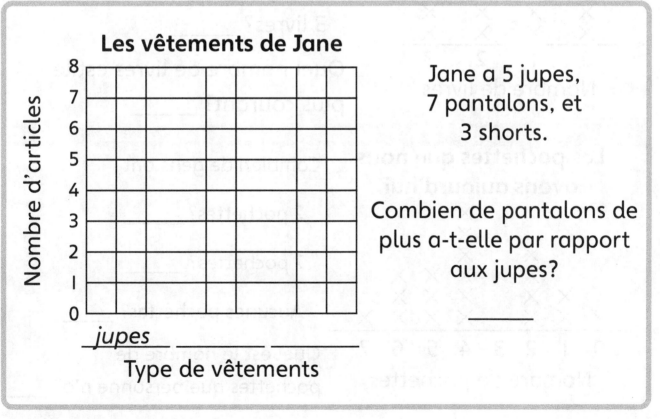

____

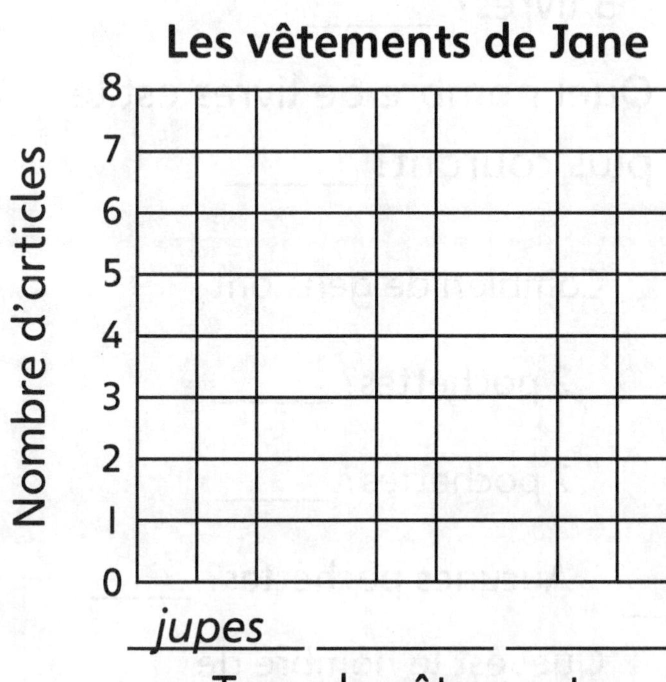

jupes ________ ________

Type de vêtements

Jane a 5 jupes,
7 pantalons, et
3 shorts.

Combien de pantalons de plus a-t-elle par rapport aux jupes?

______

Tracés linéaires

☐ Compte les X pour répondre aux questions.

Chemises portées aujourd'hui

orange bleu rouge vert

Couleur de la chemise

Combien d'élèves portent

orange? 4

bleu? ______

rouge? ______

vert? ______

Quelle couleur est la plus courante? ______

Livres lus cette semaine

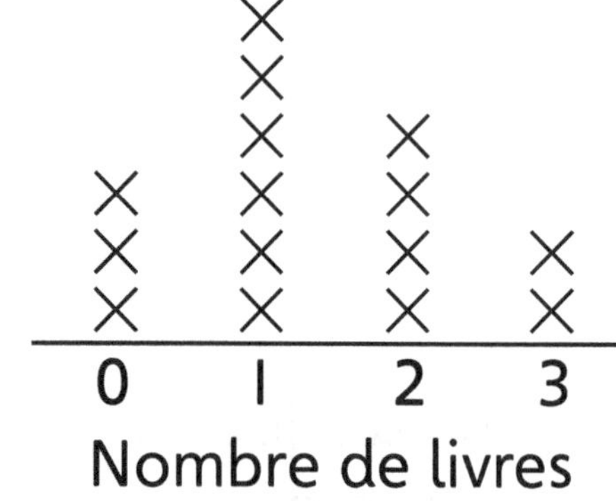

Combien d'élèves lisent

aucuns livres? ______

1 livre? ______

2 livres? ______

3 livres? ______

Quel nombre de livres est le plus courant? ______

Les pochettes que nous avons aujourd'hui

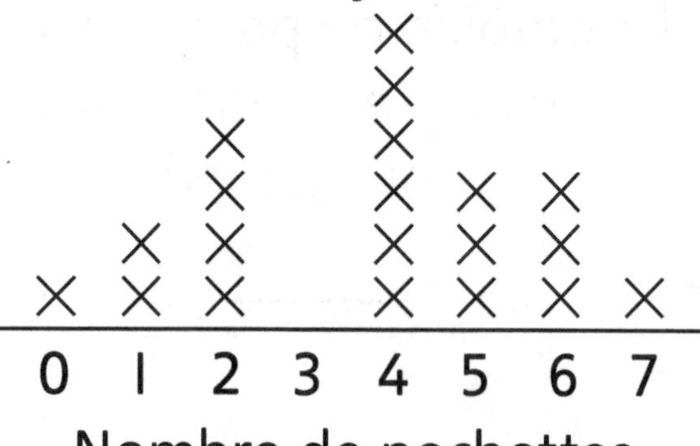

Combien de gens ont

2 pochettes? ______

7 pochettes? ______

Aucunes pochettes? ______

Quel est le nombre de pochettes que personne n'a? ______

☐ Utilise le tracé linéaire pour répondre aux questions.

Longueur des noms

3 4 5 6

Nombre de lettres

5 personnes ont 3 lettres dans leur nom.
Entoure les X qui le montre.

Les **X** épais montrent que
__6__ personnes ont
__5__ lettres dans leur nom.

Les boutons sur nos vêtements aujourd'hui

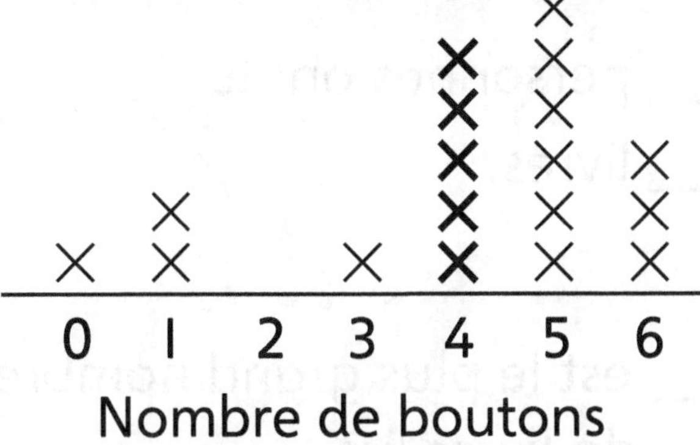

2 personnes ont 1 bouton sur leurs vêtements aujourd'hui.
Entoure les X qui le montre.

Les **X** épais montrent que
_____ personnes ont
_____ boutons aujourd'hui.

Grandeur de nos familles

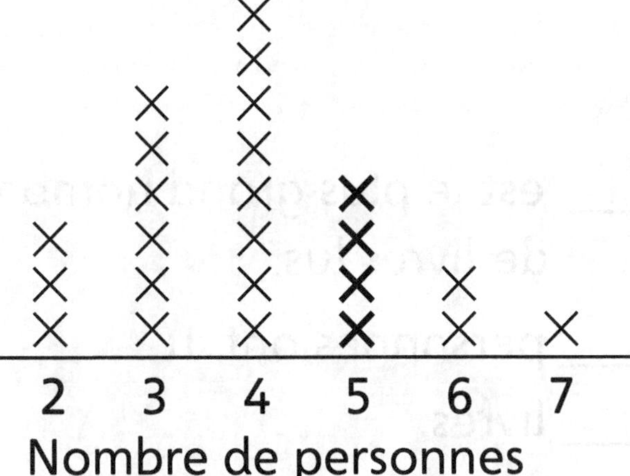

6 personnes ont 3 personnes dans leur famille.
Entoure les X qui le montre.

Les **X** épais montrent que

____

____

____

Les tracés linéaires montrent le nombre de livres lus.

Quel est le plus grand nombre de livres lus?
Combien de personnes ont lue cette quantité de livres?

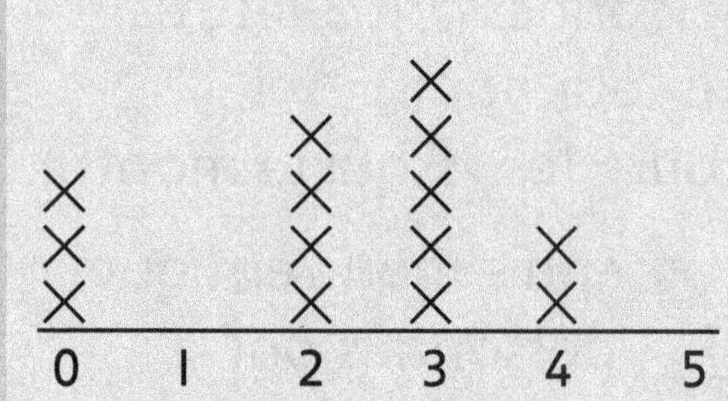

__4__ est le plus grand nombre de livres lus.

__2__ personnes ont lu __4__ livres.

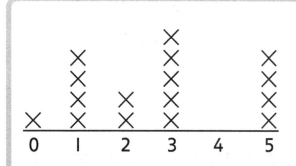

_____ est le plus grand nombre de livres lus.

_____ personnes ont lu _____ livres.

_____ est le plus grand nombre de livres lus.

_____ personnes ont lu _____ livres.

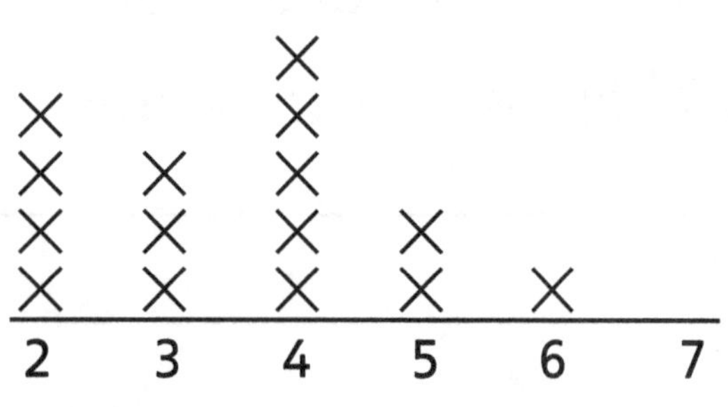

_____ est le plus grand nombre de livres lus.

_____ personnes ont lu _____ livres.

Longueur de nos noms

		X	X							
		X	X							
	X	X	X							
	X	X	X							
	X	X	X	X						
	X	X	X	X						
	3	4	5	6						

Nombre de lettres

- ☐ Compte le nombre de lettres dans chaque nom ci-dessous.
- ☐ Ajouter un X bleu au tableau pour **Eddy**.
- ☐ Ajoute un X rouge au tableau pour **Lewis**.
- ☐ Ajoute un X vert au tableau pour **Jin**.
- ☐ Ajoute une colonne et un X orange au tableau pour **Yu**.
- ☐ Ajoute une colonne et un X noir au tableau pour **Jasmine**.
- ☐ Ajoute un X marron au tableau pour ton nom.

☐ Utilise le tracé linéaire pour répondre aux questions.

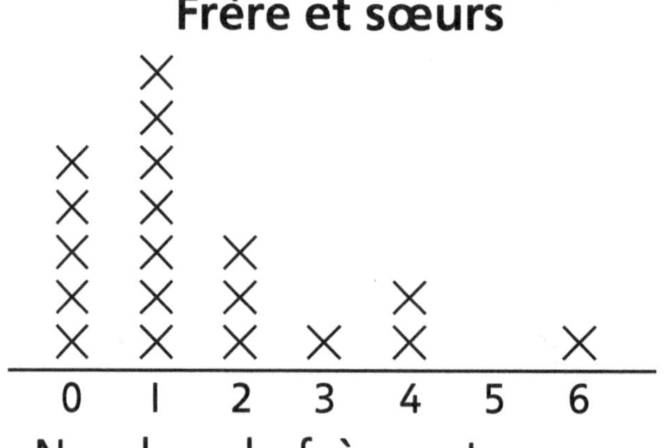

Quel est **le plus grand nombre** de frères et sœurs qu'une personne a?

____ frères et sœurs

Combien de personnes ont ce nombre de frères et sœurs? ____ personne

Quel est le nombre **le plus courant** de frères et sœurs? ____ frères et sœurs

Combien de personnes ont ce nombre de frères et sœurs? ____ personnes

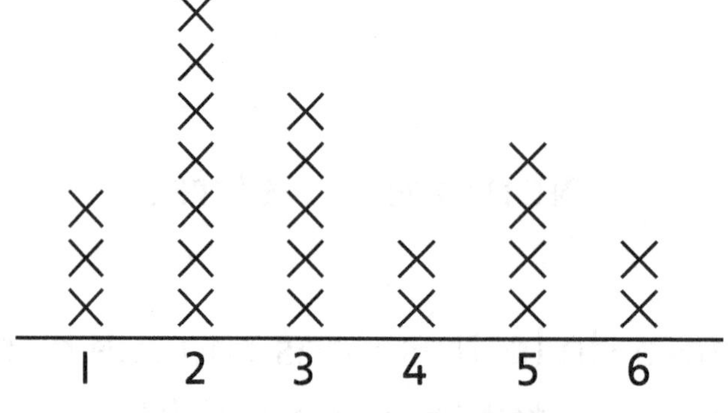

Combien de personnes **de plus** ont lu 3 livres au lieu de 4 livres?

____ personnes de plus

Combien de personnes **de moins** ont lu 6 livres au lieu de 2 livres?

____ personnes de moins ont lu ____ livres au lieu de ____ livres.

Les comptes

☐ Écris le nombre ou dessine le décompte.

Décompte	Nombre
|	1
||	2
𝍸	5
𝍸 |	6
|||	
	4
𝍸 ||	
	8
𝍸 𝍸	
𝍸 ||||	
	11
𝍸 𝍸 |||	
	15
𝍸 𝍸 𝍸 ||||	
	17
	20
𝍸 𝍸 𝍸 𝍸 ||	
	25
𝍸 𝍸 𝍸 𝍸 𝍸 𝍸	

☐ Décompte le nombre d'objets.
☐ Barre les objets au fur et à mesure que tu comptes.

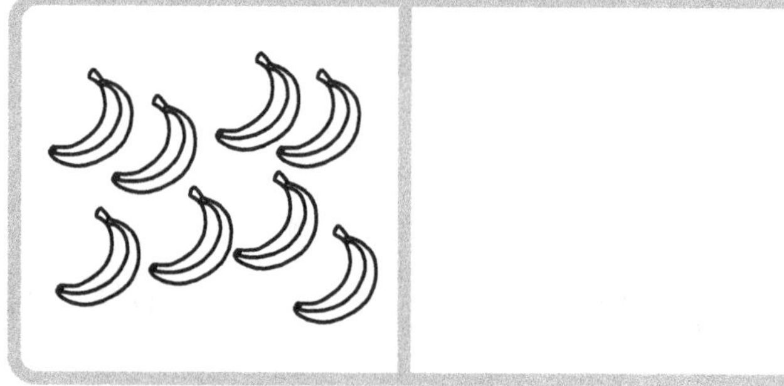

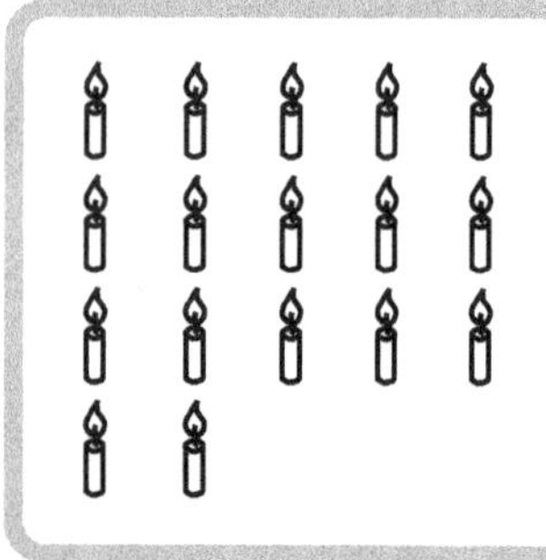

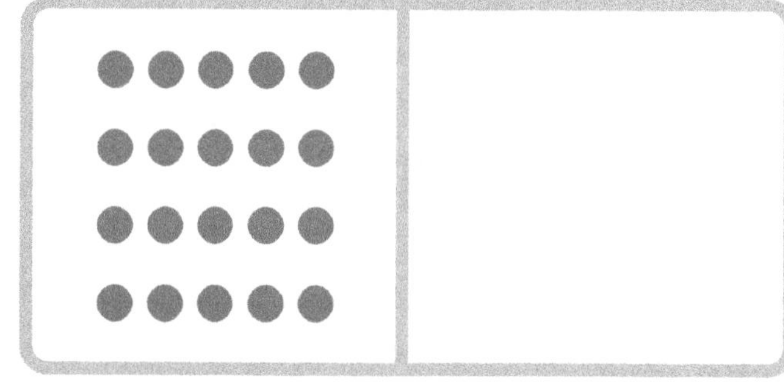

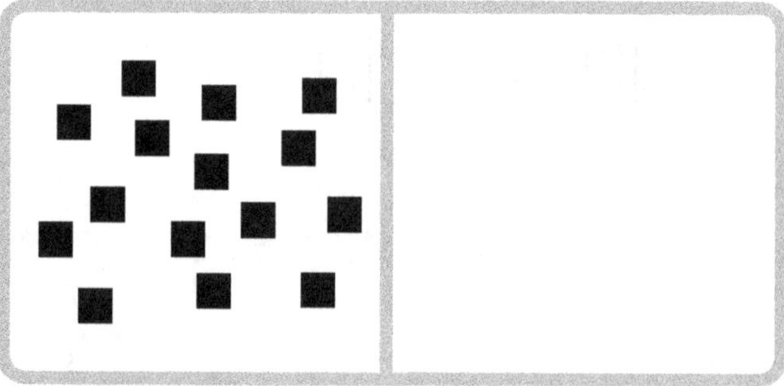

Poser des questions sur les données

☐ Pose une question sur le graphique en utilisant les mots donnés.

Cours favoris

gym	🙂	🙂	🙂	🙂	🙂
art	🙂	🙂			
musique	🙂	🙂	🙂		
théâtre	🙂	🙂			

combien

Combien d'élèves ont choisi le cours de gym?

le même nombre

Quels deux cours ont été choisis par le même nombre d'élèves?

deux plus populaires

Quels sont les deux cours les plus populaires?

Crème glacée favorite

chocolat	卌 卌
vanille	||||
fraise	卌 |||

combien

____

le plus populaire

____

le moins populaire

____

- [ ] Pose une question sur le graphique en utilisant les mots donnés.
- [ ] Demande à un ami de répondre à ta question.

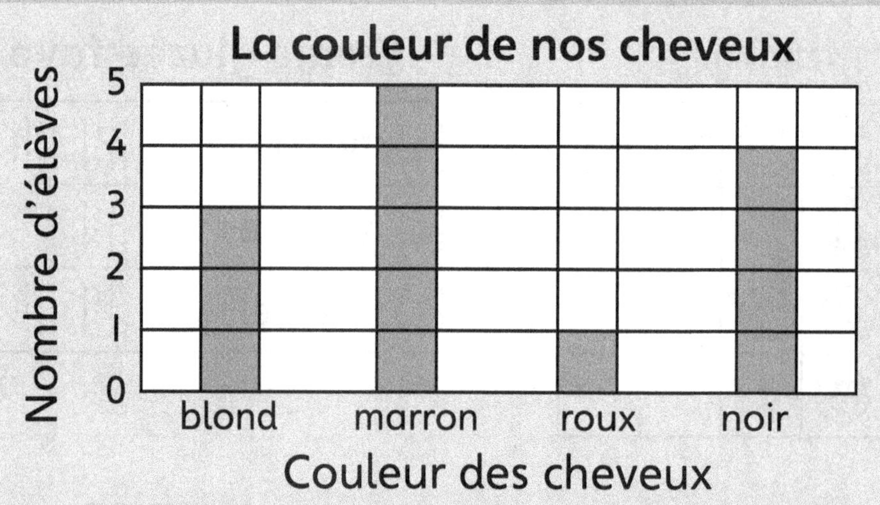

moins ... que

Question : *Combien d'élèves ont moins de cheveux roux que de cheveux blonds?*

Réponse : ______________________

plus ... que

Question : ______________________

Réponse : ______________________

le plus courant

Question : ______________________

Réponse : ______________________

Sondages

Lela a posé une question à sa classe.

Quelle est ta saison favorite?

Printemps Été Hiver

☐ Est-ce qu'il y a assez de choix? oui / non

☐ Explique. ______________________

____

____

Que choix devrait-elle ajouter? ______________

Fred a posé une question à sa classe.

Combien de frères et sœurs avez-vous?

0 1 2 3

Don a 4 frères et sœurs.

Luc a 7 frères et sœurs.

Il n'ont pas pu répondre au sondage.

☐ Ajoute **un** choix **de plus** pour que Luc et Don puissent répondre au sondage. ______________

☐ Pose cette question à ta classe : Comment es-tu arrivé à l'école aujourd'hui?

☐ Décompte tes résultats.

Titre : ______________________________

bus de l'école	
voiture	
marcher	
vélo	
patinette	
autre	

☐ Crée un pictogramme avec les données. Utilise des ☺.

Titre : ______________________________

Qu'as-tu appris de ce sondage?

☐ Quel était le moyen de transport le plus courant pour aller à l'école aujourd'hui? ________________

☐ Combien d'élèves l'ont utilisé? ________

☐ Pourquoi penses-tu que ce moyen de transport était le plus courant pour aller à l'école?

____

____

____

☐ Est-ce que le pictogramme montre autre chose?

____

____

____

☐ Écris 2 questions concernant tes données et demande à un ami de répondre à tes questions.

Question : ______________________________

____

Réponse : ______________________________

____

Question : ______________________________

____

Réponse : ______________________________

____

Certain ou impossible?

Certains événements se produisent toujours.

Il va faire froid cet hiver.

Des événements **impossibles** ne se produisent jamais.

Un extraterrestre étudiera dans ma classe

☐ Classe les événements.

Je vais obtenir noir avec cette toupie.

Je serai plus âgée l'année prochaine.

J'aurai 3 ans de plus l'année prochaine.

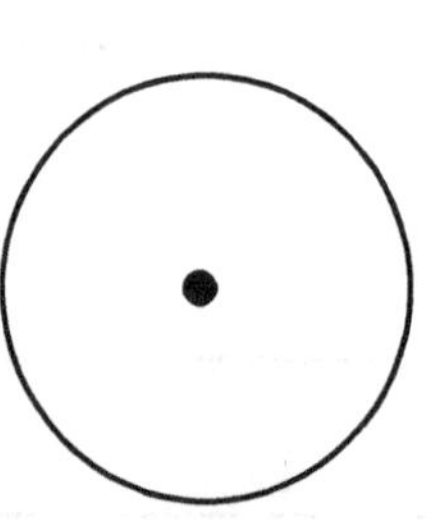

Je vais obtenir blanc avec cette toupie.

Les biscuits poussent dans les arbres

Je vais faire 1, 2, 3, 4, 5 ou 6 sur un dé.

Probable ou improbable?

Des événements **probables** se produisent, mais pas souvent.

Je vais aller à l'école ce matin

Des événements **improbables** peuvent se produire, mais pas si souvent.

Je vais faire un 3 cinq fois de suite.

☐ Écris **probable** ou **improbable**.

Je vais manger un dîner.

probable

Je vais manger un gâteau aujourd'hui.

____

Je vais faire un 6 dix fois de suite.

____

Je vais obtenir noir avec cette toupie.

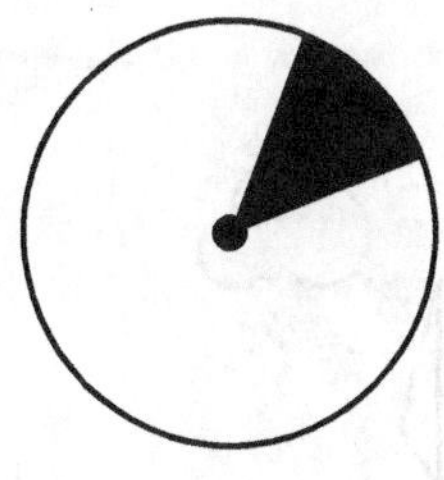

____

Il va neiger en juin.

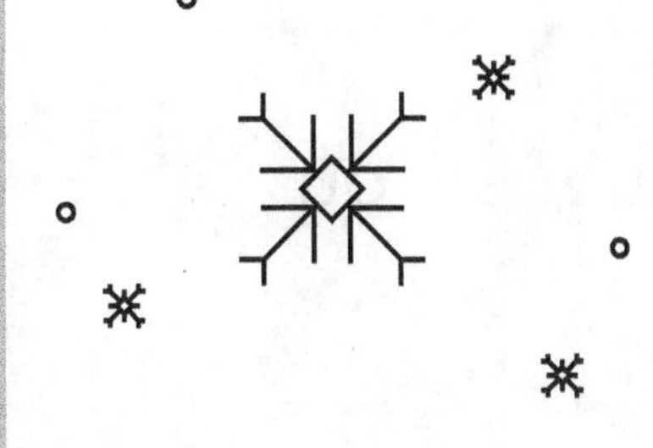

____

Je vais prendre un cube blanc de ce sac.

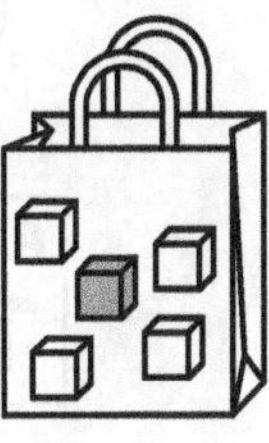

____

Plus probable ou moins probable?

impossible — improbable — probable — certain

☐ Etoure l'événement qui est **plus** probable.

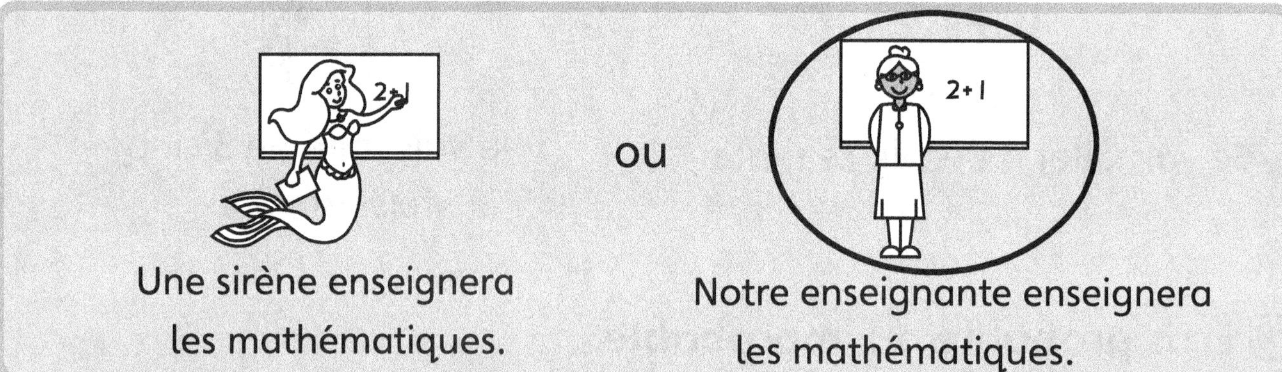

Une sirène enseignera les mathématiques. ou Notre enseignante enseignera les mathématiques.

ou

Un oiseau volera. Une vache volera.

ou

J'aurai chaud. J'aurai chaud.

ou

Il pleuvra en avril. Il neigera en avril.

Plus probable, également probable ou moins probable?

☐ Compare les événements.

plus probable   également probable   moins probable

Cam montera un poney. Cam montera un oiseau.

Il est plus probable que Cam montera un poney qu'un oiseau.

Un poisson chantera. Avril chantera.

Il est ________ probable qu'un poisson chante que ________.

Une pièce attérira sur pile. Une pièce attérira sur face.

Il est ______________________________________.

Je retirerai un cube gris. Je retirerai un cube blanc.

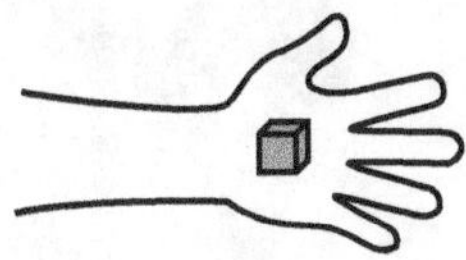

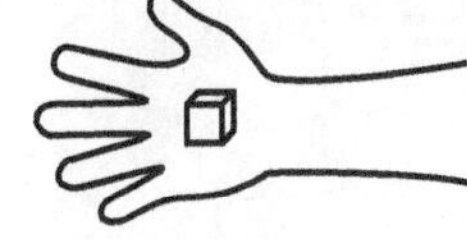

____

Comparaison des aires

- ☐ Trace les formes.
- ☐ Coupe-les et compare les aires.
- ☐ Écris **plus grand** et **plus petit** sur chaque paire.

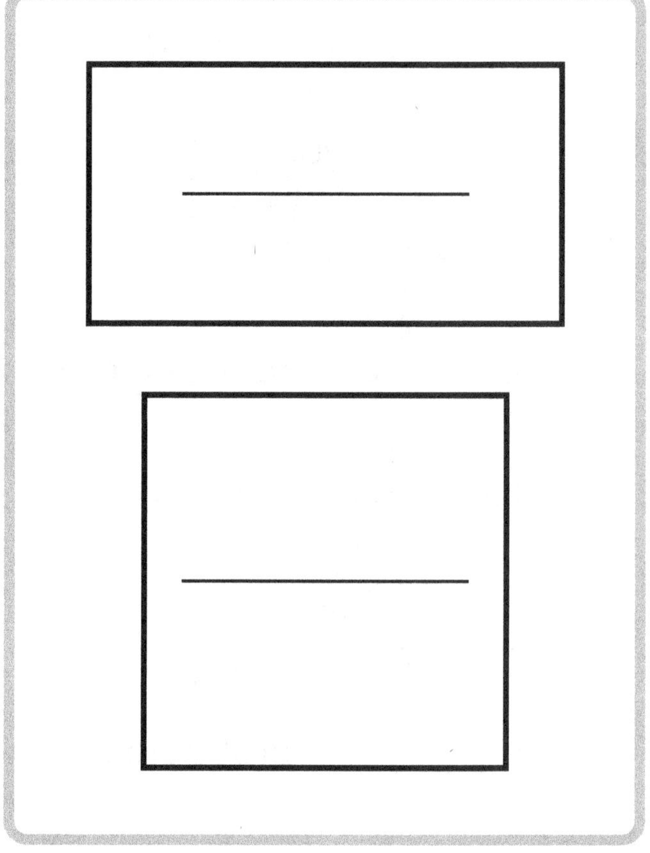

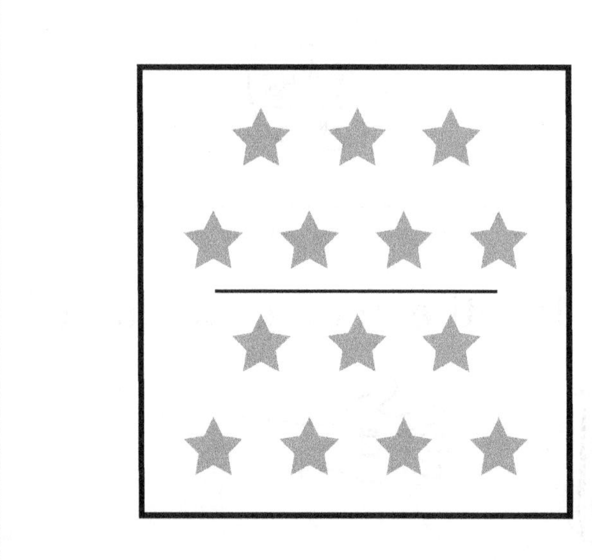

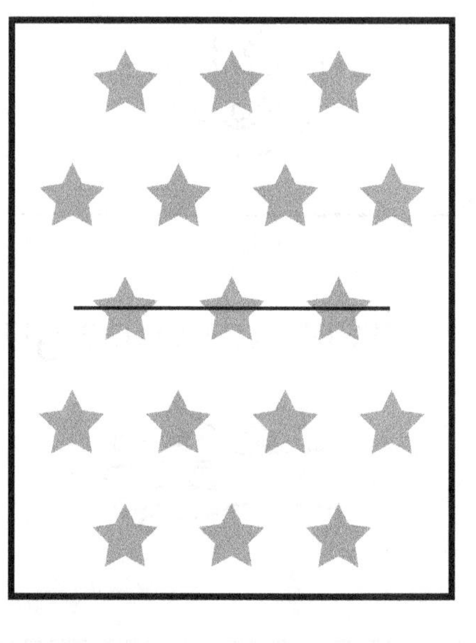

Mesure de l'aire

Utilise des grands [cube] comme unité.

☐ Mesure l'aire.

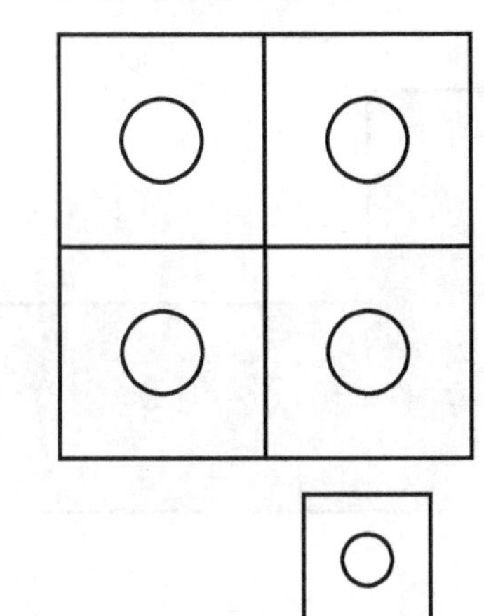

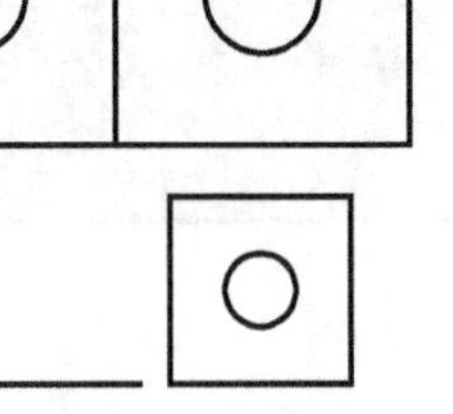

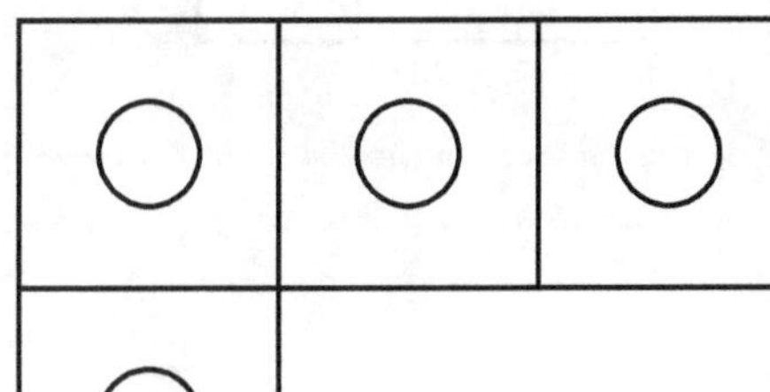

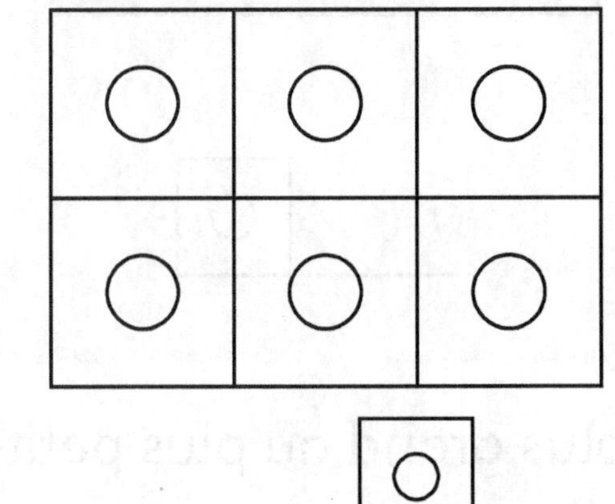

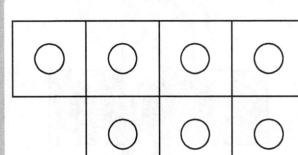

Utilise des grands [cube] comme unité.

☐ Mesure l'aire.

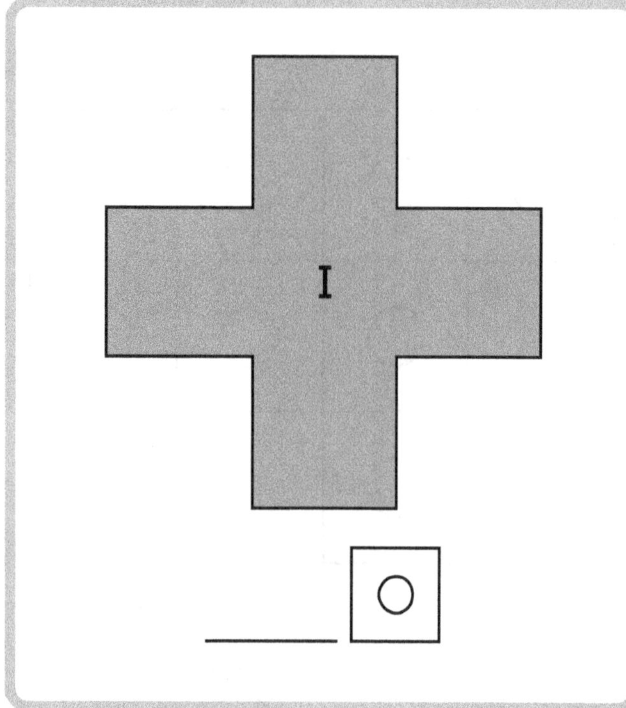

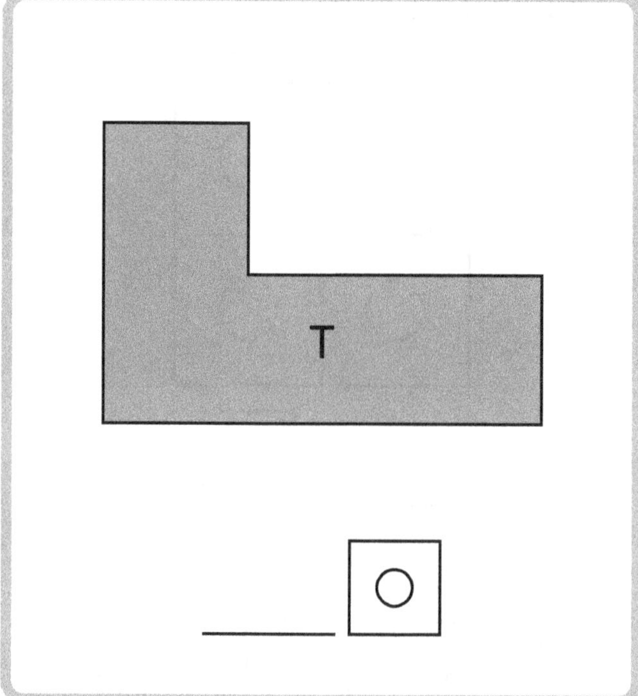

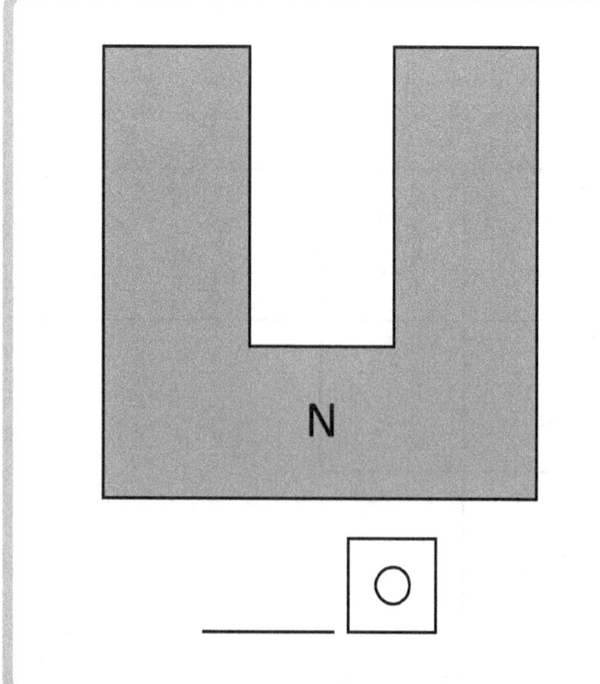

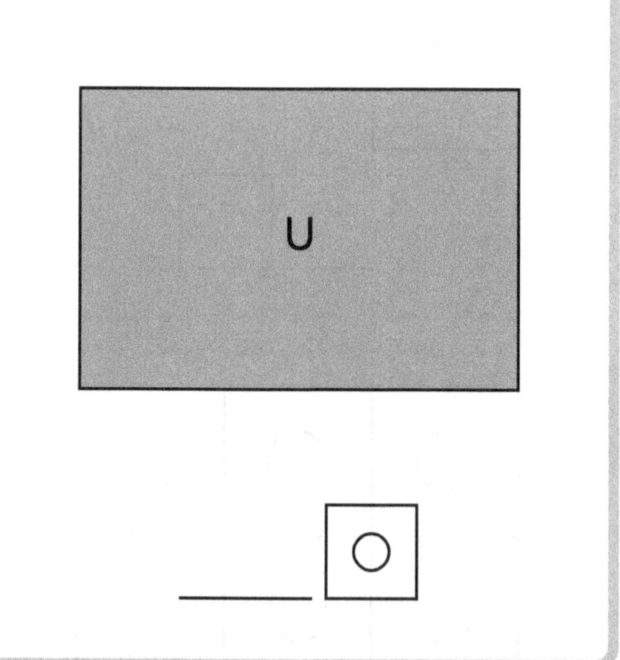

☐ Mets les formes dans l'ordre, du plus grand au plus petit.

_______ _______ _______ _______

☐ Estime l'aire dans les grands [cube].
☐ Mesure l'aire pour vérifier.

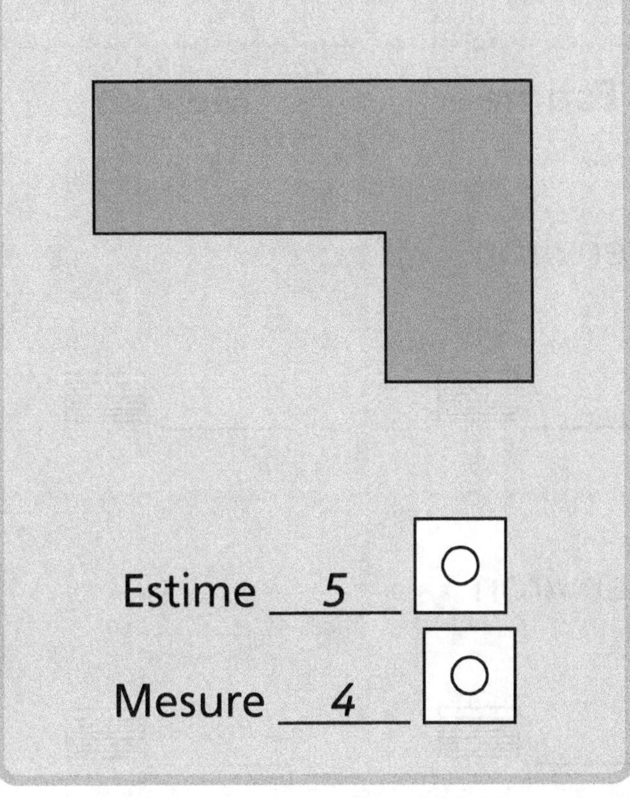

Estime 5 ○

Mesure 4 ○

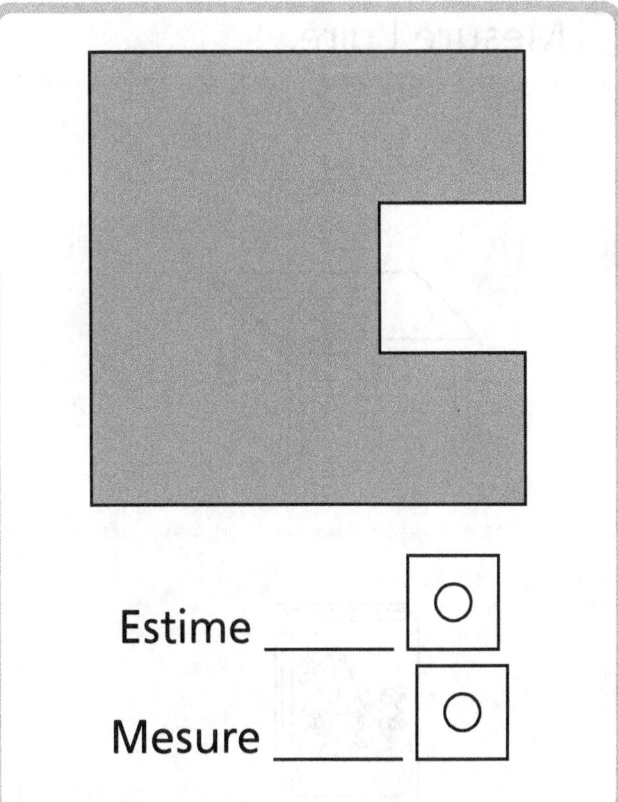

Estime ______ ○

Mesure ______ ○

Estime ______ ○

Mesure ______ ○

Utilise des ▤ comme unité.

☐ Estime l'aire.
☐ Mesure l'aire.

	Estime	Mesure
	environ ____ ▤	____ ▤
	environ ____ ▤	____ ▤
	environ ____ ▤	____ ▤
Tu choisis.	environ ____ ▤	____ ▤

Comparaison des unités de l'aire

☐ Couvre la forme avec des grands et des petits . Combien?

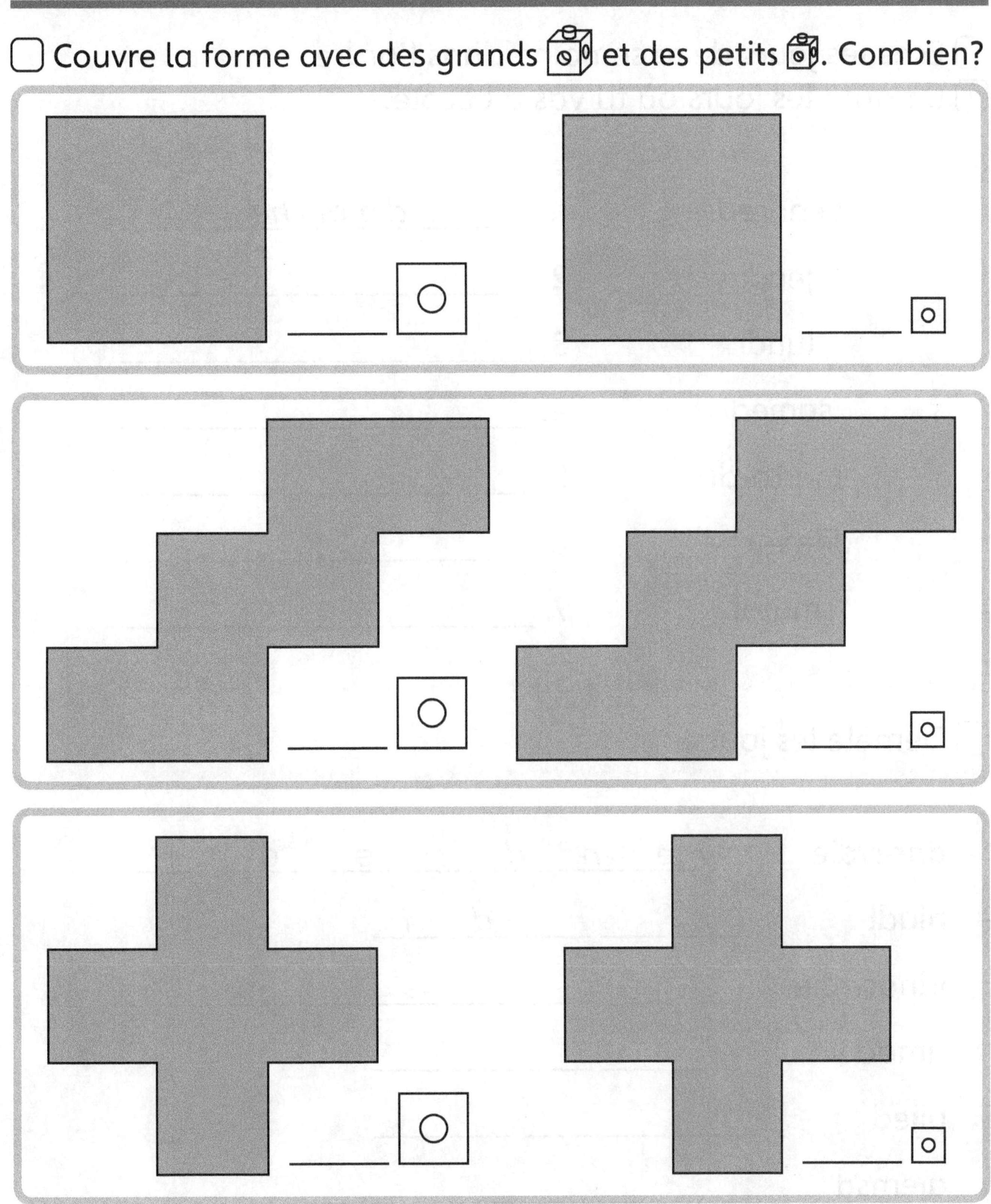

☐ Est-ce qu'il a fallu plus de grands ou de petits pour couvrir les formes? Pourquoi?

Les jours et les mois

☐ Écris les jours de la semaine dans l'ordre.
☐ Entoure les jours où tu vas à l'école.

vendredi	1. *dimanche*
jeudi	2. ______
lundi	3. ______
samedi	4. ______
mercredi	5. ______
~~dimanche~~	6. ______
mardi	7. ______

☐ Démêle les jours.

dnrevdie	*v* *e* *n* *d* *r* *e* d i
niudl	*l* __ __ *d* *i*
idnacmhe	__ __ __ __ __ c h e
rimad	__ __ __ __ __
uijed	__ __ __ __ __
aiemsd	__ __ __ __ __ __
edmircer	__ __ __ __ __ __ __ __

☐ Écris les mois de l'année dans l'ordre.

☐ Entoure les mois où tu vas à l'école.

mai	1. *janvier*
juillet	2. ______
décembre	3. ______
~~janvier~~	4. ______
mars	5. ______
novembre	6. ______
septembre	7. ______
juin	8. ______
février	9. ______
octobre	10. ______
août	11. ______
avril	12. ______

☐ Démêle les mois.

aim ___ ___ ___

ijun ___ ___ ___ ___

ueiljlt ___ ___ ___ ___ ___ ___ ___

Bonus : éfrrive ___ ___ ___ ___ ___ ___ ___

Calendriers

☐ Utilise ce calendrier pour répondre aux questions.

janvier 2018						
dimanche	lundi	mardi	mercredi	jeudi	vendredi	samedi
	1	2	3	4	5	6
7	8	9	10	11	12	13
14	15	16	17	18	19	20
21	22	23	24	25	26	27
28	29	30	31			

Quel jour de la semaine est-ce?

1er janvier ___*lundi*___

16 janvier ______________

25 janvier ______________

Quelle est la date de chaque jour?

le premier mercredi ___*3 janvier*___

le troisième samedi ______________

le deuxième lundi ______________

☐ Utilise ce calendrier pour répondre aux questions.

juin 2018						
dimanche	lundi	mardi	mercredi	jeudi	vendredi	samedi
		Aujourd'hui ↓			1	2
3	4	5	6	7	8	9
10	11	12	13	14	15	16
17	18	19	20	21	22	23
24	25	26	27	28	29	30

Aujourd'hui, on est m ___ ___ di, le 5 ___ ___ in ___ ___ 18

Quel **jour** de la semaine était hier? ______________

Quelle **date** sera demain? ______________

Sara a une date de jeux le 15 juin.

Combien de **jours** reste-t-il jusqu'à sa date de jeux? _____

Est-ce que c'est plus qu'une semaine, 1 semaine ou moins d'une semaine avant la date de jeux? ______________

La sortie de classe était exactement il y a un mois.

À quelle **date** était la sortie de classe? ______________

Thermomètres

Nous utilisons un thermomètre pour savoir si quelque chose est chaud ou froid.

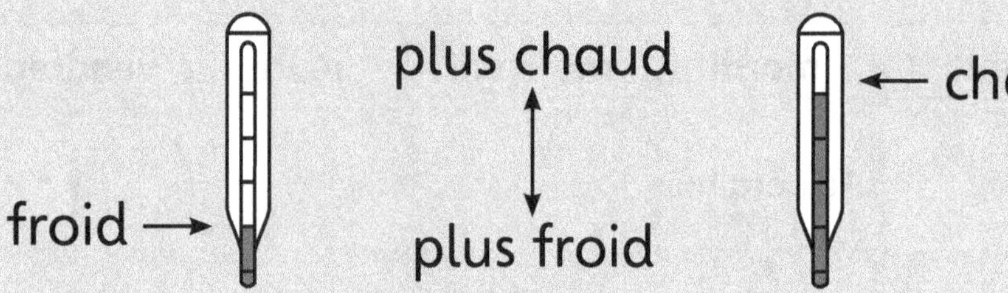

☐ Entoure le verre avec l'eau la **plus chaude**.

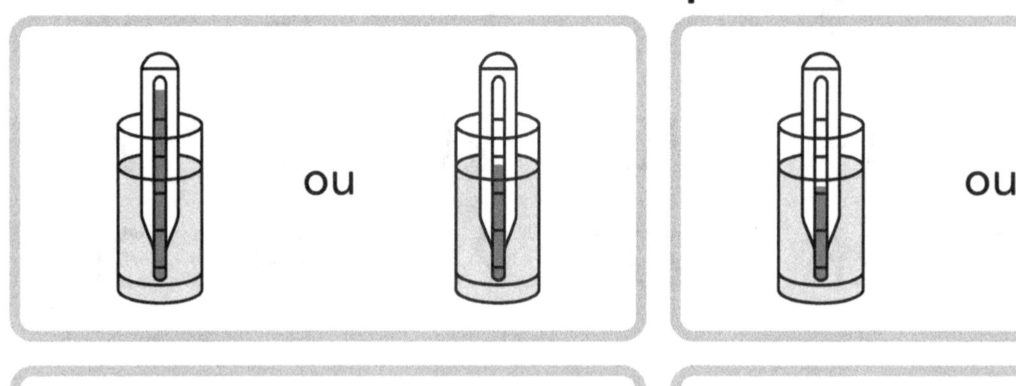

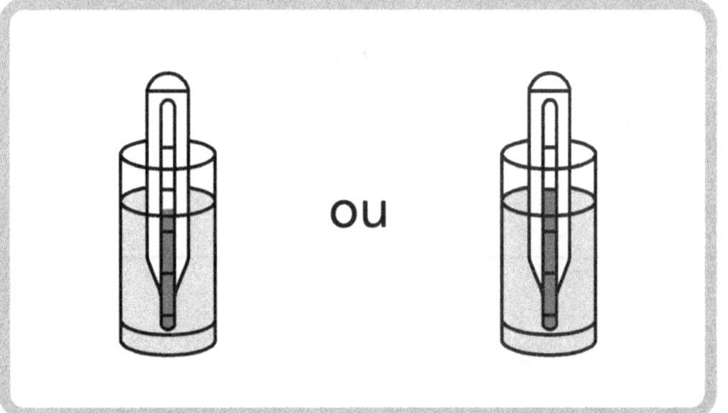

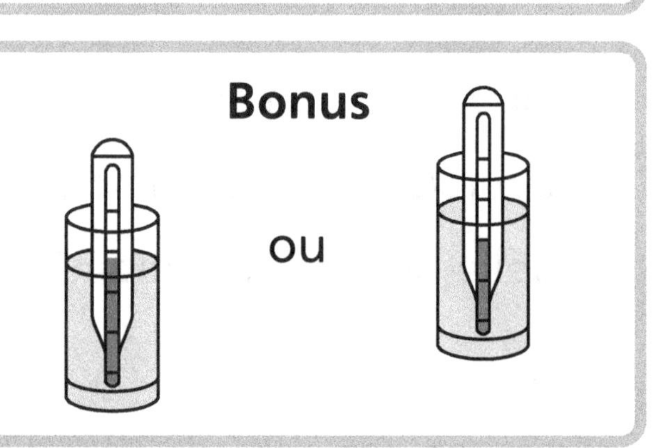

En chauffant l'eau, elle devient plus chaude.

☐ Que se passe-t-il en 1er, 2e et 3e? Écris 1, 2 ou 3.

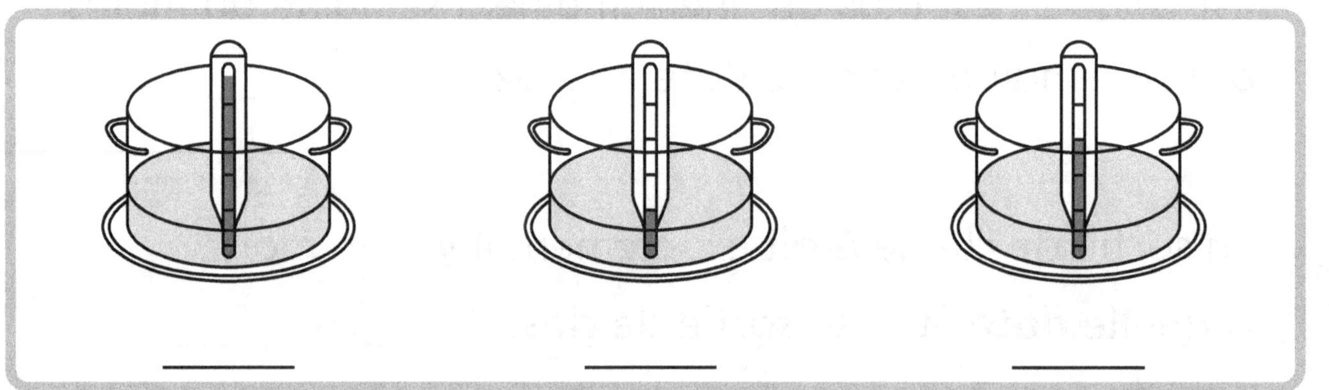

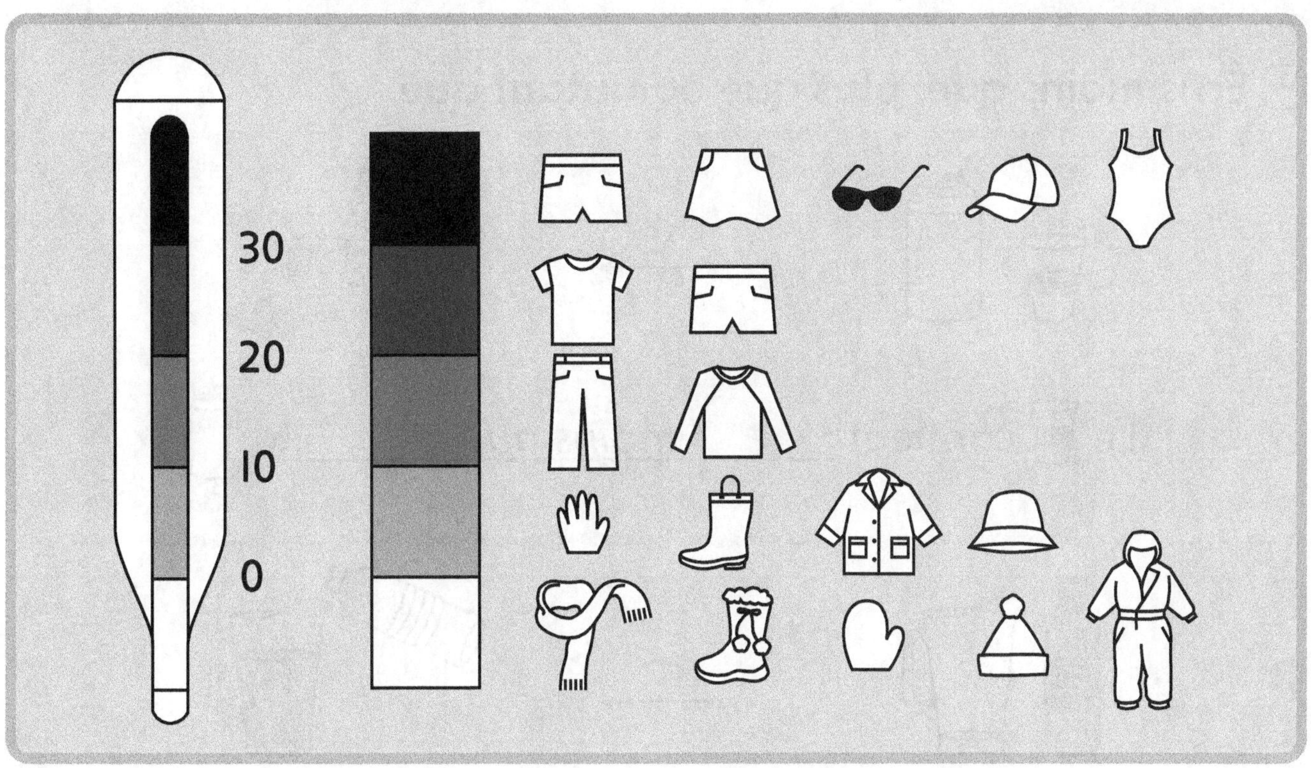

☐ Entoure les vêtements dont tu as besoin.

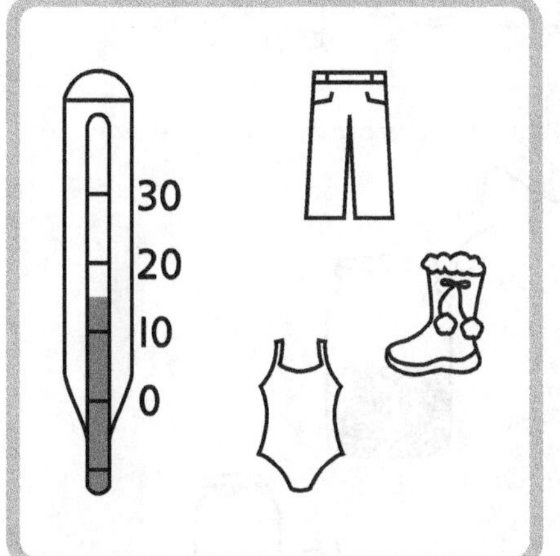

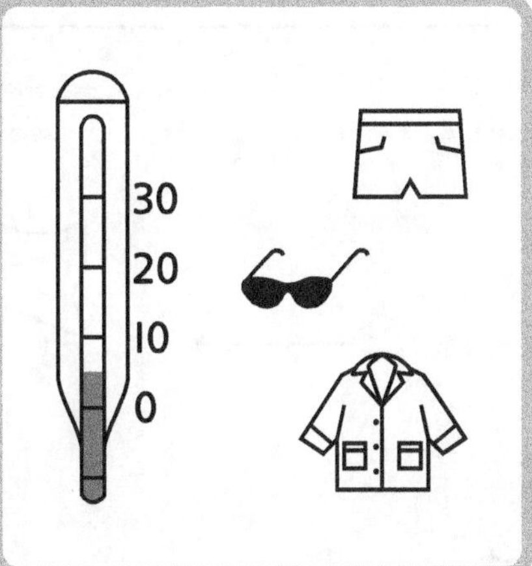

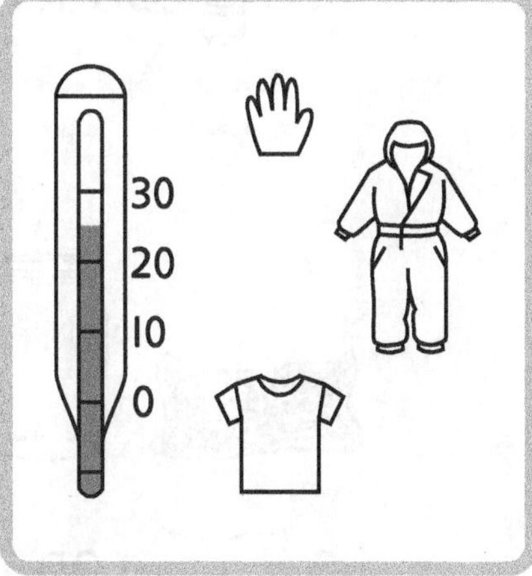

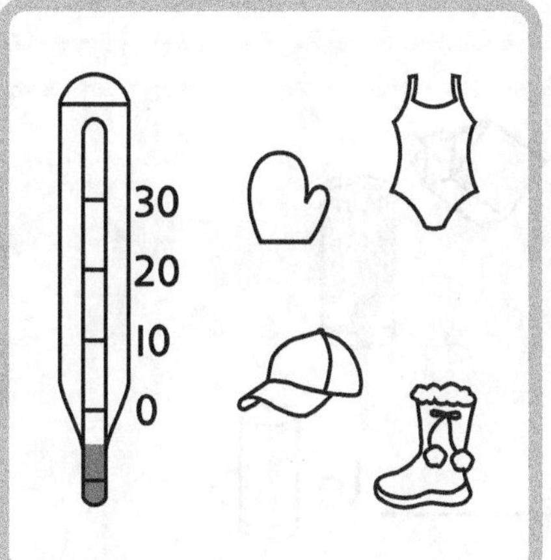

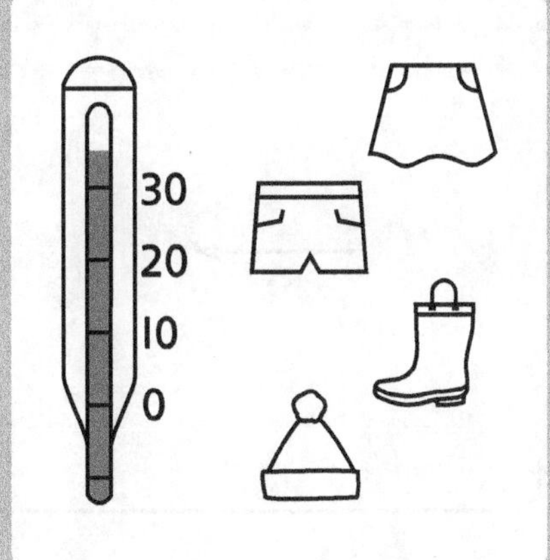

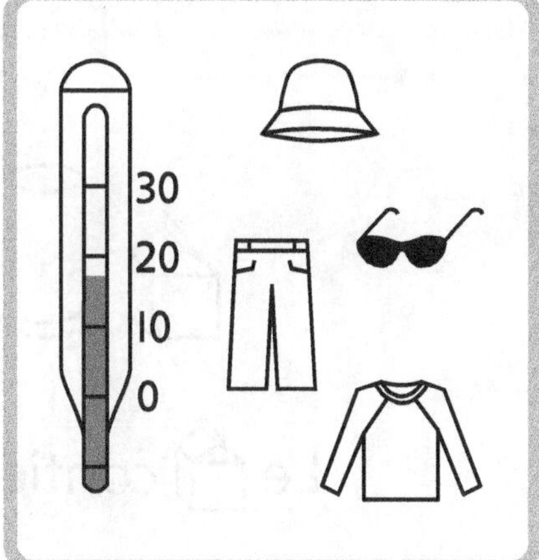

Qu'est-ce qui contient le plus?

☐ Écris **moins que**, **plus que** ou **autant que**.

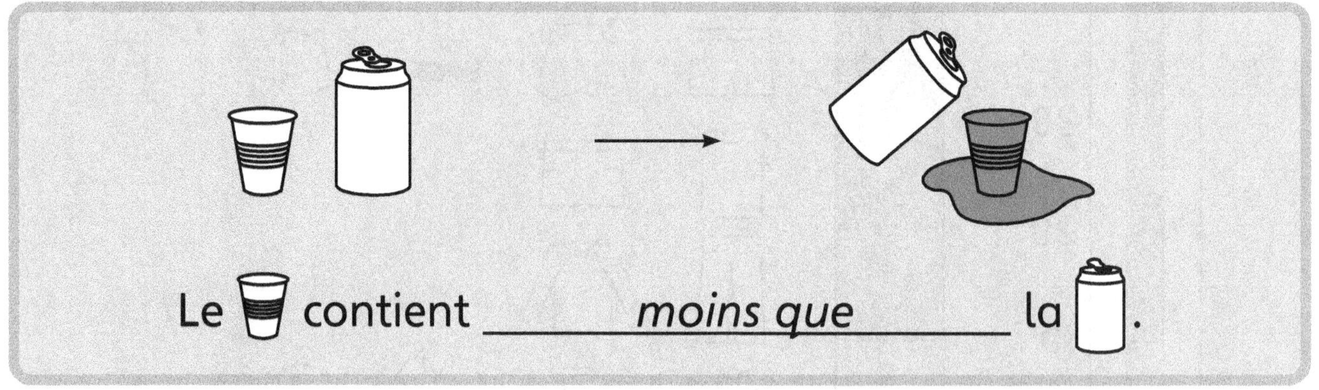

Le [gobelet] contient *moins que* la [canette].

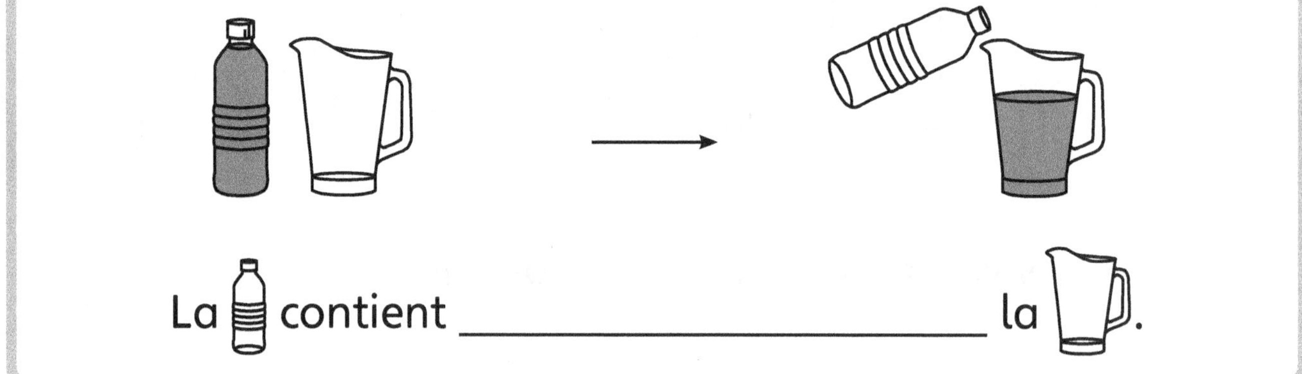

La [bouteille] contient ______________ la [cruche].

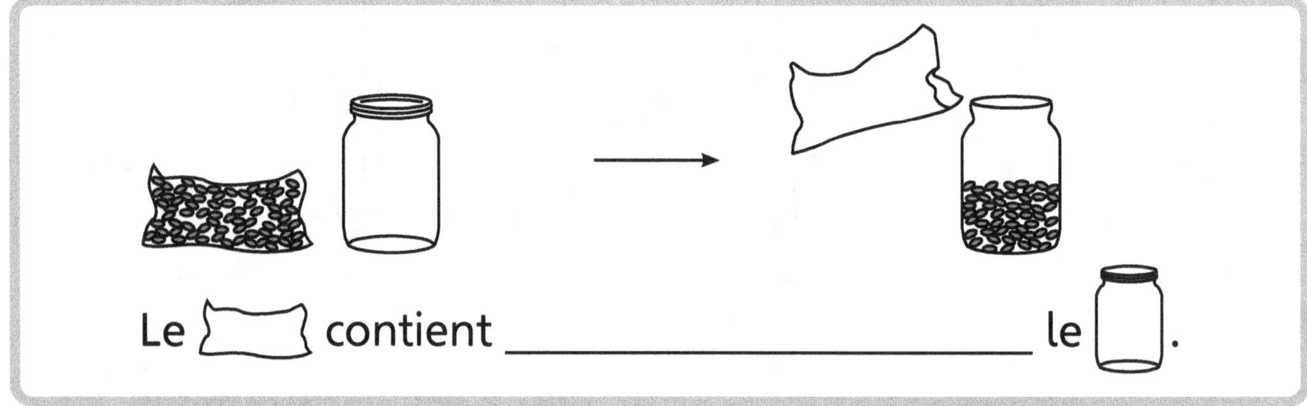

Le [sac] contient ______________ le [bocal].

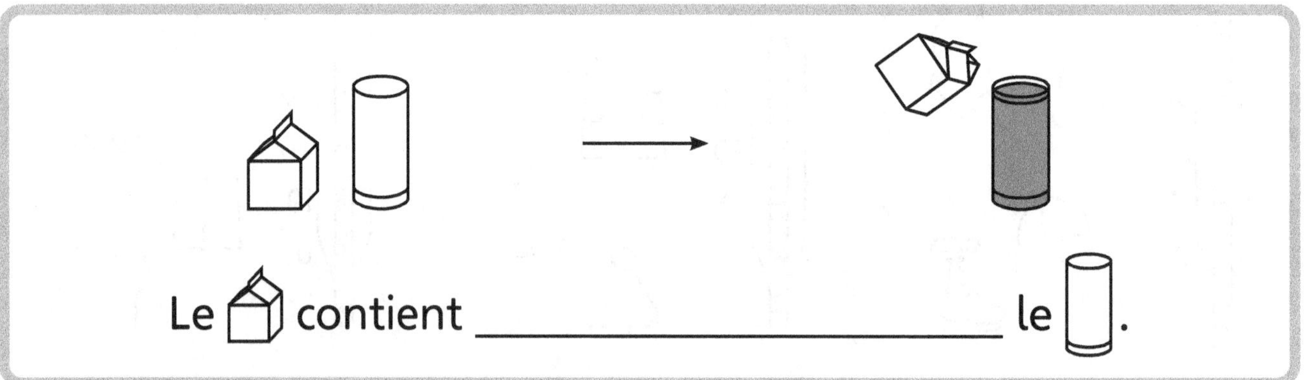

Le [carton] contient ______________ le [verre].

Capacité

☐ Écris **moins que**, **plus que** ou **autant que**.

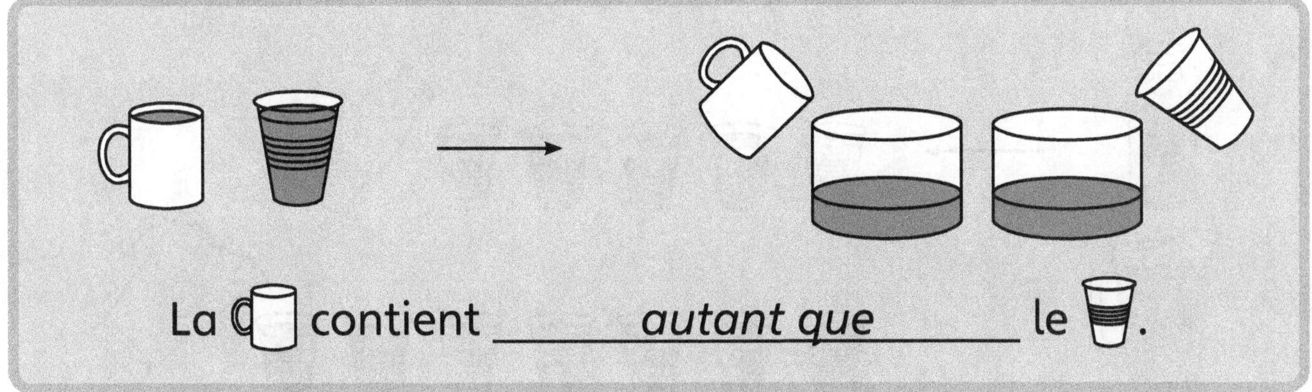

La [tasse] contient *autant que* le [verre].

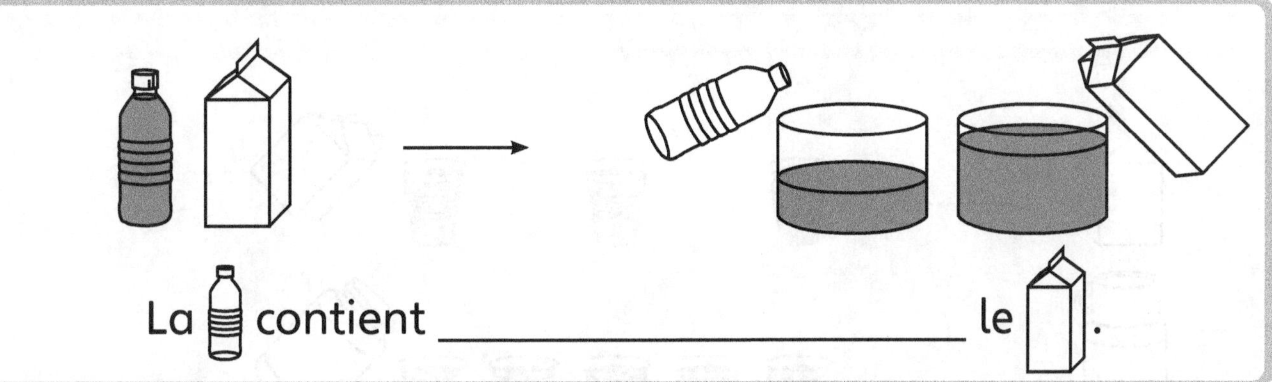

La [bouteille] contient ______________________ le [carton].

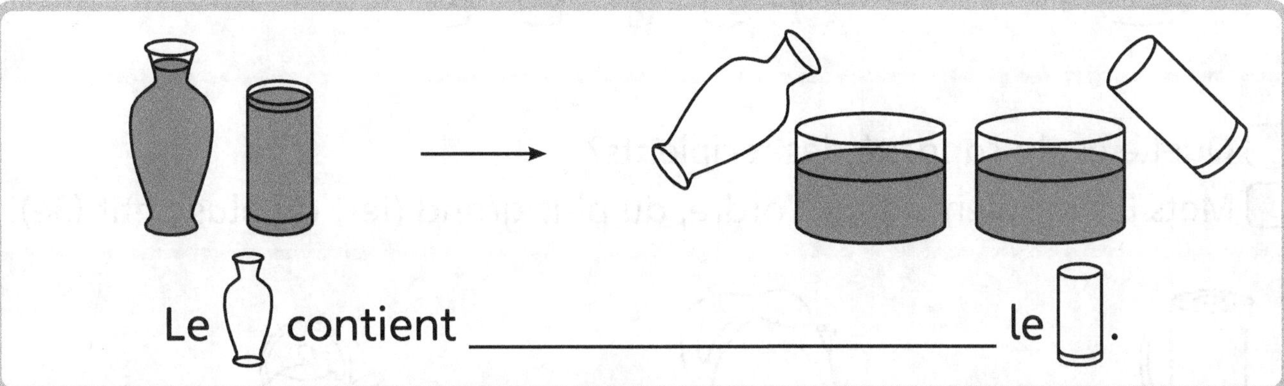

Le [vase] contient ______________________ le [verre].

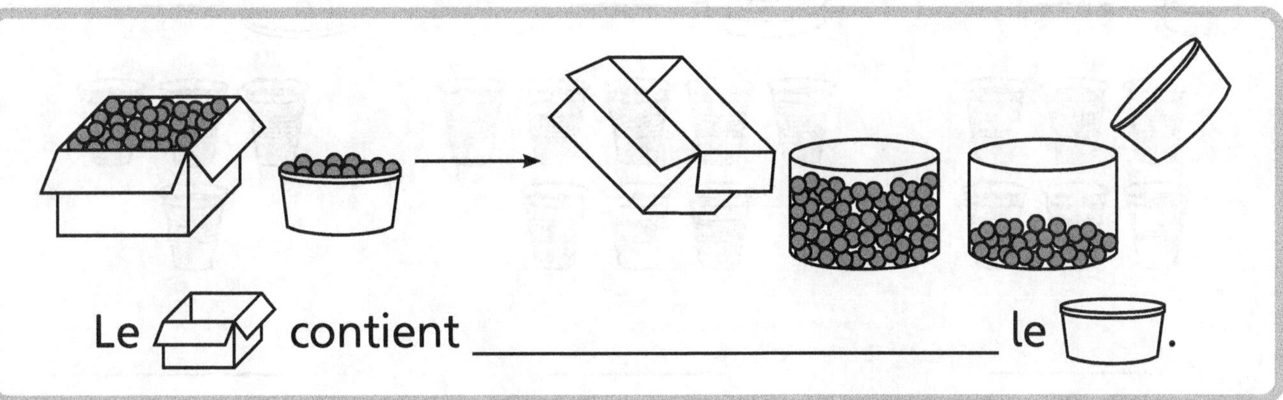

Le [boîte] contient ______________________ le [bol].

Mesure de capacité

☐ Entoure le récipient qui contient **plus**.

☐ Quelle est la capacité des récipients?

☐ Mets les récipients dans l'ordre, du plus grand (1er) au plus petit (3e).

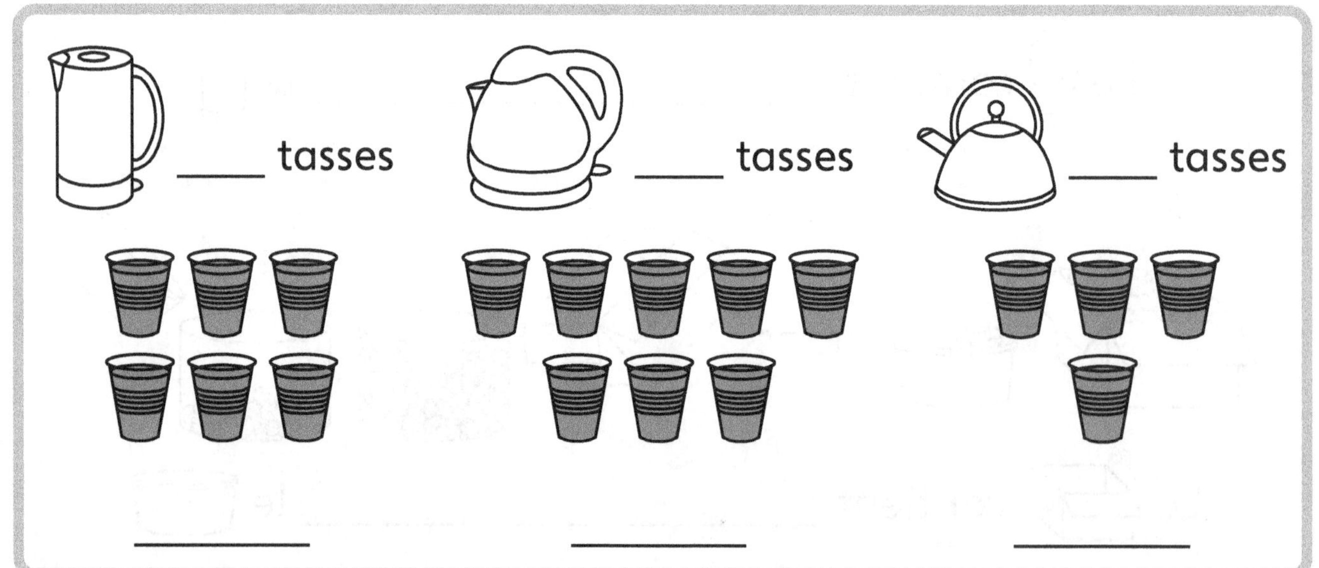

Tasses à mesurer

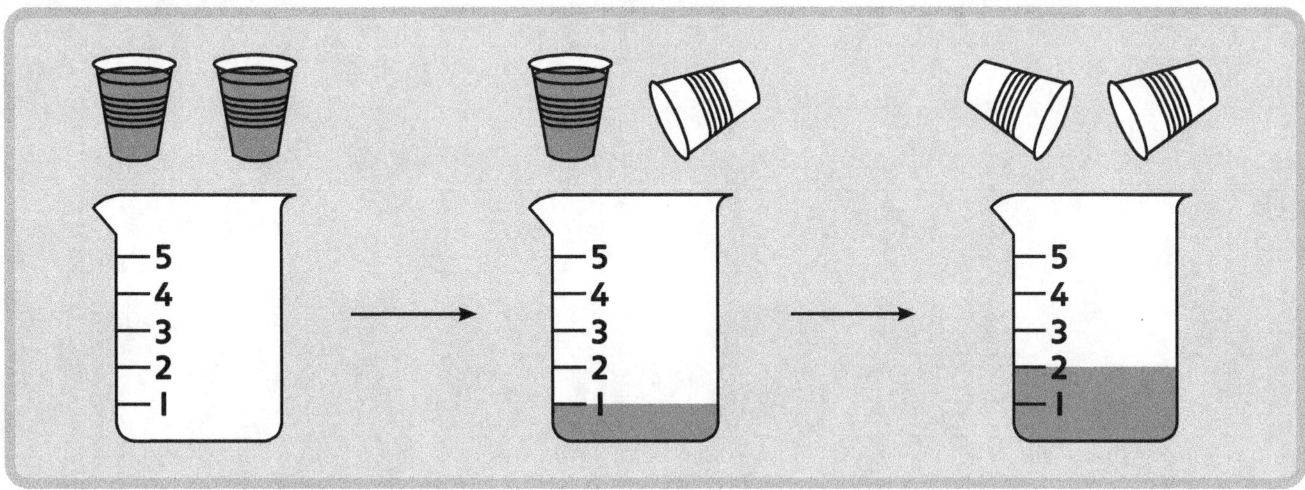

Quelle quantité d'eau?

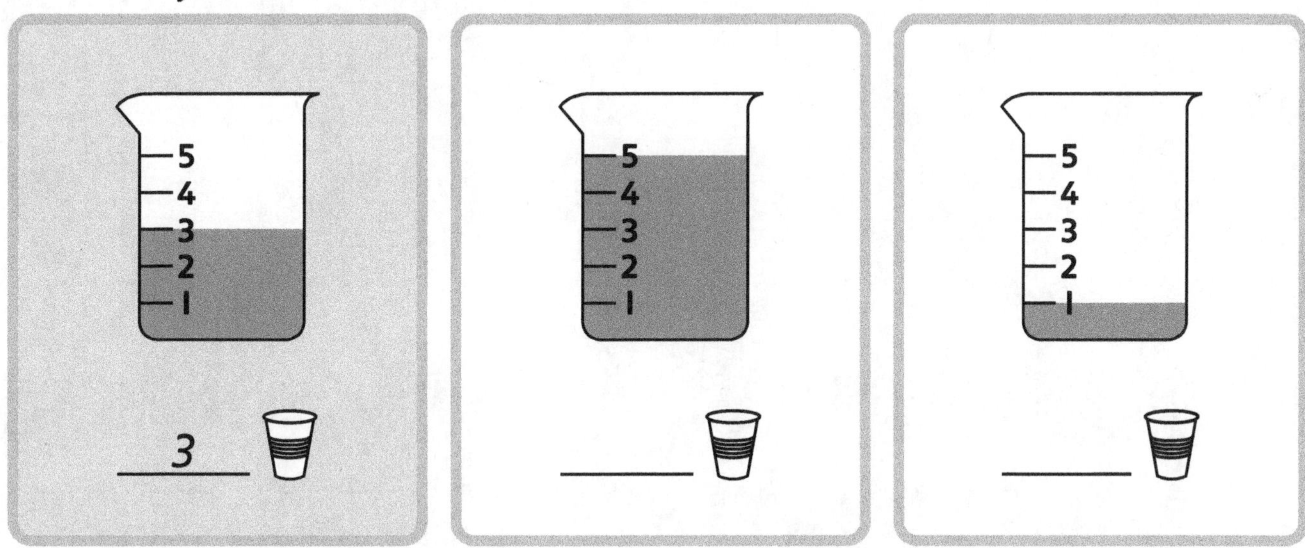

Environ quelle quantité d'eau?

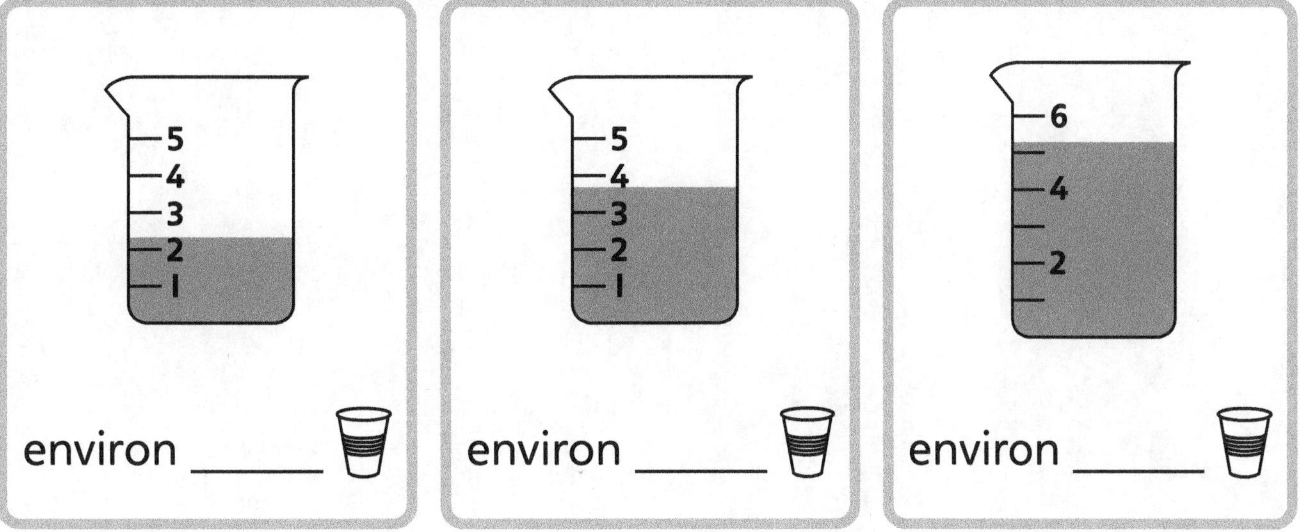